中国人的故事

STORY

逐浪潮头青春志

★

中国青年网 编

天津社会科学院出版社

图书在版编目（CIP）数据

逐浪潮头青春志 / 中国青年网编 . -- 天津 : 天津社会科学院出版社 , 2022.5
ISBN 978-7-5563-0816-3

Ⅰ . ①逐… Ⅱ . ①中… Ⅲ . ①青年先进人物—生平事迹—中国 Ⅳ . ① D432.62

中国版本图书馆 CIP 数据核字 (2022) 第 063233 号

逐浪潮头青春志

ZHULANG CHAOTOU QINGCHUN ZHI

选题策划：高　潮
责任编辑：胡宇尘
责任校对：王　丽
装帧设计：高馨月
出版发行：天津社会科学院出版社
地　　址：天津市南开区迎水道 7 号
邮　　编：300191
电　　话：（022）23360165
印　　刷：北京盛通印刷股份有限公司

开　　本：787 × 1092　　1/16
印　　张：21.75
字　　数：361 千字
版　　次：2022 年 5 月第 1 版　　2022 年 5 月第 1 次印刷
定　　价：88.00 元

序

文字是记录，也是见证。

通过文字亲近时代，七年来，《中国人的故事》以身边朋友的角色，一直记录各行各业、各种环境下中国人的面貌和故事，也记录着中国发展的时代脚步，帮助我们去读懂这份厚重与伟大。

向青年讲好中国故事、传播好中国声音是本书的意义所在。脱胎于中国青年网《中国人的故事》这一栏目，《逐浪潮头青春志》向青年群体讲述中国人的故事，也就是记录那些或成绩斐然、或踏实平凡的面孔，其中不乏传统文化的家国情怀、中国科技的世界贡献、众志成城的民族精神、守望相助的个人担当等丰富内涵。每一个题目都立足时代精神，兼顾了科学与人文、伟大与平凡、国家成就与世界影响，生动诠释了“立德树人”这四个字。这本书带着真情实感讲故事，把宏大叙事和具体细节结合起来，将“陈情”和“说理”结合起来，达到了以理服人、以情动人的效果。

讲故事的意义在于还原真实、反映事实，更在于以鲜活的素材、生动的情节、感人的事迹去鼓舞人、感召人、启示人，一个好的故事能够提振士气、振奋精神、凝聚力量。讲好中国故事，深入挖掘故事背后的内涵，最可贵的是把故事背后的重大意义、重要价值、精神实质等讲清楚、讲明白、讲透彻。《逐浪潮头青春志》通过一个个具体鲜活的故事，全面、直观地向大家展示了各行各业中国人的精神风貌，凝聚了为实现伟大中国梦而努力奋斗的正能量。

着眼于人类社会共同关切，既要生动记录和展现中国叙事，也要深刻解读故事背后的理论逻辑和思想力量，以更加立体多元的呈现方式，展示中国人民开创美好未来的壮志豪情。“欲扬其美，必知美之所在。”什么样的故事是有中国特色的故事，什么样的形象能代表大家心中的中国希望，《逐浪潮头青春志》就在一定程度上给出了答案。站在“两个一百年”的历史交汇点上，我们把那些彰显我们中国人独特气质的故事讲述好，为全国各族人民同心共筑中国梦提供强大的精神力量。这是一种纪念，也是一种责任，更能培养青年们与时代同频共振的家国情怀。

令人欣喜的是，《逐浪潮头青春志》并没有局限于单一的表达方式和呈现平台，而是综合运用图文、短视频等方式，适用移动端传播，运用互联网思维，给重大议题和主流价值插上故事的翅膀，呈现出多点开花、美美与共的特点，将宏大叙事转化为互联网时代青年网民喜闻乐见的青春话语。

互动能从侧面体现青年网民参与该话题的热情，项目组与中国社会科学院大学新闻传播学院建设性新闻工作坊、浙江传媒学院新闻与传播学院、中国传媒大学新闻学院、河南工业大学新闻与传播学院、青岛农业大学动漫与传媒学院、广东财经大学人文与传播学院等高校院系建立了联动机制，共同进行数据分析，创新内容形式，应用新技术，拓宽传播边界，形成产学研用的闭环。基于重要时间节点、重大主题，以“媒体专业主导＋跨平台联动＋高校 UGC ＋通讯员 PGC”模式，对专业记者、通讯员的原创内容进行“精品再造转化”，打造流程式传播模板，让青年生产的内容引领青年，打造有影响力的正能量内容品牌。作为传播模板的提供者，“中国人的故事”的实践，提供了将引导置于服务之中的新型传播治理方式新可能。在互动传播中，网上网下得以共绘同心圆，那些新时代坚毅而勇敢的奋斗身影得以清晰勾勒，读者也在互动中汲取力量勇毅前行。

我们深信：无论历史长河，还是时代洪流，在本质上都是由一个个小小的个体构成的，无数个体的故事构成了历史，无数个体的梦想构成了时代旋律。每一个中国人的梦都值得尊重。“人”字的大写，正是我们这个时代值得骄傲的进步。

目录

contents

第一编

青春是迎难而上的坚韧

第二编
青春是生而不凡的勇气

第三编
青春是心向光明的守护

第四编
青春是敢为人先的锐气

第五编 青春是直抵人心的善意

第六编
青春是见贤思齐的成长

第一编

青春是迎难而上的坚韧

送“天问一号”出征的航天人

“中国为什么要搞航天？为什么要搞‘大火箭’？”

“当今这个世界，如果中国没有独立自主地进入太空的能力，就好像大航海时代不能造船。如果我们不搞航天，将会错过太空。”长征五号运载火箭总设计师李东回答。

2020 年 7 月 23 日，长征五号遥四火箭托举着火星探测器，化作一道优美的弧线划过蔚蓝的天空，以 11.2 千米 / 秒的速度将火星探测器送入地火转移轨道。

· 长征五号探火任务青年突击队（中国运载火箭技术研究院 供图 曹若鸿 制图）

长征五号运载火箭是我国首型大推力无毒无污染液体火箭，运载能力位居世界前列。长征五号运载火箭总指挥王珏曾骄傲地说：“长征五号运载火箭的出现，大幅提升了我国进入空间的能力，是我国由航天大国向航天强国迈进的重要支撑和显著标志。”

“那就是我的灯塔，看到灯塔，就看到了希望”

运载火箭的能力有多大，航天的舞台就有多大。长征五号是我国运载能力最大、性能最优异的火箭，承担着我国载人航天空间站工程、探月工程三期、探火工程等重大发射任务。

2006 年立项，2016 年首飞成功，长征五号运载火箭的研制历程长达十年，是中国新一代运载火箭里第一个立项、最后一个首飞的型号。超强的运载能力、复杂的发动机和电气系统、庞大的地面支持系统……巨大的技术跨度和研制难度给长征五号运载火箭研制团队带来了空前的挑战。面对较之于普通火箭四到五倍的工作量，研制团队采取一些新的设计手段，争分夺秒地投入战斗。

吴俊峰是长征五号运载火箭的管路系统设计师，他负责的管路就像火箭的"血管"，连接着发动机与贮箱，一旦发生问题，后果不堪设想。长征五号的管路数量是其他火箭的二到三倍，研制团队中从装配工人到技术专家，从没有人有过如此复杂的管路装配经验。为了保证质量，吴俊峰"泡"在了火箭总装车间，常常天快亮才下班。每次加完班，在回宿舍的路上，眺望着振动塔上的四个大字——"中国航天"，吴俊峰的脚步都会轻快起来。他说："那就是我的灯塔，看到灯塔，就看到了希望。"

"我必须认真，因为我们是在为火箭'心脏'装配重要部件"

涡轮泵是液体火箭发动机工作时唯一一个既要高速旋转、又要承受高压和剧烈震动的关键部件，对火箭来说至关重要。长征五号运载火箭经历了首飞成功、第二次失利、复飞成功，成败关键就在发动机上。发动机是火箭的"心脏"，而涡轮泵则是发动机的"心脏"。

火星探测器的发射窗口每二十六个月才能等来一次，为确保长征五号遥四火箭按计划发射，必须按节点完成任务。王广松是发动机零部件生产车间涡轮泵装配试验工，在长征五号运载火箭生产期间，车间生产任务集中、临时紧急情况多，只有四名组员的氧泵装配小组时常感到"喘不过气来"。组长王广松根据生产进度，把关键人物安排在关键工序上，每一步都明确责任人。

"每天一踏进工作现场，我都会在心里提醒自己，我必须认真，因为我们是在为火箭'心脏'装配重要部件。"王广松说。

走过至暗时刻，更懂得"火星你好"的分量

其实，"长五人"也曾遭遇过"至暗时刻"。2017 年 7 月 2 日，长征五号遥二火箭发射升空后的第 346 秒，由于芯一级发动机工作异常，任务宣告失败，千万人的心血毁于一旦。回忆失利，长征五号运载火箭总指挥王珏说："我们在迈向更强的路上，被一盆冰水浇得'透心凉'，有一种天要塌了的感觉。"

火箭是在太空中发生故障的，没有人知道第 346 秒究竟发生了什么。

· 长征五号运载火箭总指挥王珏（中国运载火箭技术研究院 供图 曹若鸿 制图）

那天晚上，面对失利、面对舆论、面对压力，"长五人"心里有说不出的委屈，但他们用908天努力换来了长征五号运载火箭"王者归来"。

2019年12月27日，长征五号遥三火箭成功发射！

2020年5月5日，长征五号B遥一火箭首飞成功，这标志着空间站阶段飞行任务首战告捷，为我国载人航天工程第三步发展战略奠定了坚实基础！

2020年7月23日，长征五号遥四火箭一飞冲天，将我国首个火星探测器"天问一号"送入地火转移轨道，宣告中国进入了行星探测时代。"九天之际，安放安属？"两千多年前，屈原发出这样的"天问"，如今，我国新一代航天人，再一次向浩瀚宇宙发出"天问"。

记者：张瑞玲；设计：曹若鸿（实习）；通讯员：袁振、高崇芮、王玥、姜哲

原载于：2020年7月24日中国青年网

原标题：《中国人的故事 | 送"天问1号"出征的航天人》

青年说

付出过怎样的努力，我们就会有怎样的底气！ @网友别问我是谁

@网友小语 火星你好，我来自中国！短短的一句话，说出了科研工作者的心声，向科研工作者致敬！

为祖国的航天事业骄傲，为敬业的航天人骄傲！ @网友心有一片海

@网友不得鸟

你们的每一步都带来万众期待的好消息，你们的每一步都是中国航天的一大步！

为航天人员点赞，谢谢你们的付出，让我们的国家越来越强大！

@网友柳絮飘飞_zf

立志做农产品中“爱马仕”的“猪倌书记”

萧萧的山风吹动着树叶，潺潺的流水和着婉转的鸟鸣。风景秀丽，村民却穷得叮当响，这是三梁村七年前的真实写照。

位于吉林省舒兰市天德乡的三梁村，地理位置偏僻、产粮不多，三道丘陵仿佛村民肩上的三道梁，压得人喘不过气。

七年来，全国脱贫攻坚奖获得者、三梁村党支部书记、村民委员会主任李林森和乡亲们一起，激发乡村振兴的内生动力，终于将这个曾经的省级贫困村从“沉睡”中“唤醒”。回忆奋斗的点滴，李林森感慨万千。

“当家人”把“家”当起来

20 世纪 60 年代至 80 年代，三梁村是远近闻名的先进村，十里八村都很是羡慕。可没几年，三梁村却“泄气”了。2013 年，刚刚任职三梁村党支部书记、村民委员会主任的李林森干的第一件事，就是盘点三梁村的“家底”，结果却给他泼了盆冷水：集体账上不仅没有一分钱，反而还负债十几万。

面对集体资产“分光吃净”的现状，一筹莫展的李林森有些沮丧：“巧妇难为无米之炊，当时看着村里的实际情况，真是愁啊！”刚上任不久的李林森暗下决心：既然当了这个书记，不管再苦再难，也要带领大家共同致富！

要致富，就要集思广益。李林森牵头，三梁村党支部召开了党员和村民代表会议。村民王振龙回忆说：“新书记说要听听大家对村庄发展的看法，借着这个机会，大家把憋在肚子里好多年的话都倒出来了。有的说，村民们有困难却经常找不到村干部，他们不干实事还把村集体搞得负债累累。有的说，以前村里有集体生产队，村民们干活很有积极性。但这十几年，集体经济成了空壳，许多老百姓都住在破旧的土坯房里，大家只能种点玉米、高粱，卖不上价。”最后大家一致认定，要发展三梁村，就必须让“当家人”把“家”当起来，搞活集体经济。

当时的三梁村要钱没钱，要产业没产业，大家唯一的指望就是返乡“能人”李林森。李林森先火速整顿了村委。他认为：“村里最大的问题不是基础差，不是没有钱，而是群众的心不齐。”基础差可以慢慢打，没钱可以慢慢攒，但老百姓的心散了，干什么事都没有指望。为了把散了的心聚起来，他千叮咛、万嘱咐“两委”班子，无论多忙，一定要把村民的事放在第一位，村民们最头疼的事情先解决。“只有人心齐了，拧成一股绳，老百姓信得过咱们，才能一起干事、创业。”经过一番调整，三梁村这列“火车”有劲儿多了。

要发展村集体经济，以产业兴村强村，就得给村子的资源优势和产业潜力“把好脉”。三梁村地理位置偏僻、人均土地不足四亩，种植传统作物收入不高。李林森结合自己的养猪经验，提议村民们先从拿得准的地方入手，入股养猪。他的想法一公开，村里就炸了锅：“这些年村集体干啥赔啥，养猪就能挣钱吗？”“家财万贯，带毛不算，养猪就没有猪瘟？俺们不是怕辛苦，怕的是攒了半辈子的钱打水漂……”

为打消村民们的顾虑，三梁村委会决定，成立吉林六合源农牧业发展有限公司，李林森自掏腰包成立养殖场，发展养猪产业。最初艰难发展的一幕幕场景，历历在目，李林森回忆：“我挨家挨户做工作，我说我就是养猪出身的，挣钱的底气还是有的。”老百姓还信不过，李林森拍着胸脯承诺，只要入股，三年后如果不盈利，连本带利退股。

在李林森的带动下，29 户群众募集原始股金 345 万元，村集体以土地入股 20 万元，利用扶贫经费，几户贫困户也入了股。为了解决老百姓普遍担心的猪瘟问题，李林森干脆搬进了养猪室，和猪一起住了三年。李林森的行为感动了村民，也给村民们打了一剂“强心针”。2015 年末，企业首次股东分红 240 多万元，其中，村集体经济分红 18 万元，村民们看到了希望。

做农产品中的“爱马仕”

养殖业取得了初步成绩，但三梁村依然是个弱村。2016 年，三梁村被吉林省确定为省级贫困村，建档立卡贫困户 28 户 59 人。作为村里的“主心骨”，养殖业的成绩和乡亲们的期盼，给了李林森更大的压力：“刚有点起色，千万不能松懈。”

“这些贫困户一辈子就扎在土地里，那我们就把土地的优势发挥到最大，把养殖业和种植业‘捏’到一起。”李林森琢磨来琢磨去，和一个老乡唠嗑时说到三梁村的地形地势，突然悟到：对啊！三梁村虽是个半山区，地势东南高西北低，但这样农作物的光照时间比较长，加上昼夜温差大，非常适合杂粮的生长。

· 李林森讲解高粱酒酿造特色（杨月　摄）

这就是给三梁村“造血”的机会！2016年，李林森考察市场，找准商机，带领大家成立种植合作社，将村里种植的玉米转变为豆类、高粱等杂粮，然后深加工成豆油、高粱酒等优质农产品，打造绿色原生态“三稻粱”品牌。杂粮种植与养猪形成“内循环”，猪场粪便转化成有机肥料投入种植，增收的同时，还改善了生态环境。李林森灵活地通过直播等带货方式，逐渐靠产品的好品质、好口碑打开了全国市场。

“我们的高粱酒生产出来后都放在地下窖藏，用专用的坛子来装，恒温条件下保存三年以上的口感更好，存的年头越长越好喝。”谈到本村的高粱酒酿造储存工艺，李林森滔滔不绝。三梁村早在20世纪50年代就开过高粱酒坊，口碑还不错，但运输跟不上造成了“酒香也怕巷子深”，酒坊没能坚持下来。不过酿酒的手艺还在，李林森带领村民们重新开起了烧锅，保证高粱酒的品质，再借助农产品电商平台拓展销路。慢慢的，实打实的纯粮食酒有了品牌，每斤卖到90元还供不应求，不少酒坛子上标注着客户订购的信息，贫困户们在酒厂找到了工作。

“现在我们主要针对高端客户，高粱酒销往上海、厦门、珠海、北京，在各个城市都有一个经销商。我们的口号是做农产品中的‘爱马仕’。”李林森目光炯炯。

打通村里的“内循环”，以养殖带种植，三梁村形成了一条完整的产业链，党支部在群众中的威信也越来越高。2016年换届选举，村党支部成员全部高票当选，李林森更以全票当选村党支部书记、村民委员会主任。老百姓对三梁村的美好未来，满怀无限憧憬。

· 三梁村新貌（三梁村　供图）

“带着乡亲一起富，我才睡得好觉”

2019年全国脱贫攻坚奖表彰大会暨先进事迹报告会上，李林森获得全国脱贫攻坚奋进奖证书，众望所归。有人问他当初“北漂”创业成功赚了钱，为什么要回来，李林森眼圈红了：“当初向乡亲们借钱给我爸治病，大家信得过我，连借条都没要，就把钱借给我了，我去北京也是乡亲们开着拖拉机送我的。后来我创业拼死拼活挣了20万，连本带利还给了大家，但总觉得欠了乡亲一份情，所以大家入股时，我就说了，不够我给补。带着乡亲一起富，我才睡得好觉。”

如今，集体经济有了钱，村里修了路，免费为村民改造自来水，为村民全额缴纳水费；为村民免费维修房屋和围墙，让所有村民都住上砖瓦房；对养殖场进行封闭式管理，减少环境污染；建设600平方米的休闲娱乐广场、1000平方米的标准塑胶篮球场、280平方米的村民议事中心、500米的木质观光栈道……

经过多年的发展，三梁村已形成了一二三产业融合的可持续发展的产业链条。目前，合作社固定资产达到1500万元，耕种土地1500亩，2019年给成员分红资金63万元。依托集体经济的发展，三梁村摇身一变，成了远近闻名的美丽乡村。

如果说最初的改变是穷则思变，那么如今的发展则是居安思危。打开三梁村的发展规划图，发展目标清晰可见：在农业种植上，要形成更长的产业链；找到新的经济增长点，通过旅游和研学进一步打开村子的知名度……

“抱团发展集体经济，是适合三梁村的发展之路，我们一定会坚定地走下去，实现强村和富民的双赢，争取在乡村振兴的荣誉墙上留下三梁村的名字。”李林森说。

记者：杨月、牟昊琨

原载于：2020年9月17日中国青年网

原标题：《中国人的故事 | 三梁村书记李林森：做农产品中的“爱马仕”》

青年说

做好“三农”工作，稳住农业基本盘，守好“三农”基础。 @网友摘星折月

@网友料青山见我应如是 我也愿意为我的家乡奉献青春！

幸福都是奋斗出来的，李书记好样的！ @网友浅笑安然

“阿芬”的
三万海里服务路

在 4.19 平方千米的洋山岛上，她已经耕耘了十四个年头。一个小小的人社分局，一年四万多笔的业务量，十几年来，她跑遍了洋山岛的各个角落，换过五辆自行车，坐船里程超过了三万海里，而她的家也成了另一个“材料收集窗口”。

她就是浙江省嵊泗县人社局洋山分局局长倪芳芬，更是浙江省“最美人社人”、洋山人眼里的好闺女。她尽职尽责、细致服务，十几年来为了给群众办好一件件“关键小事”而不断努力着。

家门口的“材料收集窗口”

倪芳芬是土生土长的洋山人，2004 年底，她进入嵊泗县人社局洋山分局工作。

· 工作中的倪芳芬（倪芳芬 供图）

洋山镇行政区域广，人员情况复杂，不仅包括本岛大洋山岛居民，还有居住在上海的原小洋山岛动迁居民、居住在上海奉贤和金山的滩浒岛居民，服务人口超过一万人。

人社局洋山分局刚成立时，办公室都是租来的。分局里只有三四个人，一年的业务量却有四万多笔，工作强度大，练就了倪芳芬手快、工作效率高的特点。

“不快不行，很多办事的群众都是坐船跨海过来，耽搁几分钟他们就赶不上回去的船了。”有事即刻处理，一直是倪芳芬的工作准则。

为了更好地服务居民，除了完成柜台上的业务，她还经常入户帮助居民办理业务。2015 年舟山市出台被征地农民转轨政策，这项政策涉及洋山居民七千余人，工作难度比较大，一是因为人员比较分散，二是有很多身在外地的居民不能及时得到通知。

为了避免有人被落下，尤其是考虑到很多没有具体工作单位的老人，倪芳芬上门通知，把政策落实到个人。很多老人不理解新政策，她总是耐心解说，一直说到他们明白为止。

十几年来，倪芳芬跑遍了岛上的各个角落，岛上的居民都亲切地叫她“阿芬”。“很多居民知道我忙得来不及吃饭，经常在晚上送来自家做的茶叶蛋、粽子和玉米，让我非常感动。”

倪芳芬的邻居是一位退休老人，因为身患慢性疾病，经常需要报销医疗费。“我让她把相关发票凭证给我，其他什么都不用操心。”倪芳芬说。一传十，十传百。后来，周围的群众办事总爱往她家跑。不知道从什么时候起，倪芳芬养成了“离家不锁门”的习惯。

家里没人时，一张字条加上办事材料，就搁在倪芳芬家的院子里，倪芳芬看到后总会尽快帮忙办理。久而久之，她家成了人社局洋山分局另一个“材料收集窗口”。

三万海里的服务路

当年，因为修建洋山深水港，一部分居民迁到了五十千米外的惠南镇。为了让这些群众办事更方便，从 2013 年开始，倪芳芬开辟了一条特殊的服务路线，每月十五、十六日坐船去惠南镇上门服务。

海上天气变幻莫测，即便遇到风浪，倪芳芬也坚持跨海服务。

惠南镇敬老院有一位阿婆，因患胃癌，每个月的医药费用很多。一次，又到了约定送报销款的日子，海上突起风浪，倪芳芬知道阿婆急需钱，赶紧打电话，找到一艘小船送她过去。

报销款送到阿婆手里时已是深夜。风浪里的颠簸让倪芳芬记忆犹新：“我也很后怕，不知道万一出了事，我的孩子怎么办……”然而，下个月，倪芳芬又坐上了去惠南镇的船。

几年下来，倪芳芬坐船的里程超过了三万海里。

有人问倪芳芬：“这份工作挣钱不多又困难重重，你的动力是什么？”她说：“我是渔民家的孩子，知道乡亲们靠海生活的不易。既然成为人社岗位上的一员，我就想多为老百姓办点实事。”

“群众从这些惠民政策中得到的获得感，正是我收获的幸福感”

"为百姓服务,最重要的是让政策落到实处。"倪芳芬说。

近几年,国家出台各种惠民政策,让倪芳芬和同事们的工作更加充实。2011 年,为贯彻落实《关于解决未参保集体企业退休人员及其他相关人员基本养老保障等遗留问题的实施意见》,倪芳芬负责搜集可享受该政策的人员信息。

"特别是在外地的务工人员,我要及时与他们取得联系,第一时间向他们解释这项优惠政策,帮助他们争取最大权益。"这项任务繁杂琐碎,却非常关键。

由于政策实施有一定的时限性,那阵子每天来办理业务的群众络绎不绝。倪芳芬和局里同事日夜连轴转,终于在短短半年时间内,将 680 多万元养老补助款及时准确地发放到符合条件的群众手里。

因为长期忙于工作,倪芳芬总觉得愧对家人。倪芳芬的丈夫在岛外工作,周末才能回家,儿子只能由她来照顾。由于倪芳芬下班晚,回家时孩子已经饥肠辘辘。清水捞面,拌上一点麻油,一碗简单的麻油拌面,儿子都能吃得狼吞虎咽。

"儿子小时候,曾说过我是个不称职的妈妈。"一天,儿子突然对倪芳芬说:"妈妈,提起你的名字,同学的妈妈们都说你很厉害!"看儿子那么自豪,倪芳芬觉得一切付出都值得。"社保工作虽然琐碎辛苦,但群众从这些惠民政策中得到的获得感,正是我收获的幸福感。"

倪芳芬的新目标:办事不出岛

舟山市有人居住的岛有近百个,岛际交通不便,基层群众办事成本高。特别是对于洋山群众而言,每天仅有两班接驳船往返海岛之间,群众办理失业职工证、报销大额医药费等业务,常常需要在外住一晚才能回家,既费时也费钱。

2017 年,浙江启动实施"最多跑一次"改革,舟山立足海岛实际,提出了"办事不出岛"的目标。

要想实现这个目标,需要整理大量的数据,洋山分局的工作人员一时感到压力很大。倪芳芬动员大家:"这可是一件大好事。现在我们忙一点,以后老百姓办事可就方便了,只要数据'跑起来',老百姓在家门口就能把事情办好了,这样既方便了他们,也解放了我们自己。"

随着浙江"最多跑一次"改革的不断推进,通行不便的海岛之间搭建起了信息数据流通的桥梁,倪芳芬的工作也有了可喜的变化:新安装的读卡

· 倪芳芬在先进事迹报告会上作报告（倪芳芬　供图）

器、高拍仪等设备，真正实现了业务档案电子化和窗口办事无纸化。

在生活中从不计较的倪芳芬，为老百姓算了一笔账：“如今，同样是办理灵活就业社保补贴，原来要跑五个地方，花一天半的时间；现在只要花十分钟，在社区填一张表就行，这中间，光路费和住宿费，就能省下三百多元。”

当“互联网 +”浪潮涌向这个小岛，倪芳芬正以“办事不出岛”为目标，为海岛群众办好一件件的“关键小事”。

记者：张潼、胡云茹（实习）

原载于：2018 年 8 月 9 日中国青年网

原标题：《出彩新时代 |“快手”倪芳芬的 3 万海里服务路》

青年说

洋山人的好闺女，我们的好榜样！大家都要加油！　@网友刘耀文是甜心宝贝

@网友雷阿龙　这么小的岛，这么琐碎的事情，可能很多人会说她“傻”，可是就是这样看似冒着傻气的人，却让整座岛都变得温暖了起来。

耕耘十四年，一年四万多笔业务量，是这么娇小的一个女性带头完成的，难以想象，令人钦佩！　@网友昆夏2020

@网友浅笑安然　“金杯银杯”不如老百姓的口碑，真心服务百姓的人，也会收获老百姓真正的尊敬。

感谢你谱写了爱的篇章！　@网友Joy

坳背村的新愚公

有人曾这样形容黄小勇："效愚公之志，行点滴，积跬步，带领群众脱贫致富。""他是江西赣州市石城县珠坑乡坳背村的'80后'新'愚公'，麒麟山的'山大王'，共同富裕的'领头羊'。"复绿、护绿，改善生态环境、减少水土流失，脱贫致富……在贫穷与水土流失如影随形的村庄，黄小勇让荒山野岭变成绿水青山，也让农民在家门口"淘金掘银"，走向富裕。

2020年全国脱贫攻坚奖奋进奖获得者、江西铭鸿达生态农业开发有限公司董事长黄小勇，回忆起这些年用绿色"驱赶"贫困的奋斗历程，种种的辛苦、困难、坎坷经历，都涌上心头。

"水土保不住，种什么都留不下来"

如果按照既定的生活轨迹，在深圳创办公司从事外贸工作的黄小勇，后半生根本不会跟土地打交道。

2014年，石城县吹响脱贫攻坚的冲锋号角，县里出台了一系列鼓励返乡创业、招商引资的政策。黄小勇通过调研，发现家乡的紫色页岩土壤中含有丰富的钙、磷、钾等元素，能产出高品质的水果。"绿水青山就是金山银山，而坳背村守着一只'大麒麟'，却富不起来。"这让黄小勇很着急，于是他决定回乡创业，一同告别的还有当时他已经做得风生水起的、年销售额超过千万的外贸生意。

2014年底，黄小勇与合作伙伴修路整地，在坳背村及周边6000多亩荒山和农田的基础上，开始建设麒麟山现代农业产业示范园，并先后成立了江西铭鸿达生态农业开发有限公司和石城县普丰果蔬专业合作社。但让黄小勇万万没有想到的是，他在家乡创业的所有努力和热情，在回乡后的第二年被冲刷得一干二净。

2015年，石城县遭遇特大洪灾，麒麟山刚完工的路网设施基本全被冲毁，新开的经济果林区也出现了大面积塌方，部分股东要求撤资，亲朋好友纷纷劝说黄小勇收手。

“五六百万说没就没了，被洪水毁坏的部分还需要钱去修复，时间、精力和金钱全部都浪费了。当时我对自己也有一种‘好端端的为什么要回来’的质疑。”

坳背村有 435 户、2030 人，人均旱地耕地面积 0.52 亩，人多地少，再加上地处山区，交通不便，村庄发展困难。曾有村民尝试从麒麟山上挖来紫色页岩进行风化，再在风化后的紫色页岩泥土里种些耐旱的作物。可是，往往一场大雨过后，泥土和作物都会被冲掉。

有些痛只有亲身经历过，才知道里面的酸楚。正是这场洪水，让黄小勇意识到：水土保不住，种什么都留不下来。

从“门外汉”蜕变为“土专家”

既然回来了，就一定要做出一些事情，改变现状！在那段最艰难的时光里，黄小勇四方奔走呼吁：“请相信我，困难是暂时的，生态农业很有前景……”他顶住来自各方的压力，逐个上门做股东的思想工作。终于，当地政府相关部门帮他争取到国家水土保持重点建设工程项目竹溪小流域治理资金，并以此为契机，将珠坑乡麒麟山 6000 多亩山地列入水土保持生态示范园的规划建设范围，确立了“政府主导、企业主体、社会参与”的水土流失治理模式。

有了抓手，黄小勇迅速调整园区开发思路，将水土保持工程措施、生物措施和保土耕作措施融入园区建设，走“生态改良 + 乡村旅游”的发展新路。

这么多年没解决的问题哪有那么好解决？当黄小勇说自己正在治山、治水时，不少人认为这简直是天方夜谭。然而，黄小勇硬是啃下一本本水土保持专业书籍，虚心请教水土保持工作领域的专家，慢慢的，黄小勇从“门外汉”蜕变为“土专家”：山上植被较好的地方，采取“封禁管护 + 人工补植”措施；植被覆盖率低的地方，种植各种针叶阔叶树；山下修复山塘，采取清淤加固等措施，恢复防洪、蓄水、灌溉功能；岸边种树植草，并对易崩塌的边坡采取各种防护措施。同时，恢复农田耕作，发展现代农业；修建具有水质净化功效的水生植物园，净化污水。

在市、县水保局的大力支持下，经过数年的持续投入，麒麟山建成了草灌乔治理区、油茶经济林治理区、水保监测试验区等十个功能区，成为集生态治理示范、科普宣传、旅游观光等多功能于一体的综合示范园区。2019年,该园区被水利部评为国家水土保持科技示范园区。

水土好,生长的作物品质自然更好。如今,借助千里赣江源头的生态优势,石城县打出了全域旅游牌。麒麟山现代农业观光园成为石城县乡村旅游的招牌,被评为省级3A级乡村旅游点。2019年,园区总产值突破1200万元,直接带动坳背村和周边村贫困户136户、200余人实现就业增收。

"与家乡人一起把日子越过越好,真的是一件很幸福的事"

2017年,黄小勇响应石城县创业致富带头人"千人铸造计划",在自己带头创业致富的同时,还担任县级创业导师。

几年来,黄小勇与1000多名学员分享创业经历,带动创业致富带头人4名,辐射就业农户28名(其中贫困户14名),户均增收5000元。

在这个过程中,黄小勇有了新的思考。"我们做的农业产业,风险很大。天气因素、价格因素波动大,并且农产品的产量每年都不一样。有很多小基地、养鸡种菜的贫困户,他们抵御风险的能力很弱。"

如何避免贫困户在短期内增收、但遇到意外一朝返贫?

黄小勇结合做外贸的经验分析:"农业产业的农产品和销售应该是分开的。一个农民如果在信息不畅通的情况下,既做产品又做销售,这其实是很难的。"

2019年10月,在以黄小勇为代表的创业致富带头人等的推动下,石城县珠坑乡成立产业联盟,以期通过资源共享、实时沟通,最大限度地利用各家优势形成合力,共同应对风险。2020年初,新型冠状病毒肺炎疫情使大批农产品滞销。石城县珠坑乡的产业联盟统筹资源,通过电商促销等多个渠道,构建起内部的产供销体系,与群众共渡难关。

"我能做的不多,现在我最大的希望就是能够把联盟的平台搭建成熟,在县政府的政策支持下,大家都能靠自己的双手过上好日子。"现在的黄小勇从大家口中的"山大王"变成了麒麟山有名的"山大忙",到处都能看到他忙碌的身影:山上的油茶、脐橙需要剪枝、追肥;"麒麟别院"民宿开始装修,需要协调施工队;创业致富带头人培育基地主体即将完工……

改善生态环境、减少水土流失、增强地力,是提高农业产出的关键。通过电商等多种渠道,构建稳定的产供销体系,是农民增收的关键。有了长远的眼光,还要有锲而不舍、持之以恒的精神,黄小勇带领乡亲们做到了。

如今，看着集生产种植、家禽养殖、旅游观光等多个产业于一体，种植的经济作物从脐橙扩展到莲子、红薯的麒麟山，黄小勇说："人不负青山，青山定不负人！能与家乡人一起把日子越过越好，真的是一件很幸福的事。"

记者：张瑞玲、黄建东（实习）；设计：陈一奔（实习）

中国青年报·中国青年网、浙江传媒学院新闻与传播学院联合出品

原载于：2020年10月19日中国青年网

原标题：《中国人的故事｜全国脱贫攻坚奖获得者黄小勇：坳背村的新愚公》

青年说

"勇"做致富带头人，我们需要这样的"山大王"，需要这样的"领头雁"。 @网友水调歌头的时光

@网友林云雅客 好感动，一个奖杯，是多少年的辛苦、汗水和付出换来的，黄小勇值得。

真正为群众着想的好带头人！农村有这样的好干部，群众一定有奔头。 @网友大树的每一天

@网友Jane如初见 让荒山野岭变成绿水青山，让农民在家门口"淘金掘银"，是多么不容易啊！各种艰辛，或许只有黄小勇自己心里明白。

打造华龙一号
“中国芯”的年轻人

“华龙一号”是我国自主研发的第三代核电技术，其安全指标和技术性能达到了国际三代核电技术的先进水平，具有完整自主知识产权。“华龙一号”作为真正的“中国创造”，助力中国迈入制造强国行列。

“华龙一号”的核心设计团队来自中国核动力研究设计院，这是中国唯一集核反应堆工程研究、设计、试验、运行和小批量生产为一体的大型综合性科研基地，保障和支撑着我国核动力工程设计、核蒸汽供应系统设备集成供应等尖端研究。

从关键技术国外引进到卧薪尝胆自主研发，这支团队经历了怎样的蜕变？这群年轻的核工业人，在日复一日的攻关中，把忠诚注入灵魂，把个人发展与国家命运紧紧相连，在每一双明亮的眼睛背后，都有一颗炽热滚烫的赤子之心。

遭遇“傲慢与偏见”

2008年，在与德国、法国联合研发核电设备过程中，有一个部件突然出现异常，德国工程师对法国工程师说：“估计是中国同事改参数造成的……”当时刚刚担任中国核动力研究设计院助理工程师的何正熙听到了，但没有争辩和解释。中国工程师不被信任，不是一天两天的事了。

· 中国核动力研究设计院的青年科学家们（周雪松　摄　　中国核动力研究设计院　供图）

“当时我沉默了很长时间，辩解没有

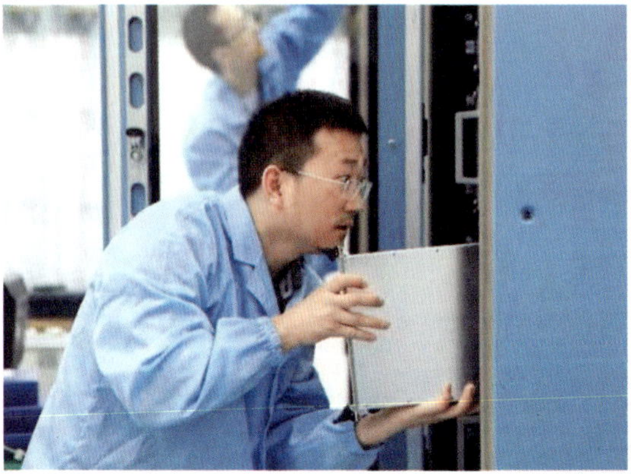

· 工作中的何正熙（周雪松　摄　　中国核动力研究设计院　供图）

用，我就想，还是要国家强大了，实力强大了，我们做到世界第一，偏见就消失了。”

何正熙回到国内后，一头扎进科研攻关中。他负责的棒控棒位系统，是核反应堆能量的控制系统，是关系到核电站顺利运行的重要设备。

“‘华龙一号’启动建设时，我们的目标是：设计理念比国外先进一代，在国际上占绝对领先地位。这意味着，我们的产品与国外产品是小汽车和拖拉机的关系，而不是大拖拉机和小拖拉机的关系。”从那一刻起，何正熙和团队就如同上了战场。因为按照惯例，这样难度的科研攻关要三四年，但是为了满足“华龙一号”工程的需要，一年左右必须攻关成功。

在项目攻关中，何正熙已经到了“魔怔”的程度。同事们怕他持续“烧脑”，身体吃不消，赶他回家陪孩子放松一下，没想到这反而促成了一次灵感萌发。“我当时教孩子学骑自行车，他摔地上了，车把摔偏了，本来应该向前骑，但他只能歪着骑。我看着他骑车的姿势，突然受到了启发——棒控系统是不是也可以采用这种‘歪骑’的方式进行动态补偿呢？只要把偏差的主要因素和规律找出来，就可以补偿偏差！”

何正熙马上返回单位，全组人都打开了思路，提出全新的棒位测量技术。棒位设备现场调试时间由平均半个月减少为两天，而且是全自动的，核电厂调试关键路径的时间被极大缩短，核电厂的经济效益将得到显著提高！

何正熙带领团队用三百八十天就完成了“不可能完成的任务”！“有你们这个速度在前面，以后我们各个项目的时间都不敢超过一年。”有不少同事这样跟何正熙开玩笑。何正熙说：“回过头来看，我们的高度是由困难决定的，困难像一座高山，没爬时，根本不知道能爬过去，但正因爬过这座高山，所以我们达到了新的高度。”

“核心技术、关键技术，化缘是化不来的”

“ZH-65 型蒸汽发生器是‘华龙一号’桂冠上闪亮的明珠。”中国核动力研究设计院的工程师们这么说。2018 年 8 月 23 日，出口巴基斯坦卡拉奇 3 号机组的“华龙一号”ZH-65 型蒸汽发生器安装完成。至此，“华龙一号”海外示范工程的 6 台 ZH-65 型蒸汽发生器均顺利完成安装。

荣耀背后，中国核工业人的辛酸，却鲜有人知。

直到 2017 年首台 ZH-65 型蒸汽发生器制造完工前，国内所有大型核电蒸汽发生器均是国外型号。“蒸汽发生器曾经是核动力装置设计者心中的痛。”中国核动力研究设计院蒸汽发生器研发中心副主任何戈宁说。

“‘华龙一号’刚开始做的时候，国内连第二代蒸汽发生器都还不具有自主知识产权。”何戈宁回忆，“因为外国人永远不会把‘为什么’卖给你，即使花大价钱买回来一堆技术转让文件，那里面一写到核心内容就略去，核心的内容永远不会告诉你，特别是一些技术上的分析方法以及最宝贵的第一手技术数据。我们可以花钱买结果，但花钱买不到过程，买不到‘为什么’。正如习近平总书记所说的那样，‘核心技术、关键技术，化缘是化不来的’，要靠自己拼搏。”

何戈宁团队的每个成员，平均每天加班五个小时，这一干，就是整整七年。

“我们团队不喜欢用‘加班’这个词，为什么呢？问题搞不清楚，睡觉睡不踏实，你就是要花自己的时间去琢磨，所以没有所谓‘加班’一说。时不我待啊！只有花时间思考，才能总结出中国核电发展几十年来的建设运行经验、吸收国内外各种先进的设计理念，同时保证不去触碰国外的专利，最后形成自己的技术，并把自己的核心技术申请专利保护。”

提升中国速度

美国、法国制造首台三代核电蒸汽发生器用了三十八个月，而中国“华龙一号”制造首台蒸汽发生器仅花了二十七个月。这在国际核电制造领域，是前所未有的速度。

何戈宁兴奋地说：“为什么快？因为我们真正掌握了核心技术，切切实实知道‘为什么’，跟国内制造企业交流没有障碍，所以解决问题的速度非常快。制造企业如果有好的建议，我们会欣然采纳，并吸收到设计中去，一起研究怎么实现技术目标。同时，‘华龙一号’对制造业上下游产业链的带动，影响力是非常巨大的。”

正在援建巴基斯坦卡拉奇 K2K3 核电站的项目现场办主任夏欣更有发

· 在巴基斯坦卡拉奇 K2K3 核电站施工现场的夏欣（唐熙　摄　中国核动力研究设计院　供图）

言权。

“设备一有问题，立刻导入电脑建模，请‘家里’（即核动力研究设计院）组织专家讨论，自己的东西，自己心里有数。请国外专家费用至少要一百万欧元，而让咱自己人看一下，不收钱！”夏欣说。“目前，‘华龙一号’在建项目——福建福清核电站 5、6 号机组，巴基斯坦卡拉奇 K2K3 机组，建设进展都很顺利。”纷至沓来的核电订单，证明中国有足够雄厚的工业基础，能做出世界领先的工业品！

“我们一线科研人员能深深感受到，对于关系国家命脉的重要行业和关键领域，国家早就从战略层面开始布局了。”何戈宁说，“我们绝不会放弃自主知识产权的阵地。产业链层面、技术层面、人才层面，牵一发而动全身。”

“可持续发展的经济，一定是靠科技引领的，信息技术革命、人工智能革命……通过技术提高，一步步达到生产力的释放、爆发，这样才是可持续的。”夏欣说。

关键核心技术是国之重器，对推动我国经济高质量发展、保障国家安全都具有十分重要的意义，必须切实提高我国关键核心技术的创新能力，把科技发展主动权牢牢掌握在自己手里，为我国发展提供有力的科技保障。

今天，新一代核工业人已经站在了巨人的肩膀上，他们既是追梦者，也是圆梦人。国家强大，给每个核工业人以更大的舞台、更多的机会去成就事业、创新创造。他们，正在用日复一日的奋斗告诉未来：从“站起来”到“富起来”再到“强起来”，民族复兴的蓝图已经绘就，中国核电人，正青春！

记者：杨月

原载于：2019 年 1 月 7 日中国青年网

原标题：《中国人的故事｜打造华龙一号“中国芯”的年轻人》

青年说

科技是中国腾飞的不竭动力，默默无闻的科技攻关者才是新世纪的弄潮儿！加油我的中国！

@网友叶落枫兮

@网友高山流水44838

辩解没有用，只有当自己强大了，才有话语权。这口气，我们一定要争！

中国年轻一代正在从前辈的手里接过奋力实现中国梦的艰巨任务！加油！

@网友Mrs_milktea_MM

@网友他们说

科学技术是第一生产力，打破国外的技术垄断，是我国强起来的必经之路，青年科学家们加油！

筑梦航天，“细微”中见无私

近年来，中国航天事业取得突飞猛进的发展，仅 2018 年，“嫦娥四号”实现人类航天器第一次月背软着陆，中继卫星进入使命轨道，“北斗三号”全球组网，“风云四号”向亚太用户提供服务，“高分五号”成功发射……这些骄人的成绩离不开一代又一代航天人的辛苦付出。

姜杰：火箭是第一棒，必须十拿十稳，才能让卫星发挥作用

姜杰是中国运载火箭技术研究院“长征三号”甲系列火箭总设计师，也是第四届“中国航天日”航天公益形象大使之一。

姜杰在最繁忙时，有三发火箭同在发射场。看到火箭分秒不差地射入太空，那种成功的喜悦还没有持续多久，她就又要投入下一发火箭的准备过程。

· 工作中的姜杰（中国运载火箭技术研究院　供图）

我国正从航天大国迈向航天强国。“十三五”期间，火箭高密度发射成为常态。2019 年 4 月 20 日 22 时 41 分，“长征三号”甲系列运载火箭成功实现第 100 次发射，成为我国首个发射次数突破 100 次的单一系列运载火箭！尽管“长征三号”甲系列颇为成熟，但在姜杰看来，不断创新才能保持其“生命力”。中国航天人在整星整箭发射服务上不懈“突围”，完善新一代运载火箭型谱。

因为，火箭是第一棒，必须十拿十稳，才能让卫星发挥作用。

李文武：钢管喷水冒火，照样焊

李文武是首都航天机械有限公司的特种熔融焊工。在冰火交融间，他可以迅速完成焊接任务。焊接喷着水、冒着火的两根钢管时，两根钢管中的气体和水可能返流，严重时，甚至会引发爆炸，所以必须在两三秒内将小孔焊住。

· 工作中的李文武（中国运载火箭技术研究院 供图）

航天产品焊接难度很大，焊工得练就 360°全方位都能焊的本事。有时甚至需要焊工凭经验“盲焊”，且一次成功。

为了提高焊接水平，李文武曾在手上吊过砖头。焊接是一件很苦的事，李文武身上被烫伤过很多次。但是，干一行爱一行，不知不觉间，他在这行已经走过了十三个年头。每当看到大火箭腾空而起，李文武心中骄傲的感觉难以言喻，那种成就感无可匹敌！

付斌：误差毫米间，是他对火箭的承诺

付斌是防隔热室的一名设计人员，主要负责防隔热及热密封设计工作。他可以准确估算出各零部件在防隔热试验中的间隙、厚度等尺寸，误差不超过 1 毫米。

防隔热试验，表面温度几乎都在 1000℃以上，需要设计人员在试验现场迅速判断相邻零部件在高温环境下的缝隙变化，为后续试验提供准确的参考数据。这种尺寸变化往往不超过 2 毫米。

大家常说付斌是“试验现场的第一发言人”，因为他判断的结果与最终衡量的结果误差一般在 1 毫米以内。其实，付斌的眼睛并不是天生的“尺子”，刚开始参加工作的时候，付斌对尺寸的敏感度没有现在这么高，后来跟着指导老师多学多看，终于做到了熟记每种零件的尺寸。对于付斌来说，误差毫米间，是他对火箭的承诺。

李晓波：“绝技”没捷径，就要下功夫

李晓波是加工火箭零部件的一名钳工。火箭零部件的加工，要求操作者能精准地把握力度、尺度。

在参加航天技能嘉年华时，李晓波曾给大家展示过一项“绝活”：不使用任何测量工具，40 秒内打磨出一把能开锁的钥匙。当时观众都很惊讶，其实这是火箭零部件加工者尤其是钳工的基本功。

· 工作中的李晓波（中国运载火箭技术研究院　供图）

曾经有一个火箭零部件是由多个零件组成的，加工全靠钳工的双手完成，要求各零件之间平行度为 0.02 毫米。0.02 毫米的距离，差不多连一根头发丝都塞不进去。即便是面对着这样严苛的要求，李晓波也顺利完成了零部件的加工。

为了练习手的“稳”度，李晓波在工作之余不断地练习锉金属板，每天锉掉 3 ~ 5 厘米。终于，李晓波的手越来越“准”，越来越“稳”，圆满完成了每一次高精度加工任务。“绝技”没捷径，就要下功夫！

尉凤枝：焊接“针尖”和“麦芒”

尉凤枝是大火箭上的装接工，焊接“针尖”和“麦芒”这种事情，她每天都在做——比如把一根汗毛粗细的导线和一个针尖大小的元器件管脚焊接在一起。

巴掌大的电路板上，有上千个管脚直径在 1 毫米以内、间距只有 0.3 毫米的元器件，人的肉眼基本看不清楚，而且它们的种类、位置不同，必须要在显微镜下操作。

· 工作中的尉凤枝（中国运载火箭技术研究院　供图）

火箭零部件焊接对镀锡量、焊接温度要求很严苛，操作者手握焊枪一定要稳，一旦焊错，产品就报废了。

做跟航天相关的工作，细心加耐心是不出错的基础，越是细小的活儿，越不能急躁。要想做到零失误，准备工作很重要。在焊接前，尉风枝会先准备一张生产图纸，把实物产品放大数十倍，把不同的元器件用不同的颜色标记出来，并确认元器件的型号、数量、对照位置。这样“磨人”的工作，尉风枝兢兢业业，从未懈怠。

张广亮：手工实现一根头发丝直径 1/500 的精度

张广亮是一名装配技师。把 1 毫米分成 1000 份，每一份是一个 μ，目前最精密的机械磨床的极限精度就是 μ 级。张广亮手工能实现十分之一个 μ 的精度，相当于一根头发丝直径的 1/500！

要将钢块磨成镜面，十分考验匠人的耐性。张广亮拿一个小方块六面铁开始练习，从铁块的一个面开始研磨，达到一定精度后，再以它为参照，让所有的面都达到相同的精度。

在航天零件研磨的舞台上，打磨的不仅仅是产品。要磨出更高的精度，最重要的是锤炼操作者的内心。

几十年来，中国航天事业经历了从无到有、从小到大、从弱到强的漫长过程，走出了一条具有鲜明中国特色的发展道路。这些成就的取得离不开数代航天人的默默付出，未来，中国航天将持续发力！

· 工作中的张广亮（中国运载火箭技术研究院　供图）

记者：张瑞玲、杨月

原载于：2019 年 4 月 24 日中国青年网

原标题：《中国人的故事｜筑梦航天：平凡中的伟大，“细微”中的无私》

青年说

不由想起了宋代词人张孝祥的名句：尽挹西江，细斟北斗，万象为宾客。

@网友云白bdj

@网友笨鸟大大

头发丝直径 1/500 的精度，这也太令人震惊了，牛！

把每一件细微的事做好，甘于无私奉献，中国航天人为中国梦奋力前行，加油我的国！

@网友左江打盹鱼

@网友窗前流水枕前书88

上九天揽月，下五洋捉鳖，这是国家发展的自信，这是伟大中国梦的重要组成部分。中国航天的每一个成就都离不开一代代航天人的奋斗与奉献，向航天人致敬！

跨越百年的青春回答
——奋斗是强国一代的承诺

2019 年，是五四运动一百周年。

曾积极领导和推动五四运动发展的李大钊，是中国共产主义运动的先驱。他曾这样诠释青春："青年之文明，奋斗之文明也，与境遇奋斗，与时代奋斗，与经验奋斗。故青年者，人生之王，人生之春，人生之华也。"

为纪念五四运动一百周年，"新青年　耀青春"青年文化万里巡展在中国科学院大学举行。在模拟时空穿梭的"电话亭"里，"你还年轻吗？还有没有在奋斗？"电话里的"李大钊"深沉发问。

电话的两端，刚好隔了一百年。面对这样的问题，今天的青年会如何回答？

谭永峰：奋斗，为了带乡亲们把日子过红火！

谭永峰是湖南省泸溪县红山柑橘专业合作社理事长、第 18 届中国青年五四奖章获得者。

湘西山区交通不便、信息闭塞，本地盛产的椪柑只能被动地等待客商上门收购，不然的话，果子就会烂在田里。每每看到这些，谭永峰就很焦急。

唯有打通销售渠道，才能扭转局面。

2006 年冬天，谭永峰跟着货车走了四天三夜来到丹东，带着两箱四五十斤重的椪柑，几经周折才寻得跟销售经理面谈的机会。然而，销售经理开口却说："你一个毛头小子，拿几十个椪柑就管我要店面，我凭什么相信你？"一盆冷水浇得谭永峰透心凉。

谭永峰并没有就此放弃，他不断地想办法、找机会介绍、推荐泸溪椪柑。终于，谭永峰的执着打动了经理，签订了门面租赁合同，开辟了直销窗口。

不久后，谭永峰联合一百多户椪柑种植户，创办了"泸溪县红山柑橘专业合作社"，注册了"红山"商标，改变了过去散装零卖、随意哄抬或压低价

· 谭永峰（右三）在扶贫基地与果农沟通椪柑种植情况（谭永峰　供图）

格的现象。2010年，合作社引进并建立年产三千吨椪柑“粒粒橙”半成品的生产线，投产后实现年产值三百多万元，解决了五千多吨“等外果”的销售难题。此外，谭永峰还免费为村民传授培育管理知识，直接带动周边两千亩椪柑种植基地，惠及两千三百余户农户，农户人均增收八千八百余元！

谭永峰最喜欢习近平总书记说的那句：“现在，青春是用来奋斗的；将来，青春是用来回忆的。”谭永峰觉得，领着大家一起把日子过红火，就是自己奋斗的目标和动力！

张玉滚：奋斗，为了点亮大山里孩子希望的光！

2001年8月，张玉滚回到了自己当年上课的教室，眼前依旧是破桌子、破水泥台子，里面还坐着十来个“土孩子”。看着孩子们渴望知识的眼神，张玉滚鼻子陡然一酸，下定决心：留在这里，不走了！

从那以后，张玉滚成了一名每月拿三十元补助的民办教师，一干就是十七年。

黑虎庙小学位于河南省南阳市的深山区，距离县城七十多千米。想走出大山，要沿着山路走上十多个小时。路没修好时，张玉滚就挑着扁担，把学生的课本、作业、文具挑进大山。

张玉滚给自己定下了一个规矩：不耽误一节课，千方百计上好每一节课。“大山里的教育本就落后，作为老师如果不多努力，咋教好娃娃们？”

这么多年来，张玉滚练就了一身本领：掂起厨具能做饭，拿起针线能缝纫……大家都说张玉滚是“全能型”教师。张玉滚深深地知道：要想刨除“穷根”，改变命运，必须从教育开始。

由于常年操劳，不到四十岁的张玉滚，鬓角斑白，脸上布满了皱纹，经常被错认为是快退休的老教师。对此张玉滚总是呵呵一笑，从不过多解释。

多年来，张玉滚尝尽山村教师的酸甜苦辣，但学生的成绩和进步又让他觉得，一切都是值得的！

夏荔：奋斗，为了打通隧道，让天堑变通途！

夏荔是中国铁建十九局集团兰渝铁路胡麻岭隧道 2# 斜井总工程师、2019 年全国向上向善好青年。

兰渝铁路胡麻岭隧道全长 13.6 千米，大家用 2 年的时间，挖了 13 余千米，而最后的 173 米，却生生挖了 6 年。

2011 年 8 月 19 日，距离胡麻岭隧道贯通只剩下 173 米。在挖掘过程中，突然出现了突水涌泥，硬生生地把挖好的隧道往回退了 200 多米。“第三系富水粉细砂”成为隧道贯通的拦路虎。

德国专家说：“人类不可能在这种地质中挖隧道，你们放弃吧！”

兰渝铁路最早出现在《建国方略》中，复杂的地质状况让这条铁路停留在幻想中，如今只剩下 173 米了，夏荔不忍心就此放弃。

夏荔与三十多名工程师，没日没夜地查阅大量资料，仅设计的草纸就堆了满满几大箱。好不容易找到了解决办法，但更严峻的挑战随之而来——方案里面需要用由钢架拼接起来的“开挖九宫格”，每一根钢架就有 200 多公斤，需工人们站立一两个小时上螺栓，工作结束后，大家累得连胳膊都抬不起来。

胡麻岭隧道所在的地质最怕扰动，夏荔与大家只得一锹一锹地挖。为了赶工期，他们二十四小时不间断工作。

在隧道深处，是黑色，不断地挖掘、研究，再挖掘、再研究……而隧道挖通的那一刻，是金色的。阳光照射进来，天堑变通途，一切辛苦都不值得一提！2017 年 6 月 19 日，胡麻岭隧道胜利贯通，当时的喜悦之情，令夏荔永生难忘。

从返乡创业的椪柑树下，到深山课堂的读书声中，再到隧道贯

· 夏荔在中国铁建纪念五四运动 100 周年暨第九届十杰十佳青年表彰大会上（杨月　摄）

通的盾构机旁，他们的奋斗，在平凡中闪烁着光芒。

“你还年轻吗？还有没有在奋斗？”电话里的“李大钊”深沉发问。

在中国科学院大学，我们听到了这样的回答：“我是中国青年，我是祖国忠诚的儿女！五四火种在心，先辈夙愿在胸，复兴大任在肩。今天，面对国旗，我们庄严承诺：奋斗有我，让人民更加幸福，奋斗有我，让家园更加美好，奋斗有我，让祖国更加昌盛！百年传承，今日到我，激荡未来，壮志在我，青春万岁，强国有我！”

记者：张瑞玲、杨月

原载于：2019 年 5 月 3 日中国青年网

原标题：《中国人的故事｜跨越百年的青春问答：奋斗是强国一代的承诺》

青年说

我有使命不敢懈怠。不忘初心、牢记使命，无畏前行，为祖国的强大再添辉煌！ @网友文萍之歌729

@网友戴围脖有理取闹 青年是未来，青年是希望，继续奋斗！

百年传承，今日到我；激荡未来，壮志在我；青春万岁，强国有我！ @网友国家的安宁

@网友七彩红都 青年强则国家强！

湘西老乡眼里的精准扶贫新路子

蜿蜒曲折的乡村公路，一头通往武陵山区腹地的湖南湘西十八洞村——一个人均耕地仅 0.83 亩、有 900 余人的苗族聚居村。2013 年前，这里人均收入仅 1668 元，不到当年中国农民人均收入的五分之一。

这条路，一头情系中南海。2013 年，习近平总书记来到十八洞村，与苗族乡亲促膝谈心，提出要“实事求是、因地制宜、分类指导、精准扶贫”。

依靠走市场化发展之路，因地制宜，精准施策，激发村民求发展的内生动力，湘西十八洞村走出一条中国式精准扶贫的新路子。如今，笼罩山寨的贫穷雾霾已散尽，这里人均收入增长七倍，秀美的十八洞村得益于精准扶贫助力，在奔小康的路上大步流星。

“七步法、九不评”探路精准扶贫

2014 年 1 月，湖南省湘西土家族苗族自治州花垣县委扶贫工作队进驻十八洞村。队员放下铺盖，考验接踵而来。村后山要修一条机耕道，然而为了拦住挖掘机，不让施工，有的村民甚至抱来几拢稻草，干脆在土坎上躺了下来。

由四个自然寨合并的十八洞村一度“村合心不合”，劲儿很难往一处使，基础设施建设磕磕绊绊。

这让时任县委驻村扶贫工作队队长龙秀林开始反思，扶贫首先得扶“精气神”，要从根本上转变村民“等靠要”的思想，精准识贫、精准施策。

村里决定，扶贫工作先从精准识别贫困户开始。户主申请、群众投票识别、三级会审、公告公示、乡镇审核、县级审批、入户登记，这是十八洞村摸索出精准识别贫困户的“七步法”。

“家里有拿工资的不评、在城里买了商品房的不评、在村里修了三层以上楼房的不评……”十八洞村总结出筛选贫困户的“九不评”。

· 十八洞村中一条通往梨子寨和扶贫矿泉水厂的马路（李峥苨　摄）

“七步法、九不评”精准识别出贫困人口 542 人，村民不再有闲言碎语。这一做法为之后实施精准扶贫提供了经验。

合寨并村人心不齐，工作队和村支两委从文化活动入手拆“心墙”。过苗年、赶秋、主题画展、篮球比赛……一年内文化活动有十多个，村寨互动参与，彼此之间的心理距离逐渐拉近。

工作队又琢磨出“村民思想道德星级化管理模式”：全村 16 周岁以上村民从支持公益事业、遵纪守法、家庭美德等六个方面进行公开投票，每季度一次，互评模范家庭。

如今，只要涉及村里的公益事业，斤斤计较的少了、主动参与的多了。村道拓宽，材料和设备由工作队筹措，投工投劳全部由村民上。村头“农家书屋”里，农业科技书籍成了抢手货，没有人再拿着扶贫款去赌博或买酒喝。

让“飞地经济借鸡生蛋”

拔穷根，靠产业。扶贫工作队经过入户摸底了解到，贫困户一缺资金、二缺技术，如果靠单打独斗闯市场，则会难上加难。

“习近平总书记首倡‘精准扶贫’，明确要求‘不栽盆景，不搭风景’，不仅要自身实现脱贫，还要探索‘可复制、可推广’的脱贫经验。”花垣县委负责人说，他们思考良久，认定脱贫致富奔小康只能走市场的路子。

十八洞村摸索出“四跟”：资金跟着穷人走，穷人跟着能人（合作社）走，能人（合作社）跟着产业走，产业跟着市场走——让市场主体带着贫困户闯市场。

选择什么产业？大山中的村寨，抬头低头都是山。村里人思前想后三个多月，“飞地经济”成为最终选项——车程 40 分钟的道二乡难得有一块大平地，大家决定“借鸡生蛋”。

花垣县委书记罗明远赴武汉拜访中科院武汉植物研究所，引进国内猕猴桃种植的顶级技术，在道二乡流转土地 1000 亩，邀请县里苗汉子专业合作社与十八洞村共建猕猴桃基地，贫困户和普通村民带着扶贫和政策支持资金入股。这既解决了合作社的资金问题，也保证了贫困户有长期稳定的收入。然而，1000 万元资金缺口成了拦路虎，他们以土地经营权抵押，解了燃眉之急。

站在道二乡高处远眺，如今的猕猴桃树漫山遍野。外地公司纷纷上门，按每亩猕猴桃产量约 5000 斤、5 元一斤的保底价签订购买合同，净利润可达 2 万元，每人每年最多可拿 1 万元。

猕猴桃种植、黄牛养殖、乡村旅游、劳务经济成为振兴十八洞村经济的增长极。

斩断穷根，成功“脱单”

2013 年 11 月，在施成富家门前的空地上，习近平总书记同村干部和村民拉家常、话发展。彼时，施家老宅破烂不堪，“雨天在屋里还要打伞”。

在外打工的施成富小儿子施全友下班后，从电视上看到习近平总书记来到自己家，激动得连夜登上了回家的火车。

“感觉家乡发展的机会到了。”施全友说。经过筹划，他开起十八洞村第一家农家乐——“巧媳妇”，地道的农家饭味美价廉，几乎天天都有游客上门。最为火爆的节假日，老人们全部上阵当帮手，依然忙得团团转。“最多时，一天接待了 130 多位客人，足足坐满了 10 大桌。”施全友的妻子孔铭英说。

在“巧媳妇”的带动下，如今，十八洞村已有十多户农家乐，年接待游客超过 20 万人次。

在那次的扶贫座谈中，村民告诉习近平总书记，除了贫困之外，村里光棍多，娶不上媳妇。习近平总书记勉励大家加油干，等穷根斩断了，日子好过了，媳妇自然会娶进来。习近平总书记一席话，振奋了全村人的心。

2015 年元旦，日子好起来的施全友，娶回了重庆姑娘孔铭英。

养蜂大户龙先兰因家庭变故，曾一度自暴自弃。在扶贫工作队帮助下，他用心学技术，牵头成立养蜂合作社，还为蜂蜜注册了商标。有了一技之长和收入，也就有了娶媳妇的底气。2017 年 1 月，龙先兰迎娶了心上人，还在县里买了房。2020 年，他把合作社蜜蜂养殖扩大到 1000 多箱。

十八洞村驻村第一书记孙中元说：“现在许多村民有了积蓄，人生大事不再犯难。村里已有 30 多个单身汉成功‘脱单’。”2017 年 2 月，湖南省扶贫办宣布十八洞村脱贫摘帽。2019 年，十八洞村人均纯收入 14668 元，比七年前增长了七倍。

年轻人重返十八洞村，千年苗寨重拾活力

2018 年 6 月 2 日，十八洞村迎来历史上首位造访的外国元首，老挝人民革命党中央总书记、国家主席本扬。本扬率老挝党政高层代表团到此实地考察，探寻精准扶贫的“中国经验”。得知十八洞村因地制宜发展乡村旅游等产业，他表示十八洞村的扶贫经验值得老挝学习借鉴。

湘西州扶贫办负责人表示，十八洞村不依靠财政修路、盖房，村里脱贫开发靠的是精准施策、因地制宜发展产业，其经验已被复制推广到全州、全省。

这几年，越来越多的年轻人回到十八洞村，让千年古寨焕发生机。

2020 年新春，突如其来的新冠肺炎疫情让苗寨经济受挫。从长沙回来的大学生施林娇用网红电商帮助大伙儿“突围”。2020 年 3 月初，施林娇运营的“十八洞村的娇娇”发布的第一条短视频，把镜头对准苗寨熏腊肉。质朴的乡土气息让视频火了一把，施林娇成了“网红”娇娇。施林娇最火的一场直播获得 30 多万点击量，村里的腊肉经由她直播销售了数千斤。

直播镜头记录了十八洞村的今昔变化：乡间有了青石板路，有了“网红打卡点”的杨家酒坊，家门口也有了城市银行的自助提款机……

记者：洪克非、杨月、李峥苊

原载于：2020 年 7 月 15 日中国青年报·中国青年网

原标题：《中国人的故事｜湘西老乡眼里的精准扶贫新路子》

青年说

我相信，我的国家一定会越来越好！ @网友Bo松new_here_

@网友飞翔的虎兔 中国人民迈向幸福的脚步，是任何困难都阻挡不了的！

扶贫先扶志，中国加油！ @网友淇淇子的小尾巴1993

@网友昭法提帮功 爱撒满了湘西大地，感谢扶贫人！

精准扶贫，点亮了每一位老乡对于幸福的期盼，奔小康，加油啊！ @网友贰叁戊

以奋斗奔小康，烟火气中的逐梦青年

中国人的故事

晚上10时，乔伯凉面店里依然灯火通明、人来人往。店主徐毅的手机订餐声不停响起。从学校门口摊位到“网红打卡地”门店，徐毅对每一单生意都不敢怠慢。

深夜2时，伴着超级文和友永远街上的灯光，“湘漂”李明月结束一天的工作，准备回家。

清晨5时，望城区乔口镇田心坪村“95后”大学生刘志鹏走进荷花虾养殖基地，放眼240亩水塘，这位新一代的“养虾大王”算了算营业额，脚步轻快起来。

每个黎明与夜晚，湖南长沙都有这样一群年轻人，他们在新时代的康庄大道上，为生活和理想不停奔跑。

“人间烟火气，最抚凡人心。”如今在长沙，从零散摊点到系统规划，夜经济已呈星火燎原之势，进入品牌化时代，为年轻人创业提供机遇与舞台。后疫情时代，夜经济更成为活跃地方经济、促进消费的重要手段，成为提升城市活力、推动实体经济发展的新消费增长极。

徐毅：凉面、水饺打天下

“从最开始摆摊做凉面，到现在已经快三十年了。”乔伯凉面店的店面不大，名气却不小，说半个长沙的人都吃过他家的凉面也不为过。

徐毅的“乔伯凉面经”是“少就是好”，没有多余的调料，还原面本来的味道。看着店外络绎不绝的客人，想起摆摊的日子，徐毅常觉得恍惚。

“都是从苦日子过来的。那时风里来雨里去，我推个铁车，一边卖炸串，一边卖凉面。凌晨2点就开始煮面，白天累得只要躺在床上，就能睡着。”乔伯凉面的名气缘于徐毅对品质的坚持：“提前煮好面，口感会有损失，我们要保证质量。我到现在都有这个习惯，隔天要吃一次自家凉面，自己尝过才

· 夜经济（李峥苨　摄）

踏实。”

从摆摊到做老板，乔伯凉面的命运转折点在长沙夜经济的兴起。

乔伯凉面入驻的超级文和友位于长沙市天心区。作为长沙商贸中心，这里拥有长沙 60% 的历史文化景点和最繁华的商业街区。2019 年国庆长假期间，商圈消费同比增长 30% ~ 35%，其中，夜经济消费占比超五成。

“我们很多小吃都蛮有‘香辣湖南’的气质。”徐毅观察到，无论当地人还是外来游客，很多人都希望在闲暇时光中的夜晚找到属于长沙特有的味道。小龙虾、凉面、臭豆腐、大香肠……这里的夜经济品牌系统梳理本地文化，深入挖掘本地特色，并用人们喜闻乐见的形式呈现出来。不论是乔伯凉面还是任姨水饺，这些店家的名字本身就既有特色，又有温度。

温暖是任姨水饺店主彭勃对天心区夜经济的感受。“我们店就像深夜食堂，客人来了有家的感觉，有什么心事也能聊一聊。”彭勃的顾客里有一个女孩，之前有份稳定但薪资不高的工作。“一次吃夜宵时，她跟我聊，感觉幼儿托管行业有蛮多机会。”没想到，这个敢拼敢闯的姑娘真的辞了职，去外面闯荡。“人都是拼搏向上的，喜欢吃的她做起了微商，卖小吃、烧卖，生意很好。如今她买了车，计划每半年旅游一次，我们水饺开分店她还打算入股呢。”彭勃对这种“吃得苦、霸得蛮”的湘妹子很欣赏。

李明月：吃饭打卡很酷、很潮

夜经济只有餐饮消费？当然不是！餐饮行业是夜经济中的一个重要组成部分，但好的夜经济品牌，应该是集餐饮、体育、娱乐、休闲、旅游、健身等为一体的品牌综合体。

走进超级文和友“海涛的房间”，能看到《还珠格格》的海报、老式大衣柜、点心盘……在这里吃饭，很酷；在这里打卡拍照，很潮！超级文和友所有的陈设都力求完美呈现 20 世纪 80 年代老长沙的居民家庭场景，游客前一分钟还置身于鳞次栉比的现代化高楼大厦中，后一分钟就“跨进 20 世纪 80 年代”，令人感叹，又倍感亲切。

“这个空间是一个具有年代感的、长沙的老社区。但我们所有传播手段都结合潮流文化，让年轻人觉得有参与感，喜欢我们这个品牌。”李明月是文和友集团公共关系部总监，激发年轻人对本地文化、对“国潮”的自豪感和认同感，在餐饮之外打造品牌综合体，挖掘夜经济品牌升级的复合基因，已成为她和越来越多同行的共识。

如今，天心区夜经济正在悄然迭代，多种夜经济形态聚集。通过精心打造，这里发展了太平街、高正街、都正街等“夜巷”，形成了黄兴南路步行商业街、坡子街老字号一条街、解放西路酒吧一条街等“夜街”形态以及王府井等大型商业综合体为代表的“夜间综合体”形态。这里形成了以黄兴南路步行商业街为主轴的“一主多辅”不夜乐活商圈，成了夜经济发展的前沿阵地，是当之无愧的长沙商业金名片。

“我们团队成员大部分是‘90后’，我们希望能把本地特色的市井文化以及长沙即将消失的餐饮文化进行结合，挖掘、传承、保护，同时加以创新。”李明月没想到的是，这种做法获得不少年轻人的赞许，大家认为这样是“帮他们留住了儿时的记忆”。

如今，长沙发展夜经济已成为一项系统性工程。餐饮已远远不能满足消费者的需求，关注青年消费者的精神需求，创新夜经济业态、服务与产品，成为新突破口。

刘志鹏：夜经济托起“95后”“养虾大王”

一碗凉面、一盆小龙虾、一份水饺，夜经济的档口里卖出的每份美食，都是这头连着商铺，那头连着生产者。

“我们这里土质差，但水质好，小龙虾个头大、色泽鲜亮、肉质鲜美，‘吃货’吃过后准保难忘。”“95后”大学生刘志鹏一毕业就卷起裤管进水塘，当起“养虾大王”。

田心坪村曾是长沙望城区乔口镇众所周知的“涣散村”，村里有“三多”：村级负债多、告状多、矛盾纠纷多。2018年底，田心坪村土地股份合作社成立后流转2510亩土地，和湖南土流网合作，线上线下同步进行土地拍卖，招募到八位“养虾大王”，刘志鹏就是其中一位。

刚毕业的大学生能不能行？起初没多少人愿意跟着刘志鹏干，觉得他太年轻，没经验。认准了养虾的刘志鹏，一门心思琢磨养殖技术。一到周末，他就邀请摄影俱乐部、房车俱乐部的“吃货”参加乔口荷花虾宴，直播、摄影、做短视频，吸引了不少人的关注。他说：“体验式休闲游融合乡村旅游、小龙虾美食文化，不仅可带动小龙虾的销售，也可帮助周边村民销售土鸡土鸭、绿色蔬菜。”

“小年轻”还真干出了“大买卖”。一年下来，刘志鹏从“白净小生”晒成了“黑小伙儿”，荷花虾没有辜负他的付出。2019 年，他带领 20 户虾农实现近 200 万元的营业额，净盈利 80 万元，虾农一年最多增收 8 万元。

如今，从水塘取虾到烹制后出现在夜晚“吃货”的碗碟中，只需 3 个小时。夜经济餐桌上，小龙虾被称为“最好的社交食物”，从“野蛮生长”到在全国率先推出养殖、烹饪、质量溯源体系等一体化的荷花虾系列标准规范；从“荷虾共生”的种养模式到培育集养、加、销、研、学、游于一体的荷花虾全产业链，目前，望城荷花虾养殖规模近 7 万亩，经营主体 240 家，2000 余位农户参与生产经营，年产可达 1200 万斤，综合产值 10 亿元，参与养殖的贫困户每户净收益超 4000 元。

· 湖南省长沙市望城区乔口镇“90 后”副镇长蒋妙龄（中）在直播间里为当地农产品“带货”（李峥苊　摄）

“我们计划全力打造望城荷花虾品牌，将荷花虾养殖面积发展至 10 万亩，辐射带动周边县市 30 万亩，实现综合产值 100 亿元以上。”乔口镇农业农村综合服务中心主任陈建军说。

水面下，小龙虾正茁壮成长；水面上，虾农笑逐颜开。夜经济餐桌上的每一只小龙虾，都关联着一个家庭的幸福。

拥抱小康生活，就是拥抱每个人的梦想之光。

记者：杨月、洪克非、李峥苊

原载于：2020 年 7 月 17 日中国青年网

原标题：《中国人的故事｜以奋斗奔小康，烟火气中的逐梦青年》

青年说

没想到夜经济餐桌上的小龙虾，还关联着这么多家庭的幸福，我这个“吃货”也算做了点贡献！

@网友宁朵儿

@网友许昌爱心群

这是老百姓温暖的日子，是带着泥土芳香的简单而快乐的生活。

我吃过超级文和友的小吃，那里真的超怀旧，置身其中，就好像穿越了！原来这些小吃，改变了这么多人的生活。更爱我大湖南啦！

@网友添柴正能量

火箭精神，时刻归零

“神箭”即长征二号 F 运载火箭，自 1992 年开始研制，1999 年首次发射并成功将中国第一艘实验飞船“神舟一号”送入太空。长征二号 F 运载火箭目前已发射 13 发，每一次发射都圆满成功。55 岁的张智是长征二号 F 运载火箭的总设计师。

· 张智（张瑞玲　摄）

“载人火箭更多强调的是安全性，绝不能放过一个瑕疵，因此我们永远在改进的路上。”张智说。

“不放过一个瑕疵，成了刻在骨子里的东西”

20 世纪 90 年代初，我国载人航天事业刚刚起步。1992 年，28 岁的张智担任了载人航天飞行任务运载火箭逃逸系统的技术负责人，承担逃逸系统的总体研制工作。当时，国际上只有俄罗斯和美国有相关研究。“我们没有办法看实体产品，有效信息就是收集到的有限的公开资料。”研制工作举步维艰。

如今，我国的载人航天飞行任务运载火箭逃逸系统已处于国际领先水平。

“载人火箭的理想状态是一度故障工作，二度故障安全。”张智说，每次发射都有风险，但要把风险控制在底线之上。“出现一度故障不影响正常的工作，如果再有故障出现，就是二度故障，也能保证航天员安全返回地面。”

要做到这种绝对的安全，任何一个细小环节的疏忽都可能导致前功尽弃。

了解张智的人都知道，他待人平和，很少生气。在一次产品调度会上，某一分系统为了省事，在某一产品长度发生变化后，按惯例仍冠以同一名称，只在长短编号上做了标识，违反了"一种产品只能有一个名称"的规定。在繁琐复杂、工程量极大的航天工作中，到底是应该执行标准还是按照惯例？在标准完全可以执行的情况下，与标准有冲突的惯例还应该执行吗？这一问题时常拷问着每一位航天工程师。张智的回答是："我们所有的规定，都是历史上出了问题之后得到的教训，必须严格执行，容不得一点马虎！如果连这些基本观念都没有，会议就没有开的必要！"那是他少有的一次生气，在他看来，标准就是标准，绝无商量的余地。后来，经过多次协调，分系统按照张智的意见对产品图进行了修改，此类问题再也没有发生过。

张智对一次"超重"的"教训"印象深刻。最早设计逃逸系统时，张智要对飞行器每个结构做重量分配，安排总体参数。没想到，千算万算，还是在螺钉、螺栓的小细节上出了问题。

"我没给单个重量才几克的螺钉分配，想着螺钉能有多重，就把螺钉归到'其他'类里了，结果没想到这些螺钉、螺栓太多了，加起来居然有 80 公斤，大大超出了我们的预料。"复查时张智才发现，这次用的螺钉、螺栓质地是钢的，比以前铝的螺钉、螺栓密度要大 3 倍。后来为了精确统计质量，老同志们把螺钉、螺栓、电圈等所有零件挨个仔细称量才弄清楚。"我记得老同志传给我一本册子，手写的，啥型号的螺钉、电圈多少克，都密密麻麻地记录着。"

"那个本子现在已经不用了，因为现在这些数据存在计算机标准件库里，重量都能自动算出来。但对安全这件事，永远战战兢兢、永远不放过一个瑕疵，成了刻在骨子里的东西。"张智说。

"缺课，就必须补上"

2003 年 10 月 15 日，神舟五号飞船由长征二号 F 运载火箭成功发射，将中国的第一位航天员杨利伟安全地送入了轨道。23 小时后，杨利伟平安返回地面，这是中国载人航天的重大突破，发射场一片沸腾。专家评价："火箭表现堪称完美！"

欢呼的人群中，时任火箭总体副主任设计师张智却皱着眉头。因为他注意到杨利伟经历了一个很不舒服的振动，杨利伟的描述是："当火箭飞行到三四十千米高度的时候，火箭和飞船发生了急剧抖动，产生了共振，那种感觉十分痛苦，我的五脏六腑都快碎了，我感觉我要撑不住了，振动二十六秒之后，这个振动慢慢减轻，我如同经历了一次重生。"

对负责总体设计的张智来说，任何瑕疵都意味着“缺课”，他绝不能容忍：“缺课，就必须补上！”

张智和团队带着分秒必争的紧迫感，反复分析飞行数据，得出结论，这个抖动就是 POGO 振动（纵向耦合振动）。POGO 振动是一个世界性的航天发射难题，早在 20 世纪 60 年代，美国大力神Ⅱ火箭在发射过程中，就曾出现 POGO 振动。振动严重时，极有可能导致飞行试验失败。

张智认为：“振动牵扯到的是生命，绝不能存在这种不可控的危险！”

“之前由于实验条件不具备，火箭并没有进行纵向的振动实验。既然是‘缺课’，就必须补上！”于是，张智牵头成立了 POGO 振动研究小组，进行 POGO 稳定性分析方法的研究工作。此后整整五年，为验证振动产生的原因，反复试验和计算稳定性是他们的家常便饭。“神舟六号飞行任务结束后，我们看了数据，发现振动还存在，但是量级比原来小得多。”精诚所至，金石为开。最终，小组确定了用变能量蓄压器的方式加以控制，从而成功地避开了 POGO 振动。“2008 年 9 月 28 日，遥七飞行回来之后，我们从数据上看，再也找不到 POGO 振动的踪影了。”“后来有一次我问翟志刚当时感觉怎么样，翟志刚说：‘好！平稳！舒服！’从 2003 年到 2008 年，我们用了五年的时间，就是为了把‘不舒服’的‘不’字去掉，变成‘舒服’。”张智说。

“时刻归零，迎接更大的挑战”

2014 年 8 月，张智开始担任长征二号 F 运载火箭总设计师。2016 年，天宫二号和神舟十一号这两发火箭是他任总设计师后的第一次发射任务。

长征二号 FT2 火箭负责将天宫二号实验室送入轨道，长征二号 FY11 火箭负责将神舟十一号飞船送入太空，随后神舟十一号飞船与天宫二号对接形成组合体，景海鹏、陈冬两名航天员进驻天宫二号，进行为期三十天的驻留，在轨飞行期间，完成一系列空间科学实验和技术试验。

“如果这两发火箭发射失利，天上没有天宫实验室，后续的任务会戛然而止，并且可能会失去我们英雄的航天员，因此这两发火箭对我们来说非常重要。”张智团队给这次任务定义为“核心之战”。

长征二号 FT2 火箭和长征二号 FY11 火箭一起出厂，当年 8 月 3 日从北京出发，8 月 6 日到达酒泉卫星发射中心载人航天发射场。此时，张智和团队已在技术区准备了 34 天。陪着火箭从技术区一步一步走到发射区，大家都揪着一颗心。在第二天的点火与紧急关机线路检查过程中，故障检测系统有一台设备，加电后它的灯应该亮一秒然后熄灭，但测试发现这个灯亮一秒后依然亮着，出问题了？换备份设备，这个现象还是存在！

“一个产品出问题是有可能的，但两个产品都不行，说明这里边有问题。”张智忐忑起来。

反复检查后发现，原来是由于开关位置变了才会亮灯，虚惊一场！完成检测后的第二天早上起床，张智感到牙疼，照照镜子，腮帮子肿起来老高。指挥员数着“五、四、三、二、一，点火！起飞！”助推器分离，一二级分离，整流罩分离，器箭分离！“一直到这个时候，我都觉得大厅里一片寂静，好像没人在呼吸，一直到指挥员报太阳能帆板展开，整个大厅里掌声才响起来。”

天宫二号与神舟十一号载人飞行任务顺利完成，为后续空间站的建造运营奠定了更加坚实的基础！

永远战战兢兢、如履薄冰，永远渴望挑战、渴望超越，即使已经到了知天命的年龄，谈到那次腾飞，他依旧像个兴奋的孩子。

航天工业的能力在一定程度上代表了一个国家基础工业的实力。从“没有条件创造条件也要上”，到“站在世界前列寻求更大的突破”，中国运载火箭，在不同的历史时期，承载着中国航天的光荣和梦想，使命必达！

“跟着走永远成不了第一！跟着人家容易，自己走在前面最难。年轻一代应该能看到中国已经站在航天领域前沿，这就意味着中国将进行越来越多的创新。”抚摸着“神箭”，张智目光炯炯：“时刻归零，迎接更大的挑战，不放过任何瑕疵，只要按照科学规律做事情，未来我们就有可能走出一条别人没走过的路！”

记者：杨月、张瑞玲、曹若鸿（实习）

原载于：2019 年 10 月 1 日中国青年网

原标题：《中国人的故事｜时刻归零，迎接更大挑战》

青年说

为科学家们点赞！正是有他们的认真谨慎和执着，才有了科技的一次次飞跃，让我们的国家不断强大。

@网友忆梦年痕

@网友添柴正能量

以前一直以为，那些火箭工程师“大神”都是淡然自若、镇定冷静，其实他们也有过低谷和至暗时刻。迎难而上，克服一个又一个问题，真的是每个人都需要的修炼呀！

时刻归零，精益求精，不断创造传奇。为火箭精神点赞！

@网友沁沁136

@网友愚梗

光辉的成绩只属于过去，未来没有成功时，永远需要打起十二万分精神。

海上“拆弹专家”

忙碌的深圳宝安港口，钟海锋正在指挥水上作业，他手持对讲机，用一口粤式普通话指挥不远处的船只。6 月的深圳已有 35℃，空气湿度高达 70%，尽管炎热又潮湿，钟队长依旧身着白色一体工作服。这位常年奋战在一线的救捞队长不善言谈，聊到自己的海上救援打捞事迹，钟海锋反复强调自己“就是普通人”。

钟海锋是广州打捞局高级潜水员。28 年间，救人和打捞两项工作写满了他的职业履历。在他的手中，命悬一线的生命重获生机，千吨级的沉船重见天日。

“救人必须争分夺秒”

2017 年 11 月 27 日早上 8 点，钟海锋接到应急救援电话：当天凌晨 3 点左右，两艘 5000 多吨的货轮在珠江口伶仃航道发生碰撞。其中，“锦泽”轮沉没，12 名船员下落不明。

接到任务，钟海锋立即组织广州打捞局应急分队直奔出事地点，进行水下搜寻。11 月 28 日下午，在经过 36 个小时的连续搜寻后，一名潜水员发现沉船货舱里还有 6 名幸存者。

“如果船中氧气耗尽，生死就在一瞬间。”钟海锋明白，时间就意味着生命，救人必须争分夺秒。为了以最高效率将人救出，本在水面担任指挥员的钟海锋，立即决定亲自下水。

进入舱室后，钟海锋发现被困人员的状态不容乐观。问题出自两方面：一方面，幸存者经历了从绝望到有希望的巨大心理变化，这种过山车般的情绪变化，不利于后续救援活动的进行；另一方面，幸存者都不会使用水肺系统。

在有限的时间内，钟海锋一面不间断地安抚幸存者，告知外部信息，让幸存者恢复平稳的心态；另一面，钟海锋嘱咐被困人员听从指挥，自己耐心地指导他们用水肺系统呼吸。

营救工作准备妥当,钟海锋开始带着第一名幸存者逃离沉船。一切都很顺利,但就在刚刚浮出水面时,幸存者开始在水中挣扎、乱蹬。“他可能急于脱险,不听我的指挥。”钟海锋分析。

为了不让这名幸存者二次遇险,钟海锋只能以更大的力气将他控制住。角力间,钟海锋腰部旧疾发作,疼痛难忍。

上岸后,大家劝钟海锋不要再下去了,换人执行这项任务。可是钟海锋摇摇头:“这么复杂的环境,我下去有把握!”忍着剧痛,他再次下潜。“我最熟悉水下情况,救人必须争分夺秒,生死之间容不得半点差错和意外,下面被困的可是活生生的人啊!”

30 分钟内,钟海锋又接连将 2 名幸存者带出沉船。待救援行动结束时,钟海锋已疼得直不起身。

面对工作,他认真严谨;面对家人,他总是三缄其口。母亲和妻子每每问起工作细节,钟海锋总是一语带过,从不提工作中的风险与困难。

“让家人少知道一点,他们就少担心一点。”钟海锋说。

“选择了这份工作,就要用心做好”

2017 年 8 月,一艘载有石脑油的货轮途经珠江口时受强台风袭击,高位搁浅,船上装载的石脑油有泄漏现象。

石脑油密度低、易燃,不能用明火,即使只是抽油泵发热超过 220℃,也会引起石脑油燃烧或蒸气爆炸。此时,搁浅船只已变成航道上的一枚“毒弹”。

眼看石脑油污染范围扩大,钟海锋心急如焚:“必须抓紧控制污染范围,摘掉这枚‘毒弹’。”

熟悉石脑油的人都知道,这种油对皮肤和呼吸道的刺激非常强烈。“我上!”没有犹豫,钟海锋第一个下水,探摸搁浅船只的破损情况,取得宝贵的第一手资料。根据掌握的水下信息和石脑油的特点,钟海锋结合自身经验设计出解决办法:将氮气注入储油舱,减少油舱氧气浓度,从而防止石脑油爆炸,同时,他指挥队员用大功率液压卸油泵抽油。

“卸油过程可以说是小心翼翼。一旦操作不当,石脑油蒸气与空气形成爆炸性混合物发生燃烧或爆炸,不仅这片航道遭殃,所有救捞人员都会面临生命危险。”回想起当时的救捞过程,钟海锋仍心有余悸。

最终,在钟海锋的带领下,救捞队将货轮中的 1500 吨石脑油、40 吨重油、20 吨轻油卸载过驳，成功摘除了珠江口一颗“毒弹”！

“遇到危险不害怕是假的，但既然选择了这份工作，就要用心做好。”钟海锋口中的“用心”并非说说而已，他在专业技能上花心思、下苦功，率先掌握了水下湿法焊接、气割等多种专业技能，并在与救捞工作相关的海洋气象及工程力学原理等领域勤学不辍。

技多不压身，这些知识技能使钟海锋在多项救捞工作中发挥了关键作用。

夏长轮、方舟 6 轮、海邦达 199、粤福隆 328……一艘艘轮船在钟海锋的指挥下被成功打捞，保障了航道通畅。

外练救捞技艺，内修奉献精神

2020 年是钟海锋从事救捞工作的第 28 年。从曾经的新人到今天的“老师傅”，钟海锋已经成为广州打捞局的标杆。随着年龄的增长，钟海锋开始琢磨救捞队伍的新老传承问题。

近年来，由于打捞一线施工人员结构老化，必须培养一批新生力量，才能确保打捞事业可持续发展。为此，钟海锋将不少精力放在培养青年救捞人才上。“就像匠人一样，我们也采取‘传帮带’的方式，一位师父带一位学生。”钟海锋说。

为了让新人在实践中获得成长，钟海锋总是手把手亲自教学。每次遇到复杂繁重的潜水任务，钟海锋总是第一个下水摸排水下情况，确定救捞方案，再带领年轻潜水员按计划执行救捞任务。怎么做才能避免危险、怎么做能让打捞工作更有效率……钟海锋言传身教，将自身经验倾囊相授。

一次海上施工，需要潜水寻找放入的钢管。队员钟佛军在水下连续摸找了一个小时，仍旧一无所获。通过水下电话，焦急的钟佛军跟岸上的钟海锋沟通了情况。钟海锋立刻下水摸找钢管，不到十分钟，就成功找到了目标。

上岸后，钟海锋立刻跟青年队员讲授自己的经验：钢管入水后，并非垂直落入水下位置，很可能随着水的浮力顺流漂走一段距离。如果只在原地找，很可能一无所获。

“刚走上工作岗位，我们这些‘年轻仔’很多实践内容都不懂。钟队长经验丰富，耐心地手把手教我们，是我们的榜样。”钟佛军说。

外练救捞技艺，内修奉献精神。28 年的救捞生涯，钟海锋将“把生的希望送给别人，把死的危险留给自己”的救捞精神牢记心间。如今，这种精神正从他身上传递给更多年轻的潜水员。

低调的性格是钟海锋鲜明的个性，这位曾获全国五一劳动奖章、2017 年“感动交通十大人物”等荣誉的潜水队长，带领队员出生入死救人，移除危险沉船，保一方航道通畅。在他的带领之下，一批又一批优秀的潜水骨干脱颖而出，为中国救捞事业源源不断地输送着新鲜血液。他们是海上的“拆弹专家”，是一个个水下的精灵，他们以精湛的救捞技术坚守岗位，捍卫生命。

记者：张潼
原载于：2018 年 8 月 16 日中国青年网
原标题：《中国人的故事｜钟海峰：海上“拆弹专家”》

青年说

把生的希望送给别人，把死的危险留给自己！正是因为他们的存在，才有了大家的安全！普通人却做着不平凡的事！ @网友锋评朗净

@网友壶途禅心 很多人以为潜水是非常浪漫的工作，可钟海锋经常面对的却是受伤甚至是死亡的危险，救捞是一种伟大的奉献。为你点赞！

平凡的岗位不平凡的人生，向海上“拆弹专家”钟海锋致敬。 @网友咕嘟咕嘟的小温泉

@网友宁朵儿 想起了电影《紧急救援》，那些惨烈震撼的画面背后，是一个个活生生的人！正如电影主人公所说，每个人都有自己的战场。

潜水员的故事令人震撼，从未想到水下救捞原来是在用生命拯救生命！ @网友重阳客79

第二编

青春是生而不凡的勇气

行医路绕地球十圈的“摩托乡村医生”

一辆摩托，一个药箱，一位村医……在沟壑纵横的黄土高原上，贺星龙创造出了“1+1+1=4600”的奇迹。贺星龙出生在山西省大宁县徐家垛乡乐堂村。20 世纪 90 年代，贺星龙走出家乡去学医。学成后，他又回到吕梁山南麓、黄河东岸这片热土。

从那时起，贺星龙背上药箱开始了行医路。从全村 143 户人家，到周边的 28 个村子，他守护着 4600 多名父老乡亲的健康，用贺星龙的话说——“这些人咱‘活’下来了。”

18 年间，贺星龙出诊次数高达 17 万人次，总行程达到 40 万千米，足以绕地球 10 圈。这期间贺星龙骑坏了 7 辆摩托车，背烂了 12 个药包，为百姓垫付医药费 10 多万元，免收出诊费近 40 万元……

这一连串惊人数字的背后，是怎样一种纯粹而质朴的情感，让他坚守至今？

一段彩铃，一句 14 年不变的承诺

“您好！贺星龙医生为了百姓患者……进行 24 小时上门服务。”这是 2007 年贺星龙自己编制的一段手机彩铃，这段彩铃到现在一直没换过，这是贺星龙给乡亲们的一个承诺。

· 贺星龙作为十九大代表在人民大会堂参会（贺星龙　供图）

2000 年从卫校毕业回到村子里的贺星龙每天都在为患者上门服务。28 个村，每户村

民都有贺星龙的名片，只要大家身体不舒服，打一个电话，贺星龙就会过去。贺星龙家的窑洞墙上，贴着十几张纸，上面有500多名患者的名字和联系电话。手机卡上存满了，联系方式只能这样记录，方便查看。

2013年腊月，索堤村贺润廷的孙子高烧抽风。当时贺星龙急着出诊，没来得及给摩托车装防滑链。刚下过雪的路特别滑。一不留神，贺星龙摔进了路边的排水沟里，膝盖碰破了，脚也肿了。但贺星龙急着赶路去给孩子看病。看完病后，贺星龙给自己简单包扎了一下，就拄着棍子继续出诊了。第二天，张立俊老人打电话说自己生病了。雪太厚，不能骑摩托车，贺星龙就用扁担挑着出诊包翻沟走近道，没想到连人带包从20多米的坡上滚了下去，幸亏两个放羊的乡亲把他从沟底扶了上来。给老人看完病回来，贺星龙的脚肿得更厉害了，他给自己打上石膏，骑上摩托车，又照旧出诊了。

为了赶路，贺星龙经常把摩托车骑得飞快，摔伤、擦伤都是常事。最严重的时候，差点儿摔没命。因为这个，村里人给贺星龙起了很多外号——“摩托医生”“疯子星龙”“傻子星龙”……

这些年来，贺星龙最放心不下的就是村里13个五保户，他们无依无靠，除了低保，没有其他经济来源。徐家垛村85岁的贺德明患有严重的前列腺增生症，要靠插导尿管排尿，而他的老伴和两个儿子都去世了。只要贺德明给贺星龙打个电话，贺星龙都会赶去为他更换导尿管。冯对生也是村里的五保户，他没有孩子，一个人住。冯对生自幼残疾，走路一瘸一拐，三年前又不幸患上了骨髓炎，贺星龙定期上门给老人清洗、包扎、换药，不仅没收过他一分钱，还给他垫了7000多元医药费。这么多年来，这些老人已经把贺星龙当成了自己的儿子，而贺星龙也把他们当成亲人。

一沓学费，一个村子的希望

“娃啊！你要好好念书，学好了，回来给村里人看病。”二十多年前，乡亲们把凑来的3025元钱交到贺星龙手里，嘱托道。那年，贺星龙考上了卫校，三千多元的学费让家里犯了难。正当贺星龙准备放弃的时候，村里的乡亲们这家拿30元，那家拿50元，最多的一家拿了300元，硬是帮贺星龙凑足了学费。握着这一沓由零钱凑成的学费，贺星龙泪流满面，下定决心一定要学好医术，毕业后回村给乡亲们看病。

其实，贺星龙小时候就有一个做医生的梦想。大宁县属于国家级贫困县，村里大都是穷苦人家。12岁那年，贺星龙目睹五十岁出头的爷爷因为一场重感冒没有及时治疗而引发肾衰竭离世，这一幕深深地刺痛了他。为了让这样的悲剧不再发生，卫校毕业后，贺星龙放弃了留在大城市的机会，选择了回到家乡。

这些年来，贺星龙把大部分的精力都投入到出诊治病上，对于妻儿，则有着说不出的愧疚。2009 年，贺星龙的两个孩子都到了上学的年龄，因为村里没有学校，贺星龙准备和妻子一起去城里发展。可村里人听说贺星龙要走，每天出诊都有好多人劝他不要离开。开学那天，索堤村 70 岁的郝芳花老人专门拿了 20 多个鸡蛋跑到贺星龙家，握住贺星龙的手哭着说："星龙，你可不能走呀，你走了谁给我们看病呢？"那一瞬间，贺星龙决定不走了，如果走了就对不起自己的良心，对不起曾经帮助过自己的老百姓！

最后，贺星龙的妻子还是包容了他，她一个人领着两个孩子去了县城，一边打工，一边照顾孩子。最让贺星龙感到欣慰的是，现在孩子只要放假回来，就跟着他一起出诊。孩子说："长大了我要像爸爸一样当医生，给老百姓看病。"

一个摄像头，把患者和贺星龙联系在了一起

贺星龙做梦都想不到，一个农民的孩子、一个深山里的乡村医生能走进人民大会堂，参加十九大这样举世瞩目的盛会，当国歌响起的时候，贺星龙眼泪流了出来，这是让他铭记一辈子的时刻。回来之后，贺星龙努力宣传十九大精神，把党的好政策、好声音传递给广大人民群众。

外出次数多了，有时候老百姓来找贺星龙看病，可能就会白跑一趟。这是贺星龙最放心不下的。为了解决这个问题，贺星龙从网上买了两个摄像头装在诊所里，病人来了，贺星龙不在，病人就可以对着摄像头给他打电话，贺星龙看到病人的情况，病情不严重的，就让妻子帮忙处理，病情严重一些的，自己就想办法往回赶，或者建议患者去上级医院处理。有了摄像头，贺星龙可以根据患者的病情灵活应对。

现在村里很多人都有智能手机，大家也学会用微信了。贺星龙买了手机之后，基本就没有关过机。由于经常会有病人打电话或发微信来询问病情，贺星龙每个月话费都不少，最高的时候一个月话费近千元。

最让贺星龙感到高兴的是，国家卫健委在大宁县设置了几个微医系统试点，其中有一个就在贺星龙的卫生所。有了这个微医系统，贺星龙就能和专家面对面交流，就一些疑难杂症和重症进行沟通，寻求帮助。乡村医疗水

平的提高，靠贺星龙一个人的力量是远远不够的。庆幸的是，国家准备在大宁县实施“医联体”计划，每三五个村建一个标准化的卫生室，这对于老百姓来说是一件大好事。

未来，贺星龙希望有更多的年轻人加入乡村医生的队伍，守护群众的健康。

记者：马珊、李慧慧

原载于：2018 年 6 月 26 日中国青年网

原标题：《出彩新时代｜最美医生：行医路绕地球 10 圈的“摩托乡村医生”》

青年说

伟大的时代，需要平凡人的不凡行动。为贺医生点赞，为时代助行。 @网友北极星的太阳

@网友匿名 我父亲也是一名乡村医生，职业谈不上“高大上”，却实实在在地守护了一方乡亲。

知恩图报，饮水思源！ @网友阳光普照

@网友白云旁 扎根农村十几年，这就是平凡中的伟大！

我就是贺星龙周边村的。我们那边村民居住得比较分散，路又不好走。一个“80 后”能坚守农村 15 年，为村里的孤寡老人和留守儿童上门服务，我们在外打工也很放心。 @网友明天会更好016

中国核工业人：只要祖国需要，我愿意

“核潜艇，一万年也要搞出来！”

20 世纪中叶，毛主席提出的铮铮誓言，成为一代人坚不可摧的信念。

当时，核潜艇被认为是保护国家核心利益的“杀手锏”，苏联对核潜艇技术更是守口如瓶。赫鲁晓夫曾傲慢地说：“核潜艇的技术太复杂，你们搞不了，花钱也太多，你们不要搞。”事关国家安全的核工业怎能受制于人？周恩来总理说：“不仅原子弹要搞，核潜艇也要搞。”“苏联不援助，我们就自己干。”

1965 年，在四川的崇山峻岭间，聚集起了一支“八千会战大军”的队伍。表面上，他们是“搞水电”的神秘人，实际上，这些建设者中间藏着中国最顶尖的核专家。他们要完成的是当时最高机密的工程——中国第一艘核潜艇的陆上模拟核动力反应堆！

“白马庙，铁匠街，青衣江畔干打垒，大旗山下攻坚忙。喝泥水，啃干粮，荣辱与共几代人。”由于防空的需要，模拟核动力反应堆建在了靠近大山的隐蔽角落，这里荒草遍野、蛇虫出没……就是在这样恶劣的环境中，第一代核潜艇建设者背井离乡，隐姓埋名，义无反顾，为中国的核动力事业奉献了自己的一切。

“一定要设计制造出中国的‘争气艇’！”

1958 年 10 月 21 日，二机部潜艇核动力研究设计组组长赵仁恺随海军前往苏联访问。当中方向苏方提出了在核潜艇研发方面给予援助的请求时，苏联方面的回应是：“对不起，关于核潜艇，我们无可奉告。”“天上不会掉馅饼，高精尖技术是买不来的。独立自主，自力更生，才是正确的道路。”从此，为中国核潜艇“画”一颗坚强有力的心脏，让中国的核工业不再仰人鼻息，成了赵仁恺的夙愿。1966 年，赵仁恺告别妻儿，带着设计队伍从北京来到了四川的一个大山沟里，为中国核工业隐姓埋名。

当时条件极度简陋，赵仁凯回忆，在四川建设模拟核动力反应堆时，是骑着驴进山的。从配套设施到生活设施，包括吃饭、住宿的地方，全部都要从零开始。“从大城市一下走入落后的农村，除了设计工作，打柴、挑水都要我们自己来。我们找了一所乡村小学，大礼堂就是我们的宿舍。”

· 中国第一艘核潜艇副总设计师、核动力研究设计的主要技术负责人赵仁恺（中国核动力研究设计院　供图）

没有技术资料，没有专家，研制工作困难重重。“参加核潜艇工程的同志里，33 岁的我是年纪最大的，很多同志都是刚毕业的，还有几位哈军工的老师，跟我差不多的年纪。我们的办法是‘用集体的力量来掌握全面’。就这样，我们在最短的时间里成长起来了。”赵仁恺带着近 200 名同事用计算尺计算反应堆结构，用手摇计算机轮流计算物理公式。大家心里都憋着一股劲儿，一定要设计制造出中国的“争气艇”！就这样，大家白天黑夜连轴转，终于在反应堆堆芯结构、控制、物理、热工等设计方面有了重大突破。

当时研发条件简陋，在核潜艇研制的关键时刻，有一次，核燃料已经装在厂房内的一个吊篮里，准备往反应堆里放。就在这一刻，厂房顶部一支冷却水管却突然坏了，不断地喷水。如果水喷到装有核燃料元件的吊篮里，后果不堪设想。就在这个时候，突然有个人飞快地爬到了厂房最高处的吊车轨道上，大家仔细一看，才发现爬上吊车轨道的“勇士”居然是副总设计师赵仁恺！赵仁恺飞快地将管子修好，及时排除了险情，确保了核燃料元件的安全。

核潜艇完成设计安装后，还要进行水下试验，而每一次极限下潜都危险重重。作为核潜艇副总设计师，赵仁恺多次上艇参加航行试验。1988 年，在南海进行深水试验时，当时第一次实际潜深近 200 米，已经创造了我国核潜艇交付后的下潜纪录。在第二次深潜试验时，下潜到 230 米后，艇内陆续发出令人毛骨悚然的“咔、咔”响声，潜艇与水面指挥艇之间的通讯一度中断。有人问赵仁恺："你紧张吗？"他回答："我不紧张。凡事都有可能失败，但是不尝试，中国的核潜艇就永远过不了关。"事后人们才知道，为了那次水下极限深潜试验，赵仁恺做了充分的准备：几十年没有陪夫人旅行的他，特地陪夫人旅行了一趟，还分别给三个孩子买了一块手表。他交代同事，如果这次回不来，就把写好的遗书和三块手表交给孩子们，告诉他们父亲是因公殉职。

就是在这样简陋的研发条件和危险的深潜环境中，研究人员完成了我国第一艘核潜艇研究论证和试验试航等工作的所有关键步骤。"我们的核潜艇从服役到现在，从未出过核事故。国外有人说，那是因为我们的核潜艇跑得不多，实际上，我们的核潜艇服役到现在也三四十年了，跑得可不少，但从未出现过事故。"赵仁恺回忆道，"在陆上模拟堆试验时，我们就进行了连续长期的运行，后来在核潜艇试航时，我们也搞了同样时间的水下潜航。我们的核潜艇自服役以来，在所有出航训练中，没有一次是因为动力装置故障而提前回来的。"

"我们的核潜艇正在保卫祖国的繁荣富强和人民的幸福安康！我们愿意付出一切，再苦再累也值得！"他说。

"你不要命了？那水里有'剂量'！"

1970 年 4 月，中国第一个核潜艇陆上模式堆安装完毕，迎来了启堆的时刻。为了这一刻，大家等了整整五年。然而，就在启动运行后不久，大家突然发现连接堆顶盖的通量管在连接处出现渗漏，引起顶部冒汽，不得不停堆检修。

当时，工程现场没有银铅焊剂，设备检修十分困难。就在大伙儿一筹莫展的时候——"让我来！"曾在武汉锅炉厂驻厂期间学过配制焊剂工艺的邹心银主动请缨，他很快配制好银铅焊剂，却连续几次都没有焊接成功。

原来，反应堆启动后，通量管里已经进水，水遇到高温形成蒸汽，使焊缝产生气泡。"现在，唯一的方法就是吸干通量管里残留的水！"邹心银说。可是管壁狭窄、不平滑，又不能被金属碰撞，怎么办？他们只好用丝巾一点一点地吸附，但都没能彻底把水吸除干净，通量管仍然没有焊接成功！

参加现场抢修的人都急得没有办法，这时，只见邹心银拿着一节软管跑了过来，他将管子插进通量管里，整个人趴到堆顶盖上，用嘴使劲吸，吸一口，吐掉再吸……"你不要命了？那水里有'剂量'！"邹心银没有理会，朝着大家摆了摆手，继续吸。现场鸦雀无声，只能听见邹心银的吸水声，那声音好像刀片，划过在场每个人的心。最后，积水终于吸干，焊接成功了！

为了潜艇核动力装置早日建成，千千万万个建设者“以命相搏”。负责潜艇核动力设计的工程师李宜传在反应堆安装前切除了一个肾脏，大家怕他身体吃不消，劝他休息休息。李宜传不仅不肯离开，还把被子搬到了控制值班室，直至核动力装置成功达到满功率。后来，李宜传又拖着病躯再次请战，奔赴试验第一线。

“我是中国人，我选择中国”

1970 年，潜艇核动力设计进入最后阶段。为了确保工程进度质量，中核集团中国核动力设计研究院原总工程师黄士鉴和同事们加班加点，饿了就在实验室里扒两口饭或啃个干馒头，有时忙得连饭也顾不上吃。烈日酷暑，没有空调电扇、冰镇饮料，降温的唯一办法就是吃实验室工程制冰机制出的冰块。几天下来，黄士鉴的身体顶不住了，不停地拉肚子。“医生要给我输液，大家都在拼命干活，我在病床上哪能躺得住？”于是，黄士鉴打着点滴，硬是在实验现场坚持下来了。

1970 年 8 月 30 日，经过一个多月的运行实验，第一座潜艇核动力装置陆上模式堆达到了“满功率”！当时在现场负责计算的黄士鉴心脏狂跳不止。这可是几千人梦寐以求的结果啊！黄士鉴生怕搞错了，忙按捺住狂跳的心，又算一遍，满功率！再算一遍，还是满功率！黄士鉴这才向总指挥彭士禄报告了结果。后来，彭士禄问他：“我看你计算了三遍，为什么？”黄士鉴回答：“我想计算得准确些。”

1974 年 8 月 1 日，我国第一艘核潜艇正式交付使用。据海军运行人员反映，核潜艇里面有金属撞击的叮当声，右边出口的水温偏低。黄士鉴立即组织人员进行分析，大家认为，极有可能是一部分冷却水流进反应堆后未经过堆芯就从右边排出，致使右出口水温偏低。此事惊动了国防科工委和使用单位，最后决定将反应堆开盖检修。

半夜，时任核动力研究设计院副院长的杨履把黄士鉴喊了起来，焦急地询问：“你不会判断错吧？明天开盖检查，万一问题不是出在你分析的地方，怎么办？”黄士鉴胸有成竹，干脆利落地回答：“不会错。错了，您处分我！”第二天，反应堆盖打开了，经检查测量，结果与黄士鉴的判断完全一致，问题很快就得到了解决。

曾有德国专家问黄士鉴:“假如给您一个机会让您选择,您会在哪里生活?”黄士鉴真诚地说:“我是中国人,我选择中国。”

只要祖国需要,我愿意!整整六年,2000多个日日夜夜,他们做到了!1970年8月30日,核潜艇陆上模式堆满功率运行,发出了中国的第一度核电。4个月后,中国自主研制的第一艘核潜艇成功下水。这艘艇上有零部件4.6万个,需要的材料达1300多种,但没有用一颗外国的螺丝钉。

“科学成就离不开精神支撑。科学家精神是科技工作者在长期科学实践中积累的宝贵精神财富……希望广大科技工作者不忘初心、牢记使命,秉持国家利益和人民利益至上,继承和发扬老一辈科学家胸怀祖国、服务人民的优秀品质,弘扬‘两弹一星’精神,主动肩负起历史重任,把自己的科学追求融入建设社会主义现代化国家的伟大事业中去。”习近平总书记在科学家座谈会上,对科学家提出了殷殷嘱托。

无论我们走多远,都不能忘记了来时的路,我们应该记住更多的名字,他们不是一两个人,而是一个群体:赵仁恺、李乐福、彭士禄、黄士鉴、孟戈非、邹心银、周圣洋、钱积惠、任和、闵元佑……他们是共和国的坚强基石!

数年前,拆除基地厂房屏蔽墙时,技术人员在铅块底下发现了这样一句跨越时空的问候:“孩子们,辛苦了。”老一辈核工业人的奋斗史已经成为一种超越具体技术成就的符号,象征着中国今天力量的来源以及明天必须坚持的方向。如今,新一代核工业人已经站在了巨人的肩膀上,沿着老一辈核工业人曾经走过的路,继续为中国的核事业奉献着自己的热血和青春。

记者:李慧慧、牟昊琨;通讯员:赵霏霏

原载于:2020年9月23日中国青年网

原标题:《中国人的故事|中国核动力人:只要祖国需要,我愿意》

青年说

为了国家奉献一切,这才是当代中国人的爱国精神的真实写照。 @网友墙纸

@网友MEI

一个有希望的民族不能没有英雄，一个有前途的国家不能没有先锋。向前辈们致敬！

伟大的事业凝结着无数人的心血，荣耀光芒背后是无数双手的托举。

@网友夏天吃火锅

@网友星辞

誓干惊天动地事，甘做隐姓埋名人！致敬！

从战斗英雄到扶贫英雄

· 贵州省思南县晨曦生态农业专业合作社党支部书记、工会主席，思南县东升森林种养家庭农场董事长王明礼在茶园（王明礼　供图）

微风轻拂，思南晨曦生态茶园晏茶正香。

10年前，这里是寸草不生的荒山，附近村民的人均年收入不足800元。10年后，这里是几千亩茶园，一碧万顷，人均年收入增加了近7倍。

王明礼拖着6斤重的义肢，在茶园走了10年。他带领退伍军人和当地群众，在没有路的地方蹚出了路，把荒山石岭变成了生态茶园。

血染沙场，铁胆英雄失腿终不悔

"能活下来已经很不容易了，我们一定要坚强！"

1984年4月，老山、者阴山战役打响，20岁的王明礼连写6份请战书，强烈要求连队把最艰苦的战斗任务交给他所带领的尖刀班。

战场上，王明礼冲锋陷阵、视死如归，却不幸被敌军弹片击伤右腿，炸掉左腿。从血泊中醒来的王明礼没有退缩，一边还击，一边拖着伤残的躯体继续战斗，以顽强的毅力完成了作战任务，并营救了受伤的战友。

战争虽然让他失去了一条腿，但不曾夺走他对生活的希望，在王明礼的眼中，他依旧是幸运的。"我活着回来了，我是幸运的，我要珍惜来之不易的生命。"

解甲归来，扎根基层开辟新战场

1985 年，王明礼退伍回乡。曾经的“宁愿前进一步死，绝不后退半步生”的战斗精神就像一盏明灯，照亮了他前进的路。2000 年，王明礼被选派为驻村帮扶干部。他发现农村一些退伍军人，由于没有一技之长，日子并不好过。看到战友和当地群众忍受着贫困的折磨，王明礼的心里很不是滋味。怎么才能为他们找到一条致富路呢？王明礼把目光投向了历史上的晏茶产地万家山。

王明礼所在的思南县地处武陵山脉与大娄山山脉之间，乱石嶙峋，荆棘丛生。万家山在当地人眼中，是不通路、不通水、不通电的“死山”。“死山”上能刨出茶园？几乎所有人都认为这是不可能的事情，但王明礼相信。思南种茶历史悠久，适宜的土壤气候条件成就了晏茶的贡茶地位，今天的思南同样也可以种出好茶。

王明礼拖着沉重的义肢，爬上了万家山。这里土地贫瘠，山上的老百姓每顿饭都吃苞谷和洋芋，只有过年的时候才舍得吃一点大米。大家穿的全部是补丁衣服，解放鞋很破很旧。

“一定要让这座‘死山’变成‘金山’！”当地群众的生活现状，坚定了王明礼刨山种茶的决心。

心中有信念，誓把“死山”变“金山”

王明礼的“荒唐”想法，几乎遭到了所有人的反对。

· 王明礼带领群众开垦荒地（王明礼　供图）

“他就是爱出风头，得让他尝尝倾家荡产的滋味。”“他腿被炸断了，现如今脑筋也出了问题……”听说王明礼要在万家山上种茶树，大伙不相信他能成功。然而，王明礼没有退缩。

2007 年，挖掘机的轰鸣声打破了沉寂多年的万家山。没有资金，王明礼就拿出自己的全部积蓄，东筹西借，甚至要将房产拿去抵押。拖着残缺的双腿，今天的创业先锋在那时承受了多少难以想象的辛酸磨难，人们无从知道。当时王明礼只说了一句话：“倾家荡产，也要挖！”

在万家山上开垦茶园，王明礼必须面对三大难题：进山路难、山上用水难、供电难。怎么办？

王明礼带着几名下岗失业的战友在海拔上千米的荒山上搭起了帐篷。山上没有路，他就带领村民在万家山上硬生生开辟出了一条 3000 米的山路。山上没有水，王明礼就带着大家挖了 40 多个水窖，用马来驮水。山上没有电，王明礼就用煤油点亮马灯照明。手磨出泡了，他就找一块创可贴贴上。义肢磨损了，他就用铁丝捆紧。伤口发炎了，他就悄悄抹上止痛药……终于，茶叶基地建成了。

茶园建好后，王明礼还没来得及享受成功的喜悦，一场灾难就来了。刚种上的茶苗，连续两年遭遇大雪，一下子损失掉 40%。这位曾经在战场出生入死都没掉泪的铁汉哭了，但是，想到曾经的战友，他又站起来了。

“不能流泪！战场上牺牲的战友，不会原谅我的放弃。”

开春，王明礼又带上群众补栽上了茶苗。又是一年采茶时，这里不再是荒野，而是一望无际的茶园。

坚守扶贫阵地，脱贫英雄立新功

每天清晨，王明礼都会略带蹒跚地行走在千亩茶园里。看着这片碧绿的山头，回想着自己走过来的路，他的脸上泛起了笑容。

在茶园的带动下，周围六个贫困村纷纷摘掉“贫困帽”，许多村民都买起了小轿车。生态茶园的蓬勃发展，让王明礼坚信，只有搭建良好的创业就业平台，才能帮助更多人摆脱贫困。他以“党支部 + 退伍军人 + 企业 + 基地 + 农民”的模式，创建思南县退伍军人创业就业示范基地。

2009 年，王明礼和几名退伍军人一起，抓住思南县委、县政府发展生态茶产业的机遇，成立了贵州省铜仁市思南县鼎盛生态农业开发有限公司。公司通过租赁土地、农民以土地入股的方式，成规模地集中流转土地用于茶园建设 4000 多亩，辐射周围六个国家级贫困村，使当地人均年收入从 800 多元一下蹿到近万元。

“我跟他干，不是偶然，而是必然。”“真的很感谢他，是他让我有了用武之地。”当战友向他表达谢意的时候，王明礼总是说：“你们都富了，我就没遗憾了。”

夜幕降临，王明礼拖着疲惫的身躯回到家中。他瘫坐在床上，挽起裤腿，默默卸去沉重的义肢，剥下一层层纱布，上药，再用新纱布一层层包好。第二天一大早，他又神采奕奕地奔波在他的千亩茶园里。他说，自己要永远坚守在他的“阵地”，守护好他的茶山。

记者：杨月、张潼、李慧慧

原载于：2018 年 7 月 30 日中国青年网

原标题：《中国人的故事 | 王明礼：从战斗英雄到扶贫英雄》

青年说

军人精神融入血肉里，为国为民，舍生忘死！ @网友厚浪

@网友CJ 从一个战场到另一个战场，英雄从未停止战斗。

不管别人说什么，自己认定的路坚持走下去，一定会有收获的一天！ @网友不做软事不说硬话

@网友带着海风来 昨日是保家卫国的战斗英雄，今日是建设国家的栋梁！为中国退伍军人点赞！

退伍不褪色，战场转茶园，致富带头人，英雄梦永存！ @网友壶途禅心

退役不退志，退伍不褪色

2018 年 5 月 14 日上午，四川航空公司机长刘传健凭借着高超的技术以及超人的定力，驾驶故障飞机完成了一次“史诗级降落”，机上一百多位乘客安然无恙。当“英雄机长”的另一重身份“退役军人”为人所知时，人们更是竖起了大拇指。

“退役不退志，退伍不褪色！”无数军人曾把青春热血洒在军营，脱下这身军装，他们在新的战线上，用军人的品格和血性在国家和人民最需要的地方开创一片新天地！

从百姓的兵到百姓的“头”：“这辈子当兵没当够，我还要继续做老百姓的兵！”

· 宋伟（宋伟　供图）

后八里沟村位于山东济宁邹城东部郊区。十三年前，这里是负债 20 多万的“乱村”，是当地人眼中“没有救”的“贫困窝”。十三年后，后八里沟村蜕变为集体资产 35 亿的“全国文明村”。破茧成蝶的背后，浸满了宋伟的心血和汗水。

1998 年宋伟退役后，经过数年艰苦创业，成立了小有规模的建筑公司和物业公司。老父亲的一席话改变了宋伟的人生：“后八里沟村再穷，也是咱的家啊！你当过兵，乡亲们信你，你扬眉吐气了，也要带着村里人扬眉吐气！”老父亲意味深长的叮嘱、乡亲们信任的眼神深深地打动了宋伟。他回到了这片生他、养他却极度贫瘠的土地，担任后八里沟村党支部书记兼村主任。

宋伟许下了承诺——一定要把后八里沟村拉出泥窝、贫困窝！2004 年寒冷的冬天，宋伟奔走在后八里沟村的大街小巷、田间地头。他大刀阔斧，修路点灯，改善村居环境、给村干部立规矩……事情一件接着一件。为完成“城中村”改造，打消村民顾虑，宋伟不仅掏出 300 多万元，还第一个拆掉自己家的小别墅。拆别墅那天，宋伟的父母心疼得直掉眼泪——三年前，为了孝敬父母，他才建起这栋别墅；三年后，为了让老百姓跟着干，他毅然把房子拆了……

在宋伟的带动下，七天时间内，480 户村民的房子全部拆完。不到一年的时间，宋伟当初的承诺就一一兑现，24 幢共 15 万平方米的楼房拔地而起，后八里沟村成为济宁市第一个当年建设、当年免费入住的“城中村”改造典型。

村庄的整体搬迁是后八里沟村发展最大的转折点，也是村民凝聚力量、打起精神、真正走向富裕的起点。将自己辛苦多年创建的建筑公司无偿转给村里后，宋伟带领后八里沟村于 2006 年先后创办村集体企业酱菜厂、预制件厂；2007 年，成立开发公司、建筑公司；2012 年成立集团。现全村拥有固定资产 35 亿元，有员工 1000 余人（其中退役军人 40 余人）。2017 年，后八里沟村在全省率先成立股份经济合作社，把集体资产配发给村民和员工，平均每户家庭分到的原始股价值 400 万元左右。后八里沟村的发展实现了量变与质变的双轨起飞。

十三年间，后八里沟村创造了脱贫的奇迹，荣誉纷至沓来。很少有人知道，为了今天的后八里沟村，宋伟付出了多少。

宋伟时常回忆起曾经在部队的那段时光，正是那段时光教会了他责任与担当。他说：“我们村集体的发展壮大，离不开国家的好政策，更离不开现役军人和现代化国防给经济发展保驾护航。这辈子当兵没当够，我还要继续做老百姓的兵！”

从军中先锋到缉毒先锋：把命提在刀尖上过

“把他绑了，他肯定是警察！”毒枭突然拔枪指向高明，并示意手下动手。多年的卧底经验告诉高明，自己的身份并未暴露，对方这一突然间的举动，可能只是有意考验。一想到这里，高明面露怒色，大声呵斥道：“什么警察？我是来发财的！”被高明的气势震住，毒枭转怒为笑：“开个玩笑你还当真？”经过 40 多天的卧底，高明终于取得了毒枭的信任。

· 2015年,在一次抓捕行动中,高明从汽车上查获了36公斤毒品(高明 供图)

这不是电视剧桥段,而是发生在退役军人、禁毒一线警察高明身上的真实故事。曾经在部队多年练就的反侦察经验和过人胆识,让高明成为破获重大案件的禁毒先锋,他常被同事们称为"破案奇才"。

1999年,高明结束了自己十三年的军旅生涯,留在了自己参军的地方——临沧,成为一名缉毒公安。

临沧市地处滇西边陲,与缅甸北部金三角毒品主产区接壤,国境线长达290千米,由于没有天然屏障,临沧的山间小道与缅甸相连。特殊的地理位置,使临沧成了全国禁毒斗争的前沿阵地和主战场。

在这个毒品重灾区缉毒,其凶险性可以用九死一生来形容。

"我痛恨毒品!"高明说,"在我退伍转业前一年,我一位好友因意志不坚定,染上毒品后身亡,一个活生生的人就这样没了啊!"这件事对高明触动很大,在转业时,他毫不犹豫地选择了缉毒警种。他立志要多抓毒犯,多缴毒品,使老百姓少受毒品的伤害。

2000年7月,高明的缉毒生涯正式开始。当时他收到线索,在中缅边境当场查获毒品海洛因57公斤。在审理此次案件时,他又获取了新的线索:这批毒品本打算运输至外省交付。

为彻底捣毁这一贩毒团伙,高明化装成运送毒品的驾驶员,与另一名民警押运着毒品,驱车4400千米赶赴毒品交易地。

在交易过程中,毒贩突然有所察觉,驾车逃窜。"如果抓不到此毒贩团伙,就会前功尽弃,达不到一网打尽的目的。"在这紧急时刻,他迅速驾驶车辆展开追捕。

在追捕了十几千米却无法堵停的情况下,高明毅然驾车逆向行驶,向对方车辆迎面撞去!剧烈的撞击导致其身受重伤,但他顾不上疼痛,迅速踹开车门,在毒贩拔枪之际,高明和战友猛扑上去将其擒获!至此,这起案件才正式成功侦破。

这命悬一线的时刻，只是他十几年缉毒生涯中的一个缩影：卧底侦查50余次，侦破案件800余起，缴获各类毒品3.4吨，抓获嫌疑人1600余人、毒枭和重大毒贩32名，缴获毒资及赃款1.5亿……

每一次抓捕行动都可能再无归期，高明如何能经受如此大的压力，屡立大功？他说："我曾是军人，忠诚和血性早已融入血液，如今既然走上了禁毒这条路，我早已把生死置之度外。"

从中国军人到大国工匠：曾经一身戎装以身许国，如今练就本领航空报国

大推力的航空喷气发动机是一个国家空军实力的根本保证，更是一个国家工业综合能力的集中体现。航空喷气发动机要承受足以熔化钢铁的高温，产生能把数十吨重的"战鹰"瞬间加速的推力。要打造这样一台强劲的发动机，需要装配工人把几万个零件组装到一起，重达数吨的发动机，装配精度堪比机械表芯。

我国航空发动机装配领域的首席技师、沈阳黎明发动机公司的发动机装配工李志强是位退役军人。1983年，19岁的李志强退伍后回到沈阳，怀着航空报国的初心，来到工厂。

航空发动机的结构十分复杂，光装配的零件就有数万个，零件之间的衔接更是精细。隔行如隔山，刚刚经历过角色转变的李志强有些犯难。不过，军人的刚毅早已融入血液，他告诉自己不能退缩。

就这样，李志强每天都带着笔和本，追在老师傅身后，不懂就问，挤出时间自学了机械装配的大多数课程，并抓住机会学习了电大管理专业的全部课程。

经过十年历练，李志强不仅掌握了多机种发动机的装配技能，而且一看到装配图纸，就能将成千上万个零件组装到一起。李志强完成了从"部队转业的纯外行"到"活图纸、活标准"的转变，成功逆袭的背后，是以"战斗力标准"严格要求自己的无数个埋头钻研的夜晚。由于技术高超、业务能力强，李志强在1995年被任命为总装班班长。当时，他们的装配工作面临着一个极具挑战性的问题——在缩短装配周期的同时，保证航空发动机的质量。

由于人员有限，工人们经常工作到精疲力竭后还要继续加班干，李志强冒出了一个想法——可不可以将有限的人员分成几组，将每步操作细化成多道工序，从而实现长时间的接续生产？这一想法刚一提出就遭到了一致

否定，因为发动机装配工作对人的要求极高，中途换人，没人敢保证工作质量。“这是雷啊！”大家劝他。

“雷区？不怕！我们闯一闯！”李志强以军人的果断和勇毅，带着团队进行大胆尝试。最终，李志强班在保证装配质量的基础上，将装配时间缩短了20%！

在科学安排装配流程的基础上，李志强对队伍实施军事化管理，狠抓队伍技能。为了训练开桥式吊车装配机匣，李志强曾在吊车钩上用绳子拴一支笔，要求大家将笔送入啤酒瓶。李志强班，有组织有纪律，有本事有骨气，成为“航发人”队伍的新标杆。

· 李志强（左）正在给员工培训机器操作技巧（李志强　供图）

过去，李志强在部队里提高技能，练就本领，是为了保家卫国。如今，李志强班的技术创新越来越多。李志强说，自己将始终铭记“动力强军、科技报国”的使命，继续行进在中国航发追梦之路上。带领队伍在新的岗位上提高技术水平，是为了打造最强劲的中国动力，以大国工匠的名义，托举民族复兴的中国梦！

这就是退役军人，他们穿上军装，保家卫国；脱下军装，仍为人民舍生忘死。从现役到退役，改变的是就业的领域和岗位，不变的是用一生“为人民服务”的庄重承诺！致敬，中国军人！致敬，不变的军魂！

记者：唐希、杨月、卢冠琼

原载于：2018年7月31日中国青年网

原标题：《中国人的故事｜退役不退志，退伍不褪色》

青年说

中国军人好样的！ @网友孙孟路

@网友老玩童 中华好儿郎，卫国守边防。部队大熔炉，历练成好钢。退役脱军装，初心永不忘。

我是一名退役军人，曾经让我痛苦、成长、流血的地方，现在时时让我追忆。我将永葆军人本色，退役不褪色！ @网友草木皆安

新时代劳动者最美

祖孙三代的特殊相逢：家是最小国，国是千万家

在西部钻探工程有限公司试油公司高级技师谭文波的工作室里，有一个玻璃柜子，里面放着老石油工人的工服、马灯、铝盔以及手抄的《我为祖国献石油》歌词，这些物品的主人是他的父亲、我国第一代石油人。

谭文波说："我的父亲就是石油工人，我自己也干了这一行。"小时候，父亲早出晚归的辛苦，谭文波都看在眼里。谭文波的父亲是搞地质勘探的，那时勘测完全靠人工测量。一次谭文波父亲上山勘测后迷了路，一天一夜都被困在荒山野岭间。

此外，"当时因为没有公路，好多设备都不能上山，只能在山下拆卸后再扛上山。"看着父亲因常年在外作业而褶皱的双手和被重物压弯的后背，谭文波便不断思考着如何通过自己的努力帮助父亲减轻工作压力。

从四川石油技校毕业后，谭文波便在父亲的影响下从重庆来到新疆，成为一名石油工人。1997 年底，谭文波开始负责公司新技术、新工艺的研发与实验推广。经过十余年的努力，2010 年 6 月，谭文波发明连续油管液压助排器，使工人排管、倒管的工作效率最高时提高了 30 倍。同年 8 月，他在传统工具上新增打捞功能，使通井与打捞可以同时进行，大大提高了过去父辈们低下的作业效率。

谭文波在厂房里经常挑灯夜战。他苦读论文、自学技术，除了上班和睡觉，剩下的时间都用来钻研技术和实验。每当夜深人静时，他就搬个凳子看着满地的工具整理思路。当灵感闪过，他便立刻着手去做。

在同事们的眼里，谭文波的技艺就像魔术。他有"起死回生之法"，从报废的电缆中选取能用的部分进行铠接，不仅节省了原料，更提高了现场应急作业能力。有一次，由德国纯手工打造的液压泵突然停止了工作，再

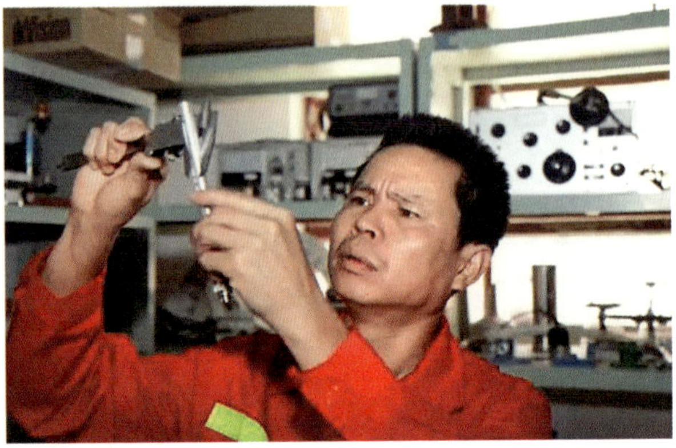

· 做实验的谭文波（谭文波　供图）

次购买需要 3 个月，于是谭文波反复拆装研究，顺利修好并使泵机再次投入使用。他说："德国人能做的，中国的技术工人照样可以做好。"

为了有更多的时间搞研究，谭文波在自己家改装了一间工作室，在这里，他把与工作相关的技术书籍全部"啃"了下来，记录了十几万字的读书笔记。

这间小小的工作室见证了谭文波与儿子的共同成长。谭文波说："孩子出生之后带给我一些思考，我要怎样才能成为儿子的榜样？那时，我觉得我才真正明白责任心是什么！"起初，谭文波钻研课本，陪儿子在这间工作室里完成了小学、初中、高中的全部实验。后来，儿子慢慢长大，开始用自己所学的知识为谭文波提供一些工作上的灵感，这间工作室也被谭文波命名为"父子工作室"。

记得送儿子上大学的路上，"火车上，有人问我儿子是哪里人。几秒后，儿子笑笑回答：'我是中石油的孩子，哪里有石油，哪里就是我的家！'"

家是最小国，国是千万家。从"头戴铝盔走天涯，改造世界雄心大"到"我为石油献青春，献完青春献子孙"，斗转星移，祖孙三代人见证着石油工人如何用劳动写就祖国工业化的史诗，如何用赤子之心熔铸国之脊梁。为什么一代代劳动者、一个个家庭接续奋斗、追逐梦想？

谭文波这样回答："习近平总书记说过，幸福是奋斗出来的，对我来说，奋斗的过程本身就是幸福的。我会把爱家和爱国统一起来，把实现个人梦、家庭梦融入国家梦、民族梦之中！"

连接三地的超级工程：我们的征途是星辰大海

林鸣是中交港珠澳大桥岛隧工程项目总经理、总工程师。

林鸣是长跑爱好者，每天清晨 5 点，他总是准时开跑，风雨无阻。林鸣说："如果跑步都不能坚持，还怎么能把世界级的超级工程坚持做下来呢？"

2005年底，林鸣第一次接触港珠澳大桥项目。这座连接珠海、澳门和香港的大桥，需全面考虑建设条件，必须在55千米的全长中，铺设6.7千米外海沉管隧道。

外海沉管隧道施工核心技术被业内人士称为“全世界最困难、最复杂的技术”，当今世界只有极少数国家掌握，而当时的中国在此领域的技术积累几乎是一片空白。

没有经验怎么办？

2006年，林鸣前往韩国釜山学习经验。虽然漂洋过海去了异国他乡，但韩国当地根本不给他接近工程现场的机会。林鸣只能坐着交通船在几百米外的地方转了转，这一过程连走马观花都谈不上。

这件事深深刺痛了林鸣，不服输的他又开始将视线转移到欧洲国家。经过百般打听，林鸣找到一家世界顶级公司，但对方开出了远远超出工程预算的高价。这让林鸣再度陷入绝望。

眼看时间在一天天流逝，任务却摆在那里只增不减。于是，林鸣抱着“破釜沉舟”的心态，在这条没有中国人走过的道路上迈出了第一步。面对这条跨海通途的筑梦之路，林鸣对团队成员说：“即使我们的起步是‘0’，我们往前走一步就会变成‘1’。”

为技术攻关，林鸣每年都要带着团队开上千次大大小小的讨论会，没有成果，绝不散会。在一次次的讨论中，神秘的世界级难题的解答思路日益优化、逐步成熟，项目自建设以来进行的百余项试验研究和实战演练实录、获得百余项专利的十几项自主研发的专用设备和系统成果，以及十余项外海沉管安装世界级工程难题攻克经验，汇集成一部代表世界顶级工程技术水平的《外海沉管隧道施工成套技术》，这项全世界最困难、最复杂的外海沉管建设难关在林鸣与团队的一次次讨论、实践中被攻破！

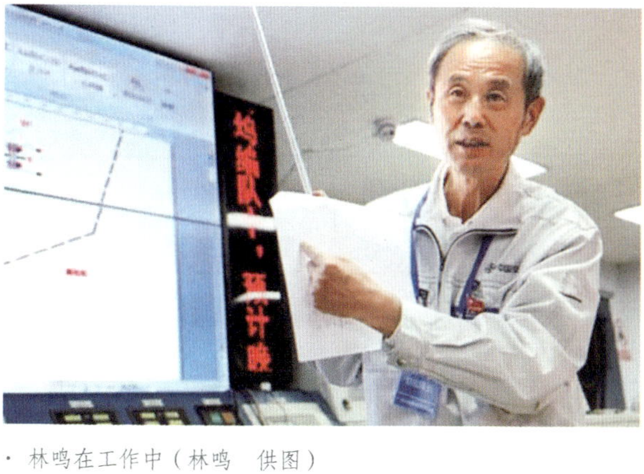

· 林鸣在工作中（林鸣　供图）

港珠澳大桥第一节沉管顺利安装就位、创造了中国外海沉管隧道建设的先河时，林鸣已有 96 个小时没有休息。

攻克世界级技术难关，让中国桥梁建设者更有底气。林鸣带领的团队仅在港珠澳大桥一个工程的建设过程中就完成了 500 多项技术专利的申报。

2017 年 12 月 31 日，港珠澳大桥全线亮灯。这一天，团队成员无不欢欣鼓舞，而林鸣却依旧忧心忡忡。因为他知道，亮灯并不代表终点，这场征途在抵达终点之前，迈出的每一步都关乎整个项目的成败。林鸣说："桥的价值在于承载，而人的价值在于担当。"

担"责"不推，担"难"不怯，担"险"不畏，这是林鸣的信念。这些年来，为了保证项目能顺利走到最后，林鸣将项目上每一个人都看作"走钢丝"的人，每一道程序都要做到"零质量隐患"。

林鸣说："我只是一名普通的中国建设者，港珠澳大桥岛隧工程是我建筑生涯的顶尖梦想。我想，如果每个行业都能做一两个世界顶尖梦，那么我们的国家就能更好地实现中国梦。"

时光荏苒，不变的是万千和林鸣一样的造桥工程师们技术攻关越天堑的勇气，变化的是大跨步向前迈进着的中国。世界级的超级工程，如今要看"中国造"！

记者：杨月、石倩颖（实习）、陈馨怡（见习）

原载于：2018 年 4 月 30 日中国青年网

原标题：《中国人的故事｜新时代劳动者最美！》

青年说

为林鸣点个赞！他一辈子埋头苦干，默默无闻，把毕生心血献给了祖国交通建设事业。港珠澳大桥通车创造了多项"世界第一"，为粤港澳大湾区的经济发展奠定了坚实的基础！

@网友鸭梨

@网友向往的珍宝

向和他们一样奋不顾身、为国家建设奉献一生的科学家致敬，他们才是民族的脊梁，是大国工匠，也是最值得我们追捧的"巨星"。

感慨时代的发展，祖国的强大，我为之自豪！ @网友朝圣者

@网友宁朵儿 比理清思路和做出选择更难的，是把选择了的事做完。为中国梦努力，中国加油！

邮路行者
——山路里走来的十九大代表

21 年间，行走在风景优美的太行山间，邮递员赵月芳对路边的风景无暇多顾。他专注于脚下的石板路，哪块石板迈左脚才安全、哪块石板迈右脚才能避免滑下山崖，他都了然于胸。“有时候，迈错了脚，我会赶紧收回来。”

赵月芳是山西省长治市壶关县鹅屋乡人。鹅屋乡地处太行山之巅，群山环绕，交通不便。1996 年，赵月芳退伍后成为一名邮递员。从那时起，他的工作、生活就与一条“猫路”牢牢牵在一起。这是一条鲜有人走的路，夏天狼蛇出没，冬天寸步难行。

21 年间，在这条路上，赵月芳挑回了 80 多万件报刊、信件。

这条路、这个数字，让人看到执着和坚守是一种怎样的力量。

走“猫路”，风景虽美无心看

赵月芳参加工作以前，鹅屋乡就有邮递员。赵月芳听老领导说过，那些邮递员有的干半年、干一年就不干了，因为太苦太累。

过去，鹅屋乡交通不便，当年赵月芳当兵的时候，村里没有车，县里派大卡车拉赵月芳他们去检查身体，要走五六个小时的路程。

赵月芳 1995 年退伍，次年正式参加工作。刚参加工作的时候，村里还有个邮电所。可没过两年，邮电所的房子塌了，老所长退休后，电信和邮政也“分家”了。当时就剩赵月芳一个人，他就把邮政点搬到了自己家里。赵月芳家里有 8 口人，爷爷、奶奶、父母、妻子、孩子都住一起。

当上邮递员后，赵月芳就开始走“猫路”。为什么叫“猫路”呢？据说，当年“杨六郎”杨延昭被困山顶，前有绝路，后有追兵，杨延昭拿宝剑向前面的巨石砍去，巨石中出现一只猫，他跟着猫走，找到了出路。其实，对赵月芳来说，“猫路”是从鹅屋乡下山的一条近路。走这条路取总包邮件，2 个小时就能到达鹅屋乡，比坐车快。

"猫路"对城里人来说是风景，但对赵月芳来说是日常要面对的危险。"猫路"又窄又陡，最宽的地方半米多，最窄的地方只有 20 厘米。冬天下雪时，雪把"猫路"覆盖上，根本分不清哪是路、哪是悬崖。

刚上班的第一年冬天，遇上下雪，赵月芳犹豫要不要去取总包邮件。曾是抗美援朝军人的爷爷给了赵月芳一根拐杖，说："这个地方，下一场雪一冬天都消不了，不能耽误信，你还是去吧。"有一次下雪，赵月芳摔了一跤，摔出去十几米远。多亏当时赵月芳反应快，抓住了枯树枝。虽然脸和衣服都刮破了，但所幸没有掉下山崖。

路走得熟了、多了，一下雪，哪个地方能踩，哪个地方不能踩，该迈左腿的地方迈了右腿，赵月芳会马上调换回来，"路就在我的脑海里"。

取邮件，百姓信任办事牢

刚参加工作时，赵月芳工资少，每个月只有 170 块钱。姐夫外出打工，每年能挣几千块钱，赵月芳挺心动，犹豫过，埋怨过。爷爷教导赵月芳，不管做什么都要对得起自己的良心，要做人民喜欢的邮递员。

当时，赵月芳不知道什么是"人民喜欢"。但是鹅屋乡就赵月芳一个邮递员。赵月芳不去，村民托他带的东西就带不回来。

参加工作的前几年，找赵月芳办事的人特别多。鹅屋乡没有派出所，乡亲们办户口、身份证都来找赵月芳。大队开完介绍信，赵月芳去派出所帮他们办。鹅屋乡没有信用社，村民经常把收入交给赵月芳，让赵月芳帮他们下山存钱。最多的一天，赵月芳帮大伙儿办了十多件事儿。

有一次，一位村民问赵月芳，能不能帮她把五万块钱取回来。五万块对村里人来说不是个小数目。有人开玩笑："你就不怕赵月芳跑了？"

老百姓很信任赵月芳，赵月芳也很感谢老百姓对自己的信任，每次都按时把事儿办完。也许是跟当兵的经历有关，为了赶时间，每次出去赵月芳都要给自己定一个任务。比如，去的时候规定"必须 1 个小时下山"，回程拿的东西再多，2 个小时也必须回来。赵月芳特意买了一块电子表，掐着表走路，如果走慢了，赵月芳宁可不休息，也要把时间追回来。

那时候年轻，走路快，鞋坏得也快，赵月芳又舍不得买鞋，媳妇就给他做。大概算一算，赵月芳平均十来天就能穿坏一双鞋。

有信念，创新思路惠民忙

这几年，鹅屋乡开始发展旅游业。2013 年，公路"村村通"工程让鹅屋乡有了第一条旅游公路，县上的邮车可以直接将总包邮件送到鹅屋乡。那之后，赵月芳就很少走“猫路”了。

2014年，鹅屋乡建了新的邮政所，开展了新业务——代收电费。全乡18个村，近4000户，赵月芳挨家挨户收，一次要走30千米。有些老百姓在地头、路上，没带钱，赵月芳就先帮着垫上；有的老百姓家里条件有限，想等年底“低保”“五保”下来再交电费，赵月芳也先帮着垫上，不求他们能还。

这几年，赵月芳陆续得了不少荣誉，劳动模范、十佳邮递员、服务明星、感动山西十大人物……很多人说赵月芳有信念，在赵月芳看来，他就是把自己的工作干好，老百姓需要他，他就尽量帮助他们。

去年，赵月芳当选为党的十九大代表。赵月芳开始去各地调研农村电商平台。过去，鹅屋乡交通不便，乡亲们种植的小米、核桃、药材等农产品品质好，但是运不出，没销路。如今，交通条件好起来，赵月芳要通过电商，想办法帮助老百姓把东西卖出去。

荣誉让赵月芳的责任感伸向更广的天地，初心未改，邮递始终是他内心的牵挂。如今，赵月芳依旧背着邮包，骑着摩托，在鹅屋乡的路上奔波。

荣誉背后，回归平凡的坚守总会生出不凡的力量。

记者：张潼、曹若鸿（实习）、胡云茹（实习）

原载于：2018年6月10日中国青年网

原标题：《中国人的故事｜邮路行者赵月芳：山路上走出来的十九大代表》

青年说

把一件简单的事做好就是不简单，把每一件平凡的事做好就是不平凡。 @网友飞行模式

@网友抖森抖森 中国需要这样的基层工作者，需要这样有责任感的代表，为百姓办实事！

一条“猫路”，走出的是他为百姓办事的一腔真情实意，感动，大爱！ @网友忘忧草

钟情“非遗”传承的新一辈

“薪旺万代家业隆，火留子孙沐春风。”传统文化是一个民族的根，需要薪火相传。但经济效益低下、手艺传承难收徒、费时费工效率低等一系列难题，曾在很长时间内困扰着非物质文化遗产的传承。

而他们，用自己的方式让古老的非物质文化遗产焕发了新的生机。

贵州姑娘杨昌芹在竹编工艺的创新中发现了脱贫商机，28岁的普洱贡茶技艺传人李明泽悉心照顾着百亩古茶园，张奇钢将拥有八百多年历史的岳家拳带进了中小学校，江苏姑娘姚兰正筹备苏绣品牌馆，在艺术和实用的天平上探索平衡。

当非物质文化遗产的接力棒从老一代人手中交到下一代手里，这一代青年的回答，没有让人失望。

专注丝艺带富乡土，用竹编托起脱贫梦

经济效益不好，曾经是竹编工艺不被重视的一个主要原因。

2005年，15岁的苗族女孩杨昌芹在黔东印江民族职业学校读书。到外面的世界去寻找脱贫的机会，是杨昌芹最大的愿望。但她没想到的是，这样的机会其实就在自己身边，藏在不起眼的竹丝之中。

· 贵州省级非物质文化遗产“赤水竹编”传承人杨昌芹正在处理竹丝（杨昌芹　供图）

一个偶然的机会，杨昌芹成为贵州竹编工艺创始人、贵州省竹编工艺美术大师陈文兰的学生。

一件件竹编工艺品，一个个惟妙惟肖的艺术形象，让杨昌芹惊叹不已，她惊喜地发现小竹子中有大文章。“过去，我们这里家家户户都会做竹编凉席、背篓之类的生活用具，但没什么创意，产品附加值低。为什么不试试自己创作，发展年轻人喜欢的新型竹编工艺呢？”杨昌芹意识到，小小的竹编里或许隐藏着巨大的商机。

要创新，得先从基础学起。竹编工艺学起来很难，最关键的是拉丝环节——要把一厘米宽的篾片剖成20多根晶莹透明、细如头发的细竹丝，才能进一步编织。“刚开始学习的时候，总是掌握不好刀的力度，轻了削不下去，重了又会割到手，每天都是新伤压旧伤。”竹编之难，让不少一起拜师学艺的同学望而却步。但杨昌芹不同，她坐得住，肯下功夫，没过多久，就成了陈文兰的得意门生。

· 陈文兰（右）教杨昌芹（左）编织（杨昌芹 供图）

杨昌芹在陈文兰的基础上发展出了立体竹编工艺。这种工艺别具一格，不仅让竹编产品具有美学价值，还让其实用性更上一层楼。慢慢地，杨昌芹的作品开始备受瞩目，《竹编熊猫》《大肚佛》两部立体竹编作品被国际竹藤中心、贵州省文学艺术联合会永久收藏，竹编茶壶等新产品更是打开了竹编产品销售市场的大门。

“要传承，就得把技艺与市场需求相结合，让老手艺贴近生活，从而开拓出新的市场。”杨昌芹说。

脱贫，不仅关系到一个小姑娘的命运，更关系到大山里千千万万竹农的生活。竹农除了种竹子，还能不能有别的一技之长？赤水市的80万亩杂竹，能不能有用武之地？杨昌芹开始琢磨发展产业化竹编工艺，还义务开展培训。终于，2012年，在赤水市政府的资金扶持下，杨昌芹成立了牵手竹艺发展有限公司，竹农中的不少妇女在家门口实现了就业，公司年销售额目前已达300万元。

“我自己就是农村出来的，所以特别能理解农村的生活。”杨昌芹说。如今，一双巧手带富的是一方水土和百姓，一颗年轻的心跟着非物质文化遗产的传承一起跃动，竹丝翻飞中，青春匠心光芒可见。

弃医从艺遵从内心，去粗取精传承普洱茶艺

“听老辈人讲，清朝时，每到春茶采摘季节，官府都会派兵看守，采摘进贡的茶叶。”距离普洱市 30 千米的困鹿山古茶园曾是清朝普洱贡茶的种植地，今年 28 岁的李明泽，祖上就是普洱贡茶的制作人。

1987 年，李明泽的奶奶匡志英斥 800 元“巨资”买下了困鹿山上百亩古茶园的经营权。“当时，普洱茶传统文化和传统技艺在我国还没有引起重视，普洱茶区以滇绿茶、滇青茶为主，普洱茶价格很低，没人愿意从事普洱茶的生产工作。”李明泽的父亲、普洱茶（贡茶）制作技艺的国家级代表性传承人李兴昌回忆道。

面对李兴昌的不解，母亲跟李兴昌讲起了家族三百余年的普洱贡茶制作历史。听到祖辈在制茶技艺上的坚持，李兴昌开始像照顾孩子一样照顾古茶园。“古茶树对普洱贡茶的传承起到了至关重要的作用，虽然古茶园不能说话，却代表了普洱茶的悠久历史。”

当时，困鹿山上尚有 1 万多亩古茶园未被勘查，为了了解和保护古茶树，李兴昌自己掏钱，带着工人扎进深山老林，调查古茶园、绘制古茶树地图。

“我们吃住都在深山里，我负责记录，每找到一棵古茶树，我们都会仔细记下这棵树的直径、具体位置等信息。当时，很多人都说我父亲傻。”李明泽说。经过十几年的走访调查，2003 年，这幅包含古茶园文化、历史和现状的地图绘制完成，为之后茶旅开发提供了可信的依据。

父亲是非物质文化遗产的传承人，得天独厚的环境让茶变成了李明泽身体中的“基因”。“离茶远了就会焦虑。”李明泽说。最终，李明泽放弃了牙医职业，一心一意传承父亲的制茶技艺。

勤学苦练、德艺双馨是李兴昌对所有徒弟的要求，对李明泽也不例外。普洱贡茶的制作工序前后加起来有 70 多项，其中，“杀青”是决定普洱茶好坏的关键步骤。“杀青”就是将茶叶倒入 200℃以上的铁锅中，翻起抖落，去掉茶叶的生涩味，让茶香充分凸显。在高温铁锅中炒茶，初学者李明泽常被烫得满手都是水泡。对此，李兴昌有自己的坚持：“在这一过程中，要凭借经验和手感判断茶叶的状态，这是语言不能表达的，所以一定要坚持练习。”

经过多年的学习，李明泽现在已经是市级非物质文化遗产传承人。“在

· 李兴昌（右）与李明泽（左）在制作普洱茶（李明泽　供图）

制作工艺上去粗取精，把一些落后的、存在缺陷的部分通过现代先进工艺改进，使得普洱茶产品的品质和形态更加完美，更加适合现代消费者的需求，是传承人的追求。”李明泽一直记得父亲对自己说的话。

精忠报国广传拳艺，发扬光大岳家拳法

民间传统拳术传承难收徒，曾经是限制岳家拳发展的桎梏。

据《岳氏宗谱》记载，岳飞遇难后，岳飞后裔隐居鄂东黄梅县杨梅岭，历代练武。其中一支后裔迁居广济，即现在的武穴市。岳家拳由此传入武穴，至今已有八百多年。1950 年出生的张业金是岳家拳第 26 代传承人。3 岁时，张业金就开始跟着祖父和父亲学习岳家拳，从小就是个“练家子”。

为避免“教会徒弟，饿死师傅”，传承八百多年的岳家拳，没能逃脱一个窠臼：每传一代，师父都会保留一招。20 世纪 70 年代末，张业金偶然看到有人在打岳家拳，动作简单，重复性强，打拳的人甚至不知道自己在打岳家拳。张业金惊觉：“如果每一代都保留一招，那岳家拳最后就会失传。”

“岳家拳承载了‘精忠报国’的内涵，不能让它消失。”张业金想。为了尽可能还原岳家拳的全部拳法，从 1980 年开始，张业金花了两年时间，走遍武穴市 400 多个村子，拜访 276 名老拳师，搜集拳法。

当时，张业金得知一位 60 多岁的朱师傅在岳家拳方面很有造诣，走了十多千米山路，到了傍晚才找到朱师傅家。张业金说明来意，朱师傅却不承认自己会打岳家拳。为了取得朱师傅的信任，张业金决定留宿一晚，说说掏心窝子的话。“您的岳家拳也是您父亲传承给您的，要没传承下去，难道不愧对父亲吗？”朱师傅被张业金说得流出了眼泪。“他把煤油灯点上，给我打了一套，打得真好。”张业金连连称赞。

“小张，你岳家拳肯定打得也不错，你也给我打一套。”张业金拗不过朱师傅，就打了一套父亲拿手的“十字桩”，朱师傅看完惊讶不已。张业金本想拜朱师傅为师，结果朱师傅说：“我当你师傅还不够资格，我认你做个兄

弟吧。”他们相谈甚欢，到了凌晨一点多，朱师傅亮出了绝招——“闪电手”。

“上一次我在中国武术博物馆打过一招‘闪电手’，很多专家看了都眼前一亮，这招就是那时朱师傅教我的，他没有孩子，也不收徒弟，如果我没去，这招可能就失传了。”张业金说。

· 2007年5月在英山县举办的第一届“南武当杯”国际武术节上，岳家拳传承人张业金现场表演献技（张业金　供图）

2000年，岳飞文武学校开学，现已成为国家非遗项目岳家拳的传承单位。为帮父亲张业金管理学校，计算机专业毕业的张奇钢辞去了工作。如今，在他的管理下，岳飞文武学校已有900多名在校生。经过培训，武穴市40余名中小学体育教师拿到了岳家拳教练员合格证。

“父亲的武功修为像一座高山，我难以超越，但岳家拳发展不仅需要传承，还需要推广。以往民间传统拳术传承难收徒，但今天我们以开放的胸怀，主动走进学校，走近中小学生，这样非物质文化遗产才能得到普及，从而得到传承。”张奇钢说。

不断突破自信前行，编织苏绣走向世界

“在飞机上俯瞰城市夜空，辉煌绚烂的夜景，是疲惫的长途飞行中最好的慰藉。”这句话来自姚兰的毕业作品《远方》的简介。

这夜景属于中国南方的一座小城——姚兰的家乡苏州镇湖。这座城也是苏绣的家乡，苏绣在这里有着2000年的历史。

姚兰出身苏绣世家，母亲姚建萍是著名苏绣艺术家、国家级非物质文化遗产苏绣代表性传承人，被称为“苏绣皇后”。从1996年为马来西亚总理创作《马哈蒂尔》苏绣人物像开始，姚建萍的作品多次被作为国礼赠予外国政要。

8年前，刚上大学的姚兰没想过她会走上苏绣传承之路。在姚兰看来，苏绣是“抢”走母亲陪伴自己的时间的东西。“1998年，我才8岁。妈妈当时创作周恩来总理的肖像《沉思》。8个月里，她几乎到了不眠不休的‘着魔’

状态。”姚兰说。

2012 年，恰逢英国女王伊丽莎白二世登基 60 周年，姚建萍的苏绣作品《英国女王》由白金汉宫收藏。因此，姚兰有幸与母亲一起受邀前往白金汉宫。

“安德鲁王子看到作品的细节时，惊呆了，说‘姚大师比我都要了解我妈妈眼角的皱纹’。”姚兰回忆道。安德鲁王子特意嘱咐姚兰，一定要将苏绣技艺传承下去。

走出熟悉的环境，走出国门，姚兰更清楚地看到了民族技艺的世界价值。从那时起，姚兰开始正视苏绣的价值，并思索如何将这门手艺进行创新。

2018 年 6 月，姚兰从清华大学美术学院工艺美术系毕业。在清华大学艺术博物馆中，姚兰的思绪化作一幅高 2 米、宽 3 米的毕业作品《远方》。金线用苏绣典型的平针绣法绣在真丝底料上，明暗金黄色从近处向远处延伸，在灯光的照射下，一如夜空中的万家灯火。若有灯光照射，参观者会发现整个底料上还暗藏着一幅泼墨山水画。

灯光、层次、表达方式，这幅作品并非一般意义的刺绣工艺品，更是一件艺术品。“这是我对苏绣的探索和实验，母亲这代人已经突破了人物形象、历史场景等刺绣技艺，我想跳出原有的内容体系，用扎实的技艺让苏绣更具艺术性，更有活力。”姚兰说。

目前，姚兰正在筹备苏绣品牌馆，用原创品牌打造刺绣家具、刺绣服饰、家装摆件等，用品牌的力量和跨界的创新让更多年轻人了解苏绣、使用苏绣、欣赏苏绣。“中国的民族品牌与历史的积淀分不开，苏绣、丝绸、陶瓷都是世界级的产品。我们其实已经站在了巨人的肩膀上。”如今的姚兰，对“文化自信”有了自己的理解。

· 姚建萍（左）与姚兰（右）（姚兰　供图）

“在一针一线中，才能感受到文化的自信和匠心的力量。”姚兰说。

传承之间，跳跃着两代人对文化的执着与守护、自信与求索。青春之执着、青春之思维，迸发的是让“非遗”“活起来”的更多的可能性。

用匠心，续写传奇。

记者：张潼、杨月、胡云茹（实习）

原载于：2018 年 7 月 4 日中国青年网

原标题：《中国人的故事 | 钟情非遗传承的新一辈》

青年说

我想起老一辈的爷爷奶奶们都会竹编、纺布，现在我们家还有一些背篓、竹椅，但是我都不会做。真的可惜了！ @网友一条高贵冷艳的咸鱼

@网友满船清梦 这就是传承的力量，这就是传统的力量，震撼人心！

传统非物质文化遗产技艺在青年一代的传承中焕发出无限的生机与活力。 @网友星河

@网友琪琪公主小骑士 传统文化是一个民族的根，需要青年继续传承。

“花木兰”驾机车，“飞”秦岭传佳话

669 千米，304 个隧道，1001 座桥梁，凿山填谷，移山改河。1958 年，北起陕西宝鸡，穿越巍巍秦岭到达“天府之国”四川成都的交通大动脉宝成铁路诞生。从此，千年险阻变成千里通途，“蜀道难”成了历史。

· 1973 年底，中国第一代电力机车女司机在机车前合影（杨宪美供图）

在这条堪称“中国最难走的铁路”上，曾活跃着一个特殊的群体。1973 年起，杨宪美、胡学政、白燕娥、侯爱华等 21 名中国第一代电力机车女司机先后驾驶进口 6Y2、6G 及国产韶山 1、韶山 4 型电力机车驰骋在中国铁路著名的高坡区段。她们把青春留在了宝成铁路上，以女性特有的坚韧和智慧，成为宝成铁路上的美丽风景，也成为中国铁路事业发展的见证者和亲历者。

心手并用，“做梦都在背机车电路图”

“第一次登上机车头，透过车窗，看到蜿蜒曲折的铁路盘旋在巍峨的秦岭之巅，车轮哐啷响，汽笛鸣响，那种风驰电掣的感觉，我一辈子也忘不掉。”谈到第一次登上机车头的感觉，杨宪美一脸神往，一如当年她第一次跟随师傅出乘的状态。

作为中国第一批电力机车女司机，杨宪美和同事们开车时英姿飒爽。运行中碰到巡道工和养路工，总有人朝她们“竖大拇指”。站台上的人们，都会纷纷瞪大眼睛往车头里看，“这些女娃娃也能开这么长的火车，真是不简单。”杨宪美那一刻的自豪，无以复加。但自豪的背后，却也有着不为人知的艰辛。

从宝鸡至秦岭站，5 个区间，42 千米路，48 座隧道，最大坡道达 33‰，堪称“世界之最”。上坡怕中途停车，下坡怕电制动突然故障，特别是夜间在三四等车站作业时，四周荒无人烟，连男司机对此都心有余悸。而那时作为女司机的杨宪美，刚满 20 岁。

有一次杨宪美跟随师傅出乘，走到半路，突然走廊里开始冒烟。“快去处理！”师傅紧急调派她去检查故障。业务不是很熟练的杨宪美顿时傻了眼，幸亏有师傅协助指导，杨宪美才完成了故障排除。“如果是我一个人开车，遇到这种情况该怎么办呢？”这件事让杨宪美开始意识到驾驶业务不能只是熟练，而必须精通，这是人命关天的事。

自力更生，艰苦奋斗！从那时起，杨宪美更加努力地钻研业务。虽然铆足了劲儿，但对于枯燥的机械学习，只有初中水平的杨宪美还是会感到吃力。她每天吃饭时、睡觉前，有时就连做梦都在背机车电路图和“行规”“技规”。杨宪美把几百条的“行规”“技规”倒背如流，把几米长的机车电路图画了一遍又一遍。从哪个接点到哪个接点，一旦出了事故应该怎么解决，她反复琢磨。上岭时牵引操纵、下岭时控速操纵、处理机车突发故障……这一切她都烂熟于心。换钩舌、摘挂风管，杨宪美比男同志都熟练。通过不断地努力钻研和探索，她克服了很多技术难题。后来，杨宪美如愿考取了电力机车司机驾驶证，正式开始了驾驶机车的生涯。

晚上的秦岭大山，除了信号灯的亮光，一片孤寂。远方的喧嚣都市，已是万家灯火。大年初一，凌晨五点多，退完勤的杨宪美赶回西安，和父母匆匆见上一面，便又回到了宝鸡段……

一家三代的光荣与梦想都在这条铁路上

尚在孩童时代的胡学政，就对宝成铁路充满了向往，而这种向往源于她的父亲—— 一名铁道工。在她童年的记忆里，父亲每天早上都要拿着工具到秦岭山中修铁路，直到晚上才能回来。母亲总是用大手帕给他包上两个馒头，再提上一壶水，这就是父亲的午餐。“父亲总说，等铁路修成了，以后出去就不难了！”

父亲只要一有空，就会陪着她看那长长的火车停在观音山车站“休息”、随后又鸣着长笛缓缓地驶向大山中的画面。每每这时，胡学政总是心潮澎湃：“要是能驾驶这条巨龙翻山越岭，那得多棒！”可是，在当时机车司机的岗位中，并没有女性的先例。

机会来了。1973 年，电力系统首个“三八女子带电作业班”模式传播到全国各地，各行各业争相效仿。在此形势下，宝鸡电力机车段也决定招收一批电力机车女司机。这对于从小对铁路有着深厚感情的胡学政来说，是通向梦想的意外之喜。她随即报了名，并通过选拔成了一名女司机。

但要成为一名真正的机车司机，可不是件容易事，胡学政必须经受各种考验。有一次，胡学政牵引直快客车行至黄牛铺至秦岭区间，出隧道时，她的一声鸣笛吓住了在铁道旁吃草的黄牛，黄牛突然蹿上铁道一动不动。情况紧急，胡学政马上采取停车措施，但已经来不及了。列车冲了过去，轧死了黄牛。胡学政和副司机急忙下车查看，及时把牛从轨道上拉出来，并迅速做了规范的处置措施，机车才得以继续运行。虽然有惊无险，但事后胡学政想起还是很后怕——如果当时牛压在钢轨上，那厚厚的牛皮很可能造成列车脱轨，后果不堪设想。

那天晚上，胡学政躺在床上辗转难眠。“开车，一点都马虎不得！这可是关系到乘客性命的大事啊！”胡学政考上司机时老父亲对她的嘱托又萦绕在耳边。这次教训，让胡学政更加深刻地理解了父亲这句话的含义。从那以后，胡学政开车更加小心认真，她积极和同事们研究完善行驶规范，并牵头把此类突发情况的处置流程做了严格的规定。从此之后，这条线路上再也没有发生过一次类似事故，女司机们特有的谨慎、坚持，带给这条线路一份温暖的守护。正是这样的叮嘱和反思，支撑着胡学政从一个稚嫩的新手司机成长为一个真正的“铁龙”驾驭者。

· 1977 年，胡学政在机车头（胡学政　供图）

铁路情怀是有感染力的。胡学政的父亲用 42 年的时光守护这条铁路，包括胡学政在内的 6 个兄弟姊妹分布在铁路的各个部门，继续着这份守护。

15 年前，胡学政 23 岁的女儿也投身铁路事业。从此，这一家人都扎根在了铁路线上。胡学政总说："这条铁路，是我们一家三代的光荣和梦想。"

再难也要坚持，只为这是一条能致富、能救命的路

坐在韶山 1 型电力机车司机的旧座椅上，时隔 40 年，白燕娥再次回到了这个熟悉的地方，抚摸着操纵台前的琴键开关，望着熟悉的仪表盘和操控手柄，当年驾驶机车在崇山峻岭间飞驰的情景，恍如隔日。在白燕娥的记忆中，曾经宝成铁路沿线多为贫瘠的山区。"沿线的老乡穷啊，很多人连车票都买不起！"回忆起当年的情景，白燕娥忍不住感慨。

连绵不绝的大山阻隔了村民出山的道路，为了赶上这一天仅有的一趟列车，他们常常要背上很重的背篓，走几千米才能赶到附近的车站。每逢集会，村民们总要背上满满的山货和土鸡蛋去卖。有些村民坐不起火车，尽管当时的票价只有几块钱。每每看到老乡们背着一大篓山货、因为买不起车票而去扒火车的身影，白燕娥心里就会感到刺痛。

· 2018 年，白燕娥在曾经驾驶过的机车上留影（李慧慧　摄）

山路闭塞，看病成了一大难事。有一次，铁路沿线老乡突发急病，救护车进不了大山，病人也出不去。人命关天，怎么办？情况紧急，列车调度室分级请示，才争取到一分钟"生命通道时间"，病人被紧急送出。"这是条能救命的路啊！再难也要开下去！"这个信念支撑着白燕娥在崇山峻岭间走了数年。

在沿线村民的眼里，这条铁路就如同生命线一般，把贫瘠的大山和城市连在了一起。"村民们都很淳朴，他们说不出什么感谢的话，但我们都能感受得到！"有时候，碰到背着竹篓要到集市上卖土鸡蛋的老乡，他们会硬塞几个土鸡蛋给铁路上的工作人员，而这些鸡蛋是他们自己都舍不得吃的。

多年以后，当白燕娥再次经过这个区段时，一切都变了。宝成铁路的开通运行，带动了沿线经济的发展。曾经很多"靠山吃饭"的村民办起了"农家乐"，当地的山货也随着铁路销往各地，沿线群众靠吃"旅游饭"富了起来。

669 千米的宝成线上，曾经的韶山型电力机车已被和谐型大功率机车

· 2018年，中国第一代电力机车女司机白燕娥、杨宪美、胡学政、侯爱华（从左至右）在曾经驾驶过的机车前留影（李慧慧　摄）

取代，机车运行时速得以提高，牵引动力从3900千瓦提升到9600千瓦，高科技机械维修机具代替了传统作业工具，而女司机们也逐渐退出了铁路舞台。一切都在变，唯一不变的是这趟为沿线百姓而生的“绿皮车”带着女司机们的使命，继续着它的守候。

今天，当我们坐在高速平稳的列车里、穿行在广袤的秦岭大地上时，山峦乡土不会忘记，在这条铁路线的背后，是一代又一代铁路人寒来暑往、年复一年的坚守。她们把最美的岁月留在宝成铁路上，诠释着自力更生、艰苦奋斗的“宝成精神”，见证了中国铁路事业的腾飞。

记者：李慧慧、杨月

原载于：2018年8月15日中国青年网

原标题：《中国人的故事｜“花木兰”们驾机车“飞”秦岭传佳话》

青年说

巾帼不让须眉！为一代又一代铁路人的坚守点赞致敬！　@网友国泰民安

@网友平安　你们把韶华留在了宝成线上，以女性特有的坚韧和智慧，成为宝成线上的美丽风景，也成为中国铁路事业发展的见证者和亲历者。

请不要忘记她们，她们用一生写下最美的机车之歌，自力更生，艰苦奋斗，人民永远不会忘记她们的付出！　@网友Linyuan粑耳朵

点亮天山深处的英雄之光

戈壁荒滩、雪山湖泊、森林草甸……走过无数条路，这条隐秘于天山深处的独库公路，令无数人魂牵梦萦。人们惊叹于它的雄奇险峻，沉醉于它的风景旖旎，但很少有人知道，在这条 562 千米的“奇迹之路”上，每 3 千米就有 1 名解放军战士牺牲，168 名筑路英雄长眠于此。

2020 年的清明，国旗半垂，举国同悲。雪岭云杉下的新疆伊犁州尼勒克县乔尔玛烈士陵园，又飘起了皑皑白雪。“守陵人”陈俊贵扛着铁锹，小心地拂去墓碑上的积雪。35 年来，陪伴长眠于此的筑路英雄战友们，已成为他的信仰。

长眠在天山脚下的英雄

1974 年 4 月，党中央、国务院、中央军委考虑到当时国际国内形势，决定打通天山山脉，修筑独山子至库车的独库公路。这条连接南北疆的公路横亘崇山峻岭、穿越深山峡谷，连接众多少数民族聚居区。此后 10 年，13000 多名解放军战士开山劈石、战天斗地、日夜鏖战……

茫茫天山，险峰深谷，这里全被厚厚的冰雪包裹，年平均气温零下 9℃，最低气温零下 46℃。20 世纪六七十年代，没有什么先进的机械设备，官兵们全靠人工作业，使用的工具是钢钎、铁锤、小推车和手风钻等。独库公路是官兵们用生命和鲜血筑成的。修筑公路期间，塌方、雪崩、爆破和时时处处的暴风雪以及供给不足的物资，让修路更是难上加难。

1980 年 4 月，寒风肆虐，大雪没腰。在海拔 3000 多米的雪山之上，战士陈俊贵、班长郑林书、副班长罗强和战友陈卫星连走带爬，郑林书在前面开路，他们四个人手牵着手，艰难地往前挪动着。他们要到北线 42 千米的玉希莫勒盖冰达坂，通知机械连调推土机下山推雪，救援被暴风雪围困的 1500 多名官兵。

深夜的天山，气温已降到零下 20℃，4000 多米的海拔让他们的呼吸非常困难。每个人的体力都透支到了极限，大家浑身疼痛难忍，饥饿让人头昏目眩，他们带的干粮只剩下了 1 个馒头。给谁吃？“这馒头不仅仅是个馒头了，它是生命啊！谁吃谁就能活下去。”陈俊贵回忆当年，老泪纵横。这是一个艰难的决定，但班长没有犹豫，他把馒头留给年龄最小的陈俊贵。“说实话，当时我真饿啊！班长把馒头递给我，扭过头去。罗强也跟着扭过头去。陈卫星没有转身，看着我。”饥饿令人眩晕，陈俊贵三口就把馒头吞掉了。当他再抬起头的时候，看到面无血色的战友们在默默吃雪。愧疚，自责，后悔……陈俊贵的眼泪一下子涌了出来。

饥寒交迫，精疲力竭，没过多久，班长和副班长都牺牲了。陈俊贵和战友陈卫星也晕倒了，所幸，他们被牧民救下，消息很快传到了指挥部，1500 多名官兵得救了！

三年后，独库公路正式通车，南北疆路程由原来的 1000 多千米缩短了近一半，独库公路成为乌鲁木齐至伊犁的“大动脉”，担负起了很多重要的运输任务。独库公路成为中国公路建设史上的一座丰碑，包括陈俊贵的班长和副班长在内的 168 名筑路英雄却永远地长眠在了天山脚下，永远守望着他们的公路和战友，还有几千名战士永远地留下了受伤致残的伤痕。

蜿蜒而平坦的独库公路，是筑路英雄们用青春、热血和生命铸就的历史奇迹。他们不畏艰险、战天斗地、相互关爱、情深义重，铸就了“特别能吃苦、特别能战斗、特别能奉献”的“天山精神”。

天山为谁而肃立？雪山为谁而呜咽？为勇士！为英雄！

“英雄应该被铭记”

“我和班长只相处了 38 天，但他是影响我一生的英雄。”时隔近 40 年，陈俊贵回忆起班长郑林书仍满含热泪。“那时候，战友们干活回来，身上的衣服常被大雪浸湿。很多个晚上，我都能看到班长把大家的鞋子和衣服烤干后，才去睡觉。”正直无私，情深义重，在陈俊贵的心里，班长是他永远的英雄，也是改变他一生的人。

“我死后，请把我葬在这附近的山上，永远看护着部队和战友。如果有机会，去湖北老家看望一下我的父母。”这是班长郑林书临终时给陈俊贵的托付。复员回到老家的陈俊贵，始终记得这份嘱托，他无法忘记牺牲在天山深处的班长和战友们。“重回天山，为班长守墓三年。人不能忘根，也不能忘

· 陈俊贵和妻子孙丽琴在陵园（陈晓宏　供图）

恩！”1985年，陈俊贵和妻子一起辞掉工作，带着出生不久的儿子踏上了去往新疆的火车。

一路上，记忆中的一幕幕在陈俊贵的脑海中不断闪回。他不断想起战友们、战友家人们的一句句话，那些话语深明大义，敲打着陈俊贵的心。

烈士石博韬为救战友献出了年轻的生命，战士们为此情绪低落，停工了十几天，赶到部队处理儿子后事的石博韬的父亲发现这一情况后，不顾自己痛失爱子的悲伤，力劝战士们复工，他说：“工程不能停下来，而且要搞得更好，这才是对我儿子最好的悼念。”

烈士罗强是陈俊贵当年的副班长，他的父亲在儿子牺牲26年后才得以到天山扫墓，在儿子的坟前，老人热泪长流：“当兵就是会死人的，我这一辈子对国家没有什么贡献，我把罗强献出去，就算是为国家做了一点事……”

“我能为这群可爱可敬的战友们做什么？我要守护他们，要让更多的人知道他们的故事！无论生活条件如何变化，初心不能忘！”陈俊贵下定决心。

“那时候连电都没有，点的是麻油灯。吃的水也没有，大家都是上河坝去挑。冬天河坝冻住了，大家就化雪水吃。”当时环境的艰苦是常人难以想象的。3年，又一个3年，一晃就是35年。35年，陈俊贵无数次想过离开。“我走了，谁来守护他们？”每次想跟老班长和战友们告别的时候，他又退缩了。陈俊贵的妻子孙丽琴说：“我也是有儿女的人，人家的孩子不到20岁就牺牲在这里，那些父母是白发人送黑发人，他们该有多痛苦！孩子牺牲了，埋在这雪山上孤零零的，总得有人守着吧？大道理我说不出来，当时我就是这么想的。”

“董良卫，1977年7月2日，在独库公路102千米处执行爆破任务中牺牲，时年19岁。”

“姚虎成，1978年4月9日，在独库公路110千米处组织施工中，因雪崩牺牲，时年28岁。”

“李远利，1978 年 6 月 4 日，在独库公路巩玉段 69 千米处架设便桥时牺牲，时年 20 岁……”

乔尔玛烈士陵园里，陈俊贵动情地为参观者讲述战友们曾经鲜活的青春。现在，他不仅是陵园管理员，还是讲解员，英雄们的故事也被越来越多的人知道。“英雄应该被铭记，我想让天下人都永远记住这些在天山深处的筑路英雄们，也记住不怕吃苦、不怕牺牲的天山精神。”35 年，陈俊贵一家早已和这天山、公路、陵园融为一体，他们不能走，也不愿走。

“战友们的无私奉献、为国捐躯是一种大爱，班长的舍生忘死是一种大爱，陈俊贵的知恩图报也是一种大爱。陈俊贵守望的不仅仅是班长给予他的那份恩情，更是那段激情燃烧的岁月。”讲述这段故事的纪实文学作品《守望天山》作者党益民这样写道。

“他是我的英雄”

“我申请调至武警交通部队，参加独库公路的重修和扩建。我的父亲也是一名军人，他曾修筑过这条公路，未修完的路，我想替他继续修完。”2008 年，乌鲁木齐解放军某部战士陈晓宏写下申请，请求参与独库公路的重建。

走进独库公路，陈晓宏才真实地感受到父亲说的那种苦。

即使是在现代化的施工条件下，重修独库公路也非常难。山里缺水、缺电、通讯不畅。一块砖头、一袋水泥都要从百十千米的山外往里运，修路的战士们从峡谷中捡石头，从河道里扛沙子。遇到塌方，道路被埋，蔬菜和食品无法运送，他们只好一日三餐啃干馕饼。跨深涧，越冰河，翻达坂，他们经常遇到雪崩和泥石流……

“我无法想象，我父亲他们当年会有多么艰难。”那一刻，关于父亲，关于独库公路，关于牺牲在天山深处的 168 名烈士，陈晓宏有了更深的理解。

被带上天山守墓的时候，陈晓宏只有 8 个月大。长大的过程中，伴随他的是无尽的艰难和孤独。陈晓宏的童年几乎没有伙伴，他穿的衣服总是又破又旧。陈晓宏在心里曾无数次怨过父亲，如果他们没有在新疆，现在的生活该多好。“那时候，我父亲和这天山上的工程兵把所有的苦都吃尽了。我父亲很平凡，但是他是我的英雄。”现在，陈晓宏好像一下子理解了父亲。曾经的委屈和抱怨，在这一刻都化成了宽容和敬重。

2018 年 8 月，转业后在独山子公路局工作的陈晓宏又做出了一个决定：申请调到乔尔玛烈士陵园工作。陈晓宏说：“19 岁、23 岁、25 岁、28 岁……那么多年轻的生命都定格在了这里。我想，爱需要相互传递。不忘初心、勇敢坚守应该是我们新一代青年对天山精神的传承，这种精神应该被永远传承下去。但愿这种大爱越传越远，抵达每一个人的心灵。”

“碧血洒满天山捐躯为谁——为国威军威振奋；夫妻十年分居幸福何在——在千家万户团圆。”铿锵誓言，犹在耳边。在万籁俱寂的夜晚，陈俊贵时常去战友们的墓前点一支烟、洒一杯酒，流着泪回想当年。

习近平总书记说：“一切向前走，都不能忘记走过的路；走得再远、走到再光辉的未来，也不能忘记走过的过去，不能忘记为什么出发。”陈俊贵用一万多个日日夜夜执着的守望，深情诠释了他自己的“不忘初心”。

英雄无悔，初心不忘。记住英雄，成为英雄。

记者：李慧慧、杨月

中国青年报·中国青年网、中国青年作家报、中国社会科学院大学新闻传播学院建设性新闻工作坊、浙江传媒学院设计艺术学院联合出品

原载于：2020 年 4 月 6 日中国青年网

原标题：《中国人的故事｜陈俊贵：点亮天山深处的英雄之光》

青年说

战友之情是我人生中最珍贵的情感，因为这种情感是手足之情，生死之交。向老战士陈俊贵致敬！ @网友青年强则国强

@网友太湖啥美 这位老兵退伍后又从东北回到新疆，为牺牲的战友护陵守墓，在天山脚下一待就是几十年。这份情谊令人动容！

我们去过陈俊贵守的那个陵园，他是很热情的一个人！我还说下次再去给他带点生活用品呢！ @网友唯爱千古

@网友bingqiling 泪目！英雄之光，照亮长夜！陈俊贵是永不熄灭的明灯。

戏里长征，戏外长青

“主旋律的电影是人民的需要、社会的需要。我是个电影人，但首先是个军人，我的职责跟我的任务是创作电影，奉献给广大人民群众。”

——翟俊杰

· 翟俊杰（翟俊杰　供图）

八一电影制片厂国家一级导演翟俊杰的名字，总是与“八一”“军旅”等词紧密相连，从表现抗日战争的《血战台儿庄》，展现三大战役的《大决战》，到恢宏之作《金沙水拍》《长征》《我的长征》，擅长军事题材的翟俊杰永远在积累、创新、突破、超越的路上。

把镜头对准革命军事题材，用光影呈现史诗般的战斗场面，翟俊杰像一个朝圣者，将家国大义与革命之火，将军人的血性与信仰熔铸在一个个镜头中，定格在一帧帧画面里。

回顾“长征三部曲”，翟俊杰神色肃穆：“不是我选择了长征，是长征选择了我。能与先烈对话，讲述共和国是怎样诞生的，是我毕生的荣幸，也是我这一辈子的‘长征’。”

青年翟俊杰的两次入藏："野台子"上表演酿造"入戏"真功夫

1959 年，17 岁的翟俊杰，斜挎包里背着《演员的自我修养》，从河南开封出发，翻越高寒缺氧的昆仑山、唐古拉山，抵达西藏军区文工团。"那时候西藏还没通火车，要到文工团只能坐大皮卡车或者走路。"即使这样，翟俊杰一路都没舍得托运，硬是靠肩膀把书背到了 3000 多千米外的西藏。

60 多年后，78 岁的翟俊杰坐着轮椅，在雁栖湖边一幢小楼的礼堂里，面对来自全国各地的 170 多名青年编剧、导演、制片人、演员，讲起这段青年时期的进藏往事时，依然心潮澎湃。

"无论什么时候都不能放弃阅读！"扎实的基本功为翟俊杰日后的艺术创作奠定了基础。但更让他受益终身的，是与西藏的战士、百姓共同生活的经历。

儿时看到布达拉宫的照片之后，翟俊杰一直认为西藏是雄奇而神秘的。但初入西藏，放眼望去，翟俊杰看到的却是布达拉宫前大片杂草丛生的空地，上面还有一洼一洼的臭水坑，街上满是衣衫褴褛的乞丐。西藏文工团的环境之艰苦，超出想象。在军区表演的时候，文工团很少有机会在比较正规的剧场和师团级驻地的俱乐部、"棚子"里表演，更多的是在马圈、哨所等"野台子"上表演，"没有舞台，拿被子一铺就开始表演了。"在这样的演出环境中，观众和演员之间分不清台上台下，反而更加亲密。"这练就了我们无论在什么条件下都能‘入戏’的真功夫。没有环境的磨炼，就不会有今天。"他说。

在这里，翟俊杰遇到了很多战士。他看到，战士们的脸被强烈的阳光晒得黝黑黝黑；由于缺水，战士们甚至一年也洗不上一次澡，个个嘴唇上都裂开血口子；战士们穿的不是脏兮兮的长袍，就是破羊皮袄和说不出年代的粗呢子军大衣，没有一个穿制式军装。他看到，这里的战士常常来不及支锅做饭，怀里揣个干饼子夹咸菜，饿了啃几口就算一餐。

在西藏的 5 年艰难岁月，都成了翟俊杰此后拍摄军事题材特别是二次进藏拍摄《西藏风云》的第一手素材。青藏高原上的这段时光，不仅磨炼了翟俊杰的心性，也让他沉入生活，窥见了一个个鲜为人知却异常真实的战地图景。

"如今，一进西藏，看到那些熟悉的山峰，我就掉眼泪了，布达拉宫前不再是几棵柳树和坑坑洼洼的杂草地，而是宽阔的广场了。”“那时候看到藏族姑娘为咱们的战士洗衣服，那种独特的藏族风情和姑娘们的欢乐、感恩之情，好像都表达在了用脚踩衣服的动作上。”翟俊杰的战友、作曲家罗念一和舞蹈家李俊琛由此得到灵感，创作了脍炙人口的《洗衣歌》。“这首歌一直到现在还在传唱，在一些地方甚至成为广场舞的曲目。”翟俊杰把对西藏的感情融入电视剧的拍摄中。在电影《西藏风云》结尾部分，翟俊杰精心设计了诗意化的艺术处理方式：几十位穿着红色藏袍的姑娘从地平线上慢慢走出来，在广阔的草原上一字排开，背后是圣洁的雪山，姑娘们每人手里捧着一条哈达，此时，《洗衣歌》的歌声响起……

“青年时期在西藏 5 年的工作生活，‘老西藏’‘一不怕苦，二不怕死’的精神深深烙在我身上，我一直在传承‘老西藏’的精神，也鼓励人们用艺术的手段把它继续传承下去。”翟俊杰说。

光影长征触动人心：靠共情，靠平凡人物的真情流露

从讲述毛泽东和身边人故事的《金沙水拍》，到首次全景式展现中国工农红军长征历程的《长征》，再到选用原生态演员当主演的《我的长征》，这三部电影跨越 12 年，从人性化的视角，用史诗般恢宏的拍摄手法，展现了长征这一人类历史上的奇迹。翟俊杰说：“三拍‘长征’是我作为导演的荣幸和荣光，我随时准备着再拍‘长征’。”

军旅生涯多年积累和打磨酝造的创作种子，在翟俊杰的“长征”系列作品里展现着顽强鲜活的生命力。

1994 年上映的影片《金沙水拍》，是翟俊杰的第一部长征题材作品。在拍摄这部电影时，翟俊杰做了大量的创新。他通过强化故事情节的悬念，使影片具有类型化的风格，从而吸引和感染观众。而在拍《长征》时，翟俊杰注重追求营造诗意化的艺术效果，让整部影片充满着传奇色彩和悲壮氛围。

翟俊杰认为，重大历史题材的电影绝不是对历史和战争史的简单描述，而是在历史资料基础上的艺术加工。“像美国军事片《巴顿将军》，那不是美国的‘主旋律’吗？但其细节之生动，人物之鲜活，使影片跻身于影史经典之列。”

为了让画面更有冲击力，翟俊杰大胆尝试，在《长征》中首次采用了“声画对立”的手法，以凄美的《十送红军》曲调反衬出厮杀场面的惨烈。“长征本来就是壮丽的、悲壮的诗篇，诗意化更能感染人。”电影里许多异常残酷

· 拍摄电影《长征》时，翟俊杰在给演员说戏（翟俊杰　供图）

的场景，都配了《十送红军》的背景音乐。“凄美的音乐更容易引起人们无尽的联想。”结尾的歌词，翟俊杰做了改动，把“盼望红军打胜仗，盼望亲人早回来”改为“问一声亲人红军，此一去西征，何时再回还？”而现实却是，大多数人都在长征途中倒下了，永远回不来了……

创新、突破、超越，是翟俊杰拍“长征”系列电影时给自己定下的目标。一般电影导演极少在创作上重复使用同一个题材，但在12年间，翟俊杰三拍“长征”，多次重走长征路，用三部扎实的作品实现了自我超越。

在《我的长征》里，翟俊杰继续突破，尝试共情的创新设计，电影的男主人公、一位十几岁的红军小战士，他的父亲、姐姐、战友、连长都在长征的不同阶段倒下了。影片通过这位红军小战士的视角，讲述了长征路上若干重大的历史事件。翟俊杰说：“很多红军战士在长征的过程中一倒下就起不来了。我们要通过平凡人物的真情流露，让今天的观众记住他们，记住他们的牺牲和奉献。”

永远扎根生活，永远热烈地拥抱生活

作为擅长拍摄战争题材的著名导演，翟俊杰创作的大多是严肃的文艺作品，多年来的实践让他明白，随着社会的不断进步和发展，广大人民群众的审美水平也在日益提升，艺术作品也需要一场“供给侧结构性改革”。

“脱离生活是不行的，个别‘抗战神剧’里不符合事实的桥段，都是被大家诟病的，都成笑话了。”他说。“表现抗日战争，不能把我们中华民族付出巨大代价才得到的神圣的胜利，变成违背常理、随意戏说、过度娱乐化的‘游戏’。”

身为战争的亲历者，翟俊杰对文艺作品中的战争呈现，有着近乎苛刻的自我要求。

“随着科技进步，很多具有视觉冲击力的、过去创作者只能想象的画面镜头，现在已经能通过数字技术制作出来。”翟俊杰表示，这是一个发展的必

然。“但是要记住，数字技术是为表现人物、刻画人物服务的。”

“我们不能娱乐至上，就算是娱乐也要健康地娱乐，要在审美的过程中得到精神的洗礼和升华。在中华人民共和国成立十周年的时候，报上去的片子都是很严肃的献礼片，周总理当时就问：‘是不是还需要有一个很轻松、很娱乐的作品呐？’于是有了脱胎于现实生活的《五朵金花》。”翟俊杰表示，“如果只是在宾馆、招待所，几个人在一块串剧本，找什么卖点、什么话题，这些脱离生活、低俗平庸、胡编乱造的东西，会严重影响我们影视的繁荣。”

“说一千道一万，就是要深入扎根生活，热烈地拥抱生活，生活永远是创作的源泉。”翟俊杰说。

记者：杨月、杨维琼

中国青年报·中国青年网、中国青年作家报联合出品
原载于：2020 年 8 月 10 日中国青年网
原标题：《中国人的故事 | 翟俊杰：戏里长征，戏外长青》

青年说

翟俊杰先生是中国电影界中的丰碑型人物，塑造了铁骨铮铮的中国人的形象，翟俊杰先生携母拍摄电影，工作与尽孝两不误，人间英才！ @网友琥珀川再见

@网友cherry-tree 拥抱生活的翟先生，生活也会拥抱他，感动。

翟俊杰先生是名副其实的电影人，希望他越来越好。 @网友葡萄柚

@网友岁月踏雪 我们不应该忘记历史。不忘初心、牢记使命，我们才能拥抱未来！

狂涛上的救援“神鹰”

狂风下的渤海湾，巨浪滔天。蒋小华身着飞行队救生制服悬吊在救助直升机上，脚下是波涛汹涌的大海。

自 2013 年加入交通运输部北海救助局飞行队以来，这位“80 后”救生员劈风斩浪，一次又一次地将濒临绝境的遇险者从死神手中夺回。

5 年间，他与机组成员在惊涛骇浪中安全救助飞行 900 多个小时，成功救助各类遇险人员 120 余人。仅 2017 年，他就从死神手中救回了 39 条生命。蒋小华总说：“每个生命的背后都有一个家庭，我唯一能做的就是把他们安全地送回地面。”

一个眼神，温暖了海上救援路

“当我看到被救上来的渔民双手合拢着感谢时，突然颤栗了一下，这是生命啊！那一刻，我觉得自己所做的一切都值得。虽然第一次救援很难，但从那次以后，我下海救援再也没有过半分恐惧。”对第一次海上救援，蒋小华记忆犹新。

那是 2014 年 12 月 4 日，强海潮在整个烟台海域肆虐。交通运输部北海救助局飞行队接到紧急救援任务：在离蓬莱 20 海里的地方，一艘小渔船被撞毁，船上 5 名渔民全部坠入海中。蒋小华与机组成员火速赶往事故现场，进行海上救援。当时海水温度只有 5℃，落水的人最短 10 分钟、最长半个小时就会因为低温症失去知觉。时间紧迫，救援刻不容缓！

面对波涛汹涌的大海，深深的恐惧感包围着悬挂在吊绳上的蒋小华。对他而言，这是第一次真正意义上的海上救援。“我能把这五个人成功救出来吗？”这是一个很大的挑战。

“当时浪特别大，我还没有接触到海面，一个浪打过来，浑身就湿透了。”此时的蒋小华，已经忘记了寒冷，他的脑海里反复回忆着平时模拟训练时的救援方法，生怕出现一丁点失误。他知道，自己身上承载着五条生命的重量，马虎不得。就这样，被海浪打得偏离目标好多次的蒋小华，终于抓住了遇险者的手。

紧紧抱着木板的遇险者，此时已经失去了知觉。“无论我怎么掰就是掰不开！”拿不掉木板，就没法套救援套。蒋小华急得满头大汗，好不容易才把救援套给套上。

就在准备起吊时，意想不到的情况发生了。强烈的求生欲望促使遇险者把连接直升机的钢索拼命缠绕在手上。一旦飞机起吊，遇险者的手有极大的可能性被切断。怎么办？蒋小华犯了难。没有更多考虑的时间，他只能一边示意绞车手不要起吊，一边拼命去解缠绕在遇险男子手上的钢索。但遇险男子又用另一只手抓了过来，如此反复……蒋小华急中生智，猛地固定住了遇险男子的双手，绞车手趁势起吊，才把遇险者成功救出。

等把剩下的遇险者都安全救回机舱的时候，蒋小华已是筋疲力尽，他瘫坐在机舱后座，胳膊生痛。“有个被救的大哥眼里满是泪水，那真诚的目光，一下子触动了我。”那一刻，蒋小华突然明白了这份职业的意义和价值。

“无论如何都要救孩子”

“当把第一个小孩抱到怀里的时候，我的眼泪不自觉地流出来了。我也是一个父亲，我能理解为人父母的感觉。”

2017 年 7 月 21 日，唐山滦河。“MINGXING18”工程船因风浪过大而进水沉没，船长朱兰强一家全部落水。下午 3 点 20 分，交通运输部北海救助局飞行队在茫茫大海中发现了他们。而此时，直升机油量即将耗尽，留给飞行队的救助时间只剩下十多分钟。

命悬一线！蒋小华来不及多想。身经百战的他，熟练地拿上救援套，顺着钢索下了飞机，迅速到达遇险妇女身边。

“当时落水的妇女拼命朝我喊，直升机声

· 蒋小华抱着落水小孩安全离开救助直升机（交通运输部北海救助局飞行队　供图）

音特别大,我没听清楚她喊的是什么。当我把她救到离水面六七米的时候,回头一看,下面还有两个小孩。”蒋小华脑海中“嗡”地一声,整个人懵了。

由于救助信息未提到有小孩,直升机并未携带小孩专用的救援套。而成人使用的救援套在救助小孩时,会留下过大的缝隙,万一飞机受到风的影响摆动,孩子可能会再次落入海中,后果将不堪设想。

母亲绝望的眼神,像一把刀一样刺得蒋小华的心生疼。这时蒋小华只有一个念头:“救孩子,无论如何都要救孩子!”

他急中生智,用救援套把孩子套起来,然后用手抱起孩子,一点不敢松开。“心都悬到嗓子眼儿上了!”所幸,他顺利救起了两个孩子,一个七岁,一个五岁。随后,一家五口被全部救起。

救援结束后,浑身冻僵的蒋小华心情久久不能平静。“救上来时,那个五岁的小孩已经休克了,不知道他们后来怎么样了……”在蒋小华心中,最牵挂的还是两个孩子。半个月后,蒋小华再次看到了朱兰强一家,心中的石头终于落地。看着活蹦乱跳的孩子们,他不由得想起了自己的儿子。

“爸爸是救人的英雄,我给爸爸画了护身甲和头盔,爸爸穿上这个就不危险了。”儿子稚嫩的童音,触动了他心底最柔软的地方,蒋小华泪流满面。

天下的父亲都是一样的,危急时刻,每一个险境中的孩子,都值得自己付出一切去援救,这是救生员的使命。

生死兄弟,一个都不能少

“7·21”唐山滦河救援,把蒋小华推向了公众视野。当“全国交通运输行业标兵”“感动交通年度人物”……一系列荣誉纷至沓来之时,蒋小华只是说:“很幸运,在我背后有一群协同作战的生死兄弟。”

“没有机长、副驾驶、绞车手的默契配合,任何一场救援都是无法完成的。”蒋小华清晰地记得那次小渔船的紧急救援,正是这次与死神的殊死搏斗,让他更加深刻地理解了团队协作的情义。

当时恶劣的天气条件给直升机飞行带来了很大的困难。“救援时间非常紧迫,大家都捏了一把汗。”飞行副驾驶绷紧全身神经,目不转睛地盯着飞机里的各个仪表,生怕出现差错。机长紧张地操纵着方向盘。“雾特别大,海面上的情况看得并不清楚,但凭借着多年的经验,机长配合绞车手还是将飞机准确无误地停在了事故渔船的上空。”

由于船上的情况特别复杂,狭窄的后甲板堆满了杂物,救生员登船救人

· 蒋小华在救助直升机上（李慧慧　摄）

的难度系数随之增加。“哪怕只偏一点也登不上去。”在绞车手的密切配合下，蒋小华终于成功地登上船并安全地救下了遇险者。

救助结束后，机长、救生员、绞车手组织总结救援得失。对他们来说，每一次救助都是经验的积累。为了提高救援技术，他们还进行救捞系统综合技能比武大赛，彼此切磋，共同进步。现在，他们已经形成了良好的默契，“只靠一个动作，我们就能知道对方要干什么了！”经常和蒋小华配合的绞车手这样说。

“五个人出去，五个人回来，一个都不能少。”蒋小华时常回忆起老师傅的这句话。对于他们来说，他们是生死兄弟！

海上救生员是狂涛巨浪中的救援“神鹰”。英雄光环笼罩下，也潜藏着无尽的风险。“这份职业，给予我一种责任感，与海浪共舞，为生命奔走，我感到无比光荣！”回首职业选择，蒋小华没有一丝后悔。“如果再来一次，我还会这样选。”

其实，在交通运输部北海救助局飞行队，像这样的救援故事还有很多。自 2003 年飞行队成立以来，他们在渤海上空展翅翱翔，共执行 1219 次任务，救助 1761 名遇险人员，上演了一次又一次“最美的逆行”。面对险恶的风浪和鲜活的生命，他们没有豪言壮语，只说：“每一个出海的人都不容易，让我们护送你们平安回家！”

记者：李慧慧

原载于：2018 年 9 月 26 日中国青年网

原标题：《中国人的故事｜蒋小华：狂涛上的救援“神鹰”》

青年说

新时代，每个人都可以出彩！海上救生员辛苦了！ @网友程程程

@网友陌上花海 面对灾难，唯英雄逆行。向狂涛巨浪中的救助“神鹰”致敬！

我们平安回家了，你们也一定要平安回家！ @网友西域阿文

@网友给未来的自己 冰冷的海水遮不住他们如火的情，他们温暖了海上救援之路，也温暖了我们的心。

“复兴号”首发车长 带你穿越中国的“高铁十年”

早上不到七点钟，官森就来到北京南站综合楼B楼准备出乘工作，今天，她要值乘北京南开往上海虹桥的G7次“复兴号”列车。

官森是北京客运段高铁一队38组列车长，她用10年的时间，从一个普通列车乘务员成长为一名“复兴号”高铁列车长。她是中国高铁十年发展与变革的见证者，更是中国铁路大变迁的亲历者和参与者。

大家说官森把十年青春都奉献给了铁路，官森自己却感觉十分幸运：“因为铁路这个大平台给了我展示的机会，我的青春才有了意义”。

“乘客不满意，一定是服务出了问题”

· 官森在讲解列车服务注意事项（胡云茹　摄）

2007年，得知南昌铁路局福州客运段来学校招聘，即将毕业的官森毫不犹豫地参加了应聘。

一个19岁的东北妹子，有那么多工作岗位可以选择，为什么如此珍惜这个机会呢？原来，官森的父亲也是铁路系统的一员，“从小受父亲的影响，铁路情结早已深深埋在我的心里。”她说。

刚参加工作时，官森是值乘福州至北京、时速160千米的直达列车的列车员。工作一段时间后，她虽然已经捋顺整个工作流程，但服务意识却是被之后的一件事刺激出来的。

有一次，一名带小婴儿乘车的男性乘客找到官森，想要调换铺位。当时，尽管还有预留铺位，但官淼担心中途上人，拒绝了这位乘客的要求。

第二天，她打开这名旅客所在的包间门，看到一个大男人正蜷缩在上铺，给婴儿换尿布。“这一幕让我特别自责，心很酸，眼泪当时就流下来了。”那一刻，官淼意识到自己的服务并不到位，应该多从自身找问题，从乘客的角度提升服务质量。

2010 年，年仅 21 岁的官淼以列车长的身份值乘时速 250 千米的福州至上海的动车组。“跟车第一天，我们换上衣服后美了半天，但是回过神来又觉得很惶恐，立刻理清思路，想好上车要做的每一步。”官淼回忆道。

高铁白天运行，中途站多，停站时间短。针对这些新特点，官淼和同事们提前广播、重点提示。官淼还要求班组成员通过乘客的肢体表现，理解他们的服务需求。要想服务到位，首先要理解乘客的需求。“一次，有位老人反复站起来又坐下，我猜想他要去卫生间或是去接开水，过去一问，果然是要去接水。老人看到排队的人挺多，就一直在犹豫。我就帮他去另外的车厢接了水回来。”

官淼在磨合和摸索中，一点一点在成长的路上前进。当问起高铁服务与以往普列服务的不同，官淼总结道：“高铁服务更清晰、细致。有需求有服务，无需求无打扰，一切问题我们都要预先想到。乘客不满意，一定是服务出了问题！”

“让服务质量跟着车速一起提高”

“这是‘复兴号’吗？”“这是全世界最快的列车吗？”“这么快还能这么稳？”

2017 年，官淼打头阵，值乘时速 350 千米的“复兴号”列车首发车。第一次值乘最快高铁，官淼迎来了一大波好奇的乘客。

乘客问起“复兴号”与以往列车的区别，官淼说得头头是道：“我们的座椅间距比之前加宽了，座椅上方还安装了座位号显示灯，如果这个座位已经售出就会亮起红灯，没有售出会显示绿色，更加直观。座位下方的电源插座增加了 USB 接口，不用带充电头也能充电，很方便。不过大家最喜欢的，还是无线网络全程覆盖。”

“每一次提速都是中国铁路的大事，对于我们一线职工来说更是大事。首先我们要确保旅客平安，在此基础上，我们要让服务质量跟着车速一起提高。”官淼明白，“复兴号”动车组上线运营后，我国成为世界上高铁商业运营速度最快的国家，在这样的列车上工作，服务方法没有先例可循。

为了与我国高铁时代的发展进程比肩，2017 年，官淼在摸索出一定经验的基础上，创建了“和善瑰丽乘务组”。“和善瑰丽”中的每个词都是官淼对工作的总结，“‘和善’二字非常直观，选用‘瑰丽’二字则源于班组大部分成员都是女职工。很多人都说，在北京南站幸福路上看到我们走过，感觉就像是在机场看到空姐。”官淼说：“我们就是要给旅客留下美的一面，让大家一踏上列车就能感受到我们的精神面貌！”

在服务方法上，官淼十分重视创新。孕妇、老人这样的乘客不在少数，他们需要更多的帮助和服务，于是，她首创了“五彩中国结服务法”，粉色中国结代表孕妇，蓝色中国结代表残障人士，绿色中国结代表儿童，黄色中国结代表病人，红色中国结代表老人。一次，有位单独旅行的老人乘坐高铁，他的家人通过服务台找到官淼，让她帮忙照顾。“我们快速帮他找到座位的同时，在他座椅靠背系上了一枚红色中国结，以此提醒我们所有的乘务员。我们不仅会在车上照顾他，还会跟老人的到达站交接。”

· 官淼在老人的座位上挂上了红色中国结（肖雄　摄）

如果说官淼第一次值乘动车时还很青涩懵懂，当她经过十年的历练去值乘“复兴号”时，早已十分沉着冷静。随着高铁一次次提速，官淼也一次次完成着蜕变。

“高铁服务必须跟上百姓的需求”

2018 年，官淼的身影出现在“复兴号”长编组列车 350 千米动车组列车京沪高铁线首发车上。“复兴号”长编组列车相较于普通的“复兴号”而言，不是简单地将 2 组 8 辆列车重联，而是将 2 组列车相接的车头换成正常车厢，座位数增加 41 个，是目前世界上编组最长、时速最快的列车。

经过十年发展，高铁速度提高的同时，人们对服务的要求也越来越高，尤其赶上“互联网 +”时代，一方面，网络让乘车变得更快捷，另一方面，这对官淼和团队的服务又提出了新的要求。

“高铁服务必须跟上百姓的需求！比如在线订餐服务，高铁刚开通订餐服务时，我们都觉得很不可思议。以前，乘客饿了想吃饭，必须到了用餐点才能开饭。而现在，不管乘客几点上车，随时都可以订餐。”对于有固定地址的人而言，在线订餐再简单不过。可是，一旦上了时速 350 千米的列车，如何让订餐的速度和高铁完美配合，为旅客及时提供送餐服务，考验着官淼和团队。

车上车下如何衔接？多长时间送达？送到以后有问题怎么跟商家沟通？官淼抓住高铁订餐的每个细节，带着班组成员对标对表：餐送到车上后在半个小时之内必须送到旅客手中；商家订单出问题，他们直接跟商家联系退款……

在高铁上订餐，很多乘客是抱着试试看的心态。官淼还记得第一次送餐时乘客的惊喜：“现在高铁上居然可以点外卖了，真是太先进、太人性化了！”

“现在订餐选择的范围广，之前因为汤类不方便运输，一般不送汤类，现在为了满足乘客需要，也有鸭血粉丝汤了。”

“让世界看到中国铁路人的风采”

“复兴号”的出现，不仅让国人为之震撼，很多外国友人也惊叹不已。“有些外宾甚至专程来中国，就为了坐一次‘复兴号’，感受一下世界上最快的高铁，感受一下中国速度。”官淼说。

2018 年，官淼将节日庆祝活动引入高铁，让高铁的旅程更有仪式感。元宵节，官淼在车上发汤圆，有乘客说：“过元宵节其实不稀奇，但是在‘复兴号’上过一次时速 350 千米的元宵节，就非常稀奇了。”

当官淼给一位美国旅客发汤圆时，美国旅客一脸不解。“我就跟她解释说：‘今天是中国的传统节日，汤圆是今天要吃的美食。’她听了非常惊喜。”高铁不仅是交通工具，在官淼心中，更是传播中国文化的桥梁。

官淼发现，很多外宾都是组团来坐“复兴号”。可是班组成员在学校里学的英语大多不实用，这大大限制了对外宾的服务能力。眼见外宾越来越多，官淼坐不住了。“我们是中国铁路客运的形象，必须提升大家为外宾服务的水平，让世界看到中国铁路人的风采！”于是，她请来热心于铁路事业的中国传媒大学教授冯琰给她们“开小灶”，还在微信公众号上开了“铁路英文一天一句”栏目，请老师录成音频，供大家学习。一段时间之后，官淼和班组成员便可以全程用英语与外宾交流，有效地提升了对外宾的服务水平。

中国的铁路事业还在不断发展，对官淼来说，未来可能会出现更多新的挑战。不过，官淼并不担心，“莫畏前路纠结，英雄怎能无用”，她为自己能赶上这样的时代而感到幸运。

5点准时起床，上车前整理仪容仪表、带班组开早会、上车后放置行李、检查车票……只有跟随官淼的脚步，才能体会她作为高铁列车长的独特魅力。

十年来，官淼先后被授予全路火车头奖章、全路创先争优党员服务明星、2018全国铁道团委评选的“春运立功竞赛优秀个人”“2018年北京局集团公司十大杰出青年”等荣誉，官淼班组被评为“三八”红旗班组、“十佳女职工标杆班组”。

荣誉很多，最令官淼感到自豪的，却是在工作十周年之际，担任了我国具有自主知识产权的“复兴号”长编组列车首发车长。“对我来说，这纪念意义非比寻常。从时速250千米到350千米，十年来，我与中国高铁共同成长。未来，我还将参与到中国高铁的发展新征程中。”

记者：胡云茹（实习）、李慧慧、张潼

原载于：2018年11月23日中国青年网

原标题：《出彩新时代｜“复兴号”首发车长官淼：带你穿越中国“高铁十年”》

青年说

这就是中国速度！为中国高铁、中国速度点个大大的赞！ @网友怡然自得

@网友常青松 新的一年，新的气象！坐着高铁奔向幸福！让我们与中国高铁共同成长。

以“复兴号”中国标准动车组在京沪高铁实现350千米时速商业运营为标志，中国铁路在勘察设计、工程建造、高速动车组、列车控制、牵引供电、运营管理、安全保障等领域取得一系列自主创新成果，中国铁路总体技术水平迈入世界先进行列，部分技术处于世界领先水平。我骄傲！ @网友宁朵儿

@网友纯情小妞妞 中国的铁路事业还在不断发展，还要迎接更多新的挑战，让我们同“复兴号”一起努力！

他们做事惊天动地，做人隐姓埋名

习近平总书记指出，“两弹一星”精神激励和鼓舞了几代人，是中华民族的宝贵精神财富，一定要一代一代地传下去，使之转化为不可限量的物质创造力。

2019 年 8 月 7 日，北京财政部礼堂座无虚席。由国务院国资委宣传局与中核集团联合举办的“两弹一星”精神和核工业精神宣讲报告会在这里举行。这是继 2019 年 1 月宣讲启动以来举办的第 28 场宣讲，活动遍布 20 余个省、自治区、直辖市的 100 余家单位，覆盖全国 10 多万观众，演出行程达 37650 千米。

是什么样的故事，能引起网友这么多共鸣和感动？故事到底有多“硬核”，10 万观众看不腻？

曾经，一个让祖国强大的信念，让铁道兵和工人浩浩荡荡、十万火急地抢修通往中国西部的铁路和公路，让全国各地的战士、工人组成万人施工大军，昼夜不停地建设我国第一个核武器研制试验基地，让无数留学国外、功成名就的科学家放弃优越待遇、远离城市、家人，献出了青春甚至生命，却依然眷恋。

1964 年 10 月 16 日，我国第一颗原子弹爆炸成功；1967 年 6 月 17 日，我国第一颗氢弹试验成功；1970 年，我国自主研制的第一艘核潜艇成功下水。

这当中，涌现了一批优秀的核工业人，他们身上的共性就是“信仰”二字，他们的伟大在于把一件事干到底，而且干好了。而他们自身就像灯塔，在发光发亮的同时，那些被灯光照亮的地方，也越来越亮。

“原三刀”

原子弹关键核心部件理应由最出色的车工来加工完成。当时已经是六级车工的原公浦在 2000 多人中脱颖而出。经过六个月的集中训练后，原公浦体重掉了 30 斤。上阵时，原公浦手中的最后三刀是关键的三刀，精确度必须达到小数点后三位数，否则核心部件将前功尽弃。原公浦极其专注，车第一刀，停下来量一下尺寸，然后进第二刀，再停下来，量一下尺寸，再进一刀。最后一刀车完了，原公浦长长地出了一口气，几乎瘫在地上。正是因为这关键的三刀，原公浦后来被大家亲切地称为“原三刀”。1964 年 4 月 30 日午夜，检验员报来了喜讯：原子弹核心部件各项数据全部达到设计标准！

“我愿意”

在核工业的创业大军中有这样一位奇女子，她叫王承书。在我国热核聚变领域一片空白的时期，面对完全陌生的领域，早已在自己热爱的专业上功成名就的她，接到钱三强邀请时，毫不犹豫地说：“我愿意！”1961 年 3 月，钱三强希望王承书负责当时属于国家最高机密的高浓缩铀研制工作，面对又一次改行，王承书毅然回答：“我愿意！”1964 年，当我国第一颗原子弹爆炸成功后，钱三强问她是否能够继续为国家的核事业隐姓埋名一辈子，她的答案依然掷地有声：“我愿意！”她用三次“我愿意”和一生许国的坚定信念，实现了最初的誓言。

第一艘核潜艇，没用一颗外国的螺丝钉

在全力组织原子弹、氢弹研制的同时，中央领导十分关心我国核潜艇的研制。毛泽东同志十分坚定地表示：“核潜艇，一万年也要搞出来！”

在开始研究核潜艇时，中国科学家手中所掌握的资料，仅仅只有五张模糊的照片和一个潜艇玩具。留苏归来的彭士禄接到任务，他带领大家学外语、挖野菜，每人每月只有 5 元钱，要省着用。当时，整个研究室核专业出身的人寥寥无几，彭士禄便和几位留苏的同事当起了老师，一边教学一边钻研。当时正值三年困难时期，为保“两弹”成功，彭士禄带领 50 人的队伍，把重点放在关键技术的攻关上，保持研制工作不断线……艰难曲折的道路挡不住科研人员的脚步，1974 年 8 月，第一艘核潜艇“长征一号”正式交付海军使用。这艘核潜艇，没用一颗外国的螺丝钉。

“回国不需要理由，不回国才需要理由”

彭桓武，1938 年冬到英国爱丁堡大学理论物理系读博，导师是鼎鼎大名的玻恩教授。彭桓武在固体理论和量子场论两个领域中取得突出的成就，获得了两个博士学位，这在当时的中国留学生中可谓独一无二。有人问彭桓武为什么要那么坚决地放弃国外的优越待遇回国，他的回答是：“回国不需要理由,不回国才需要理由。”

一个公文包

郭永怀被美国人描述为“既是可以改变世界的人,也是可以征服宇宙的人”。1968 年 12 月 5 日凌晨,59 岁的郭永怀因飞机失事不幸遇难。当人们找到郭永怀的遗体时,发现装有绝密资料的公文包夹在他和自己的警卫员牟方东中间,保存得完好无损。郭永怀全程参与了我国原子弹、氢弹、导弹及卫星事业,在 1999 年,党中央、国务院、中央军委表彰“两弹一星”元勋时,他是唯一一位以烈士身份接受荣誉的。

三个“不能说”

邓稼先 26 岁在美国取得博士学位后,做的第一个决定就是毅然回到当时一穷二白的中国。一天,他告诉妻子自己要调走,当妻子问“去哪”“做什么”“去多久”时,他的回答是三个“不能说”。从那天起,邓稼先开始了和家人聚少离多的生活,直到 28 年后身患重病后,邓稼先才和家人在一起,但一年后,他在妻子怀中离开了人世。

“国产土专家一号”

1967 年 6 月 17 日 8 时 20 分,新疆罗布泊的上空出现了两个太阳,我国第一颗氢弹爆炸成功。这个人造“太阳”的设计者,就是神秘的“国产土专家一号”于敏。

早在原子弹研制工作紧张进行的时候,于敏就带领团队开始着手我国第一颗氢弹的理论研究。计算工作到了紧要关头,于敏说:“我们一定要抓紧时间,高效利用机器。大家分三个组,每组每班八小时,要做到人停机不停,保证计算数据绝不能出半点差错!氢弹能不能由中国人自己设计出来,就取决于我们的计算结果了!”

中国核工业六十多年的发展,就是一部不忘初心、牢记使命的奋斗史。我国核事业的背后是无数个这样无私奉献的科研人员和他们家庭的支持。一个时代有一个时代的担当,一代人有一代人的使命。昨天,他们干惊天动地事、做隐姓埋名人,今天,他们铸就国之重器、打造国家名片。

记者:杨维琼;通讯员:刘洋

原载于:2019 年 8 月 26 日中国青年网

原标题:《中国人的故事|他们:做事,惊天动地;做人,隐姓埋名》

青年说

低调做人，做令人瞩目的事。正是有了这样一批做“高调”事的人，才能让我们的祖国在短短几十年之内做出别的国家几百年才做出的事情。

@网友北京我爱你

@网友可爱团子妈

致敬！共和国脊梁，国之功勋！他们是值得所有中国人尊敬和纪念的科学家！

“在他心里，国为重，家为轻，科学最重，名利最轻。5 年归国路，10 年两弹成。开创祖国航天，他是先行人，披荆斩棘，把智慧锻造成阶梯，留给后来的攀登者。”

@网友超甜妹

刀尖上的“舞”者

《破冰行动》全景式展现了以“第一制毒村”博社村为原型的塔寨村案件侦破全过程，惊心动魄。片中的缉毒警察深入毒穴、舞于刀尖、冒着枪林弹雨，时刻与死神同行。这就是缉毒警察的真实人生。

“敢贩毒，谁都别想逃”

“点点头，花钱不用愁；挥挥手，就是一幢楼。”这是毒贩们企图拉拢原云南省公安边防总队普洱边防支队缉毒警察印春荣时常说的话。在一次办案中，毒贩指着存折对印春荣说：“只要放我一马，里面的 485 万就是你的。”印春荣果断回答：“你别做梦了！”毒贩恶狠狠地威胁：“你不让我好过，我也不会放过你。你休想有好日子过！”印春荣坚定地回答：“不论如何我也要抓你！我要让你们这些万恶的毒贩知道，我是你们的克星！敢贩毒，谁都别想逃！”

30 余年的军旅生涯，28 年的缉毒生涯。印春荣数百次深入边境一线，30 多次乔装打入贩毒集团内部卧底侦查。他不断变换角色，有时是出手阔绰的“大款”，有时是失魂落魄的“马仔”。1998 年以来，印春荣侦破贩毒案件 3234 起，抓获毒品犯罪嫌疑人 4246 名，缴获各种毒品 4.62 吨、毒资 3520 余万元，平均每 3 天破获一起贩毒案件。

印春荣断了毒贩的财路，境外贩毒集团悬赏 100 万元人民币，扬言要报复印春荣和他的家人。每次回家，印春荣都会选择深夜进家门，生怕家人被犯罪嫌疑人盯上。“算一算，我与毒贩在一起的时间比和妻儿在一起的时间多得多。”印春荣曾为缉毒 6 年没回家。“我们在边境多查一克毒品，多抓一名毒贩，百姓就少受一份伤害！”这是印春荣始终不变的初心。

“没时间害怕”

与歹徒面对面枪战、“飞车大战”互撞 10 多次逼停对方、因死死抓住歹徒的汽车方向盘被拖行100多米、在抓捕行动中被患有艾滋病的毒贩咬伤……这些生死瞬间，原湖南省华容县禁毒大队教导员胡光志都经历过。他说：“我很享受这份工作，只有在这个行业里能近距离面对生死，感受正义的力量，那种成就感是任何一份工作都不能带给我的。”

· 原湖南省华容县禁毒大队教导员胡光志（胡光志　供图）

有一次，在胡光志和同事正准备对贩毒嫌疑人黄某实施抓捕时，黄某逃窜至6楼出租屋内，并将门窗反锁。为防止毒贩逃跑，队友到楼下蹲守堵截。胡光志则喊了开锁师傅准备进入毒贩房间。就在胡光志在一楼楼梯口接到开锁师傅准备上楼时，院内突然闯入三名男子，他们一人手持霰弹枪，两人手拿砍刀。“谁是公安？”胡光志大喊：“我是公安。”

胡光志和歹徒的距离只有2米，对方从拔枪到射击只需一秒钟的时间，胡光志果敢地将开锁师傅推开，侧身拔枪反击。狭窄的过道里，胡光志身中两弹，毒贩肩膀被胡光志击中，转身逃跑。“你们干什么！”胡光志一声大吼，忍痛追出去20多米，朝着毒贩又开了两枪。最终因失血过多，胡光志倒在了地上。毒贩的一颗子弹打中了胡光志的左臂，另一颗弹头穿入胸部近10厘米。如果弹头再前进0.1厘米，胡光志就会产生血胸而面临生命危险。

“从拔枪到射击，仅仅一秒，没时间害怕。我只是遗憾没有亲手抓到这三个毒贩。”当天，胡光志的队友们连夜追捕，抓获涉案对象7名，缴获冰毒1000克，收缴枪支3支。无数次负伤，无数次前行，胡光志说：“如果怕死，就不会当缉毒警察！”

“对得起这身警服”

每一次任务面对的都可能是亡命之徒，每一次抓捕都可能再无归期。就在2018年，贵州省贵阳市公安局花溪分局贵筑派出所民警马金涛永远倒在了缉毒一线，再也没有回来。

2018年12月20日，马金涛和同事们在对涉毒嫌疑人实施抓捕时，为避免打草惊蛇，他们选择在门口蹲守。就在嫌疑人打开门的刹那，马金涛冲了上去，嫌疑人负隅顽抗，用一支尖锐的弩箭刺向了他。三角形尖锐的金属箭头，瞬间穿透了马金涛的心脏。他强忍着剧痛，死死抓住嫌疑人的衣袖，鲜血顿时染红了前胸，马金涛倒在血泊中，再也没有站起来。

很多人并不知道，这一天马金涛原本可以不在现场，他本来是要陪妻子去看病的。马金涛得知警情后，主动奔赴现场。"马哥工作忙，想孩子的时候总是打视频电话，孩子总是对着手机亲了又亲。马哥牺牲后，妞妞总是对着手机喊爸爸，我会告诉妞妞，她的爸爸是个大英雄。" 他的同事悲痛地说。小马哥走了，留下了刚满一岁的女儿，离开了他并肩作战的兄弟。"这个娃儿，对得起这身警服。" 马金涛辖区 78 岁的熊国芳老人拄着拐杖，坚持要送 "小马警官" 最后一程。

无论是面对生命的威胁，还是面对凶残的毒贩，缉毒警察的选择只有一个：毫不畏惧，勇往直前。

我们之所以看不见黑暗，是因为有人正竭尽全力把黑暗挡在身后。每一天都有无数个印春荣，无数个胡光志，无数个马金涛，以生命为刃，以鲜血染戟，为我们守护光明。愿万家灯火时，每个缉毒英雄都能平安归来！

记者：李慧慧、曹若鸿（实习）、任光建（实习）

原载于：2019 年 6 月 25 日中国青年网

原标题：《中国人的故事 | 刀尖上的 "舞" 者，现实版的 "破冰行动" 更惊险》

青年说

致敬中国缉毒警！因为他们的存在，才让我们在这片土地上生活得如此安心。 @网友平安阿顺利

@网友深夜想你 为千千万万百姓不再担惊受怕，为千千万万家庭不再分离。警察为了一方平安，挺身而出，他们都是和平年代的英雄！

曾有一首禁毒歌曲这样唱道："向毒贩挥去铁拳，向毒魔亮出利剑，让失足者迷途知返，在全社会筑牢防线。" 坚持标本兼治、多管齐下，做到源头治理、系统治理、综合治理、依法治理，我们必能打赢这场禁毒战争！ @网友世界安康

谢谢你，懂我的坚持

夕阳西下的海边，两个人并肩走着，他给她唱一首《大海》，她给他回一首《最浪漫的事》，他们相视一笑，无须多言，因为“我懂你”。

别人说王继才笨，可王仕花不觉得。岛上所有的仪表设备，王继才全都会修，面对一些影响水文记录的小问题，王继才总是在电话里自信满满：“你们不用派人来修了，我能弄好！”

别人说王继才傻，可王仕花不觉得。上岛那年是改革开放初期，亲朋好友“下海”的“下海”，倒腾水产的倒腾水产，大家都发家致富了，还有船老大问王继才要不要一起干，王继才说：“正是因为咱们守着这岛，所以走私的船过不去，危急情况咱能处理，这是更有意义的事！”

是的，王仕花懂王继才，日升月落，他们一起守护着这个小岛，别样浪漫。

王继才不是好父亲？错！儿子人生关键的几步，王继才比谁都看得明白。

王继才的儿子王志国毕业时，第一考虑的是国企、研究所，希望能多挣钱减轻家里的经济负担，听了这个决定，王继才沉默良久，跟儿子说：“你才踏上社会，就把钱看得这么重，未来怎么办呢？”王志国仿佛被击中一般：是啊，人生的第一步该树立什么梦想？父亲的物质条件那么差，但依然有自己的坚持，那我呢？后来，王志国成了南京边防检查站的一名战士，王继才满是欣慰：“儿子，你在边防，我在海防，咱们是战友，守的都是国门！”

王继才不是好丈夫？错！对一个男人来说，还有什么比有担当、有情义更重要的？

走私的人掏出10万块钱硬塞给王继才求放过，他冷着脸连看都不看一眼：“邪不压正！”可是当时明明儿子的学费都没找落；为了救一个不慎落水的女孩，王继才不顾刺骨的海水……这些年，光是王继才救上来的落水者就有十来个人，可他从不要任何酬谢……

儿子说，他是个有坚守的普通人，他在岛上找到了他自己。

妻子说，他是个有底线的普通人，他对岛的坚持就是他对家的坚持，就是他对国的坚持。

“我慢慢明白，守岛守的不仅是我们一个家，守的还是身后的千家万户。”王仕花手指前方。

岸边灯火跳动，生活宁静安详。

谢谢你，懂我的坚持……

无论是一座岛、一座城，还是一列车，中秋团聚的时刻，有很多人，都在用自己的方式默默守候，只为了大家的岁月静好。

中秋夜的边疆已是漫天冰雪，只能在哨所与你共赏一轮明月。老婆，谢谢你，懂我的坚持。

台风来了，水还没退，所以我不能走。爸妈，谢谢你们，懂我的坚持。

假期里，这里很热闹，多希望能陪你逛逛大城市。亲爱的，谢谢你，懂我的坚持。

高铁上回家的人们笑容满面，今年中秋节还是我值班。爸妈，谢谢你们，懂我的坚持。

今天又安排了几台手术，让爸爸在视频里看看你。闺女，谢谢你，懂我的坚持。

明月当空，你人生第一个中秋节，却没法陪伴在身边。宝贝，妈妈爱你，谢谢你，懂我的坚持。

今天我值勤，中秋大餐拍张照片让我看看吧。亲爱的，谢谢你，懂我的坚持。

万家团圆时，他们还在默默守候；灯火喧嚣夜，他们却驻守在冷月边关；二十四桥明月夜，他们背后有多少个无法欢聚的家庭……这是他们守护这片土地的方式，若你懂，英雄便无悔。

家与国，在这里团聚。

记者：杨月、肖戎川；通讯员：翟晓禾、李颖

原载于：2018 年 9 月 23 日中国青年网

原标题：《中国人的故事 | 谢谢你，懂我的坚持》

青年说

哪有什么岁月静好，我们的岁月静好是别人在守护！——网友@YAN围城

网友@kyle57635：若你懂，英雄便无悔。谢谢你们！

家是最小国，国是千万家，谢谢守护我们的人！——网友@心若止水木子

网友@YATOUYD：坚持的背后是你们的默默付出，向英雄致敬！

毛泽东题词的英雄都是谁?

翻开历史的书页,有这样一些人,毛泽东曾为他们挥毫题词。

他们的英勇让敌人畏惧,他们的选择让国人动容,他们的大义让令人敬仰,他们的热情温暖至今。

他们是谁?

(一)

他有个习惯,每次打仗前都会留下遗书,打完仗再烧掉。

"因为战区全面战争之关系,及本身之责任,均须过河与敌一拼,现已决定于今晚往襄河东岸进发……无论作好作坏,一定求良心得到安慰……由现在起,以后或暂别、永离,不得而知,专此布达。"

1940年,枣宜会战爆发时,他写下这样的"诀别书"。然而,这封遗书,他却再也没能烧掉。

这一场战役,日军投入数倍兵力,只为战胜骁勇善战的他。他将生死置之度外,带领仅有的千余名官兵血战到最后。

最后时刻,早已右臂、右胸中弹的他,从血泊中猛然站起,眼睛死死盯住敌军，满目威严。日寇的子弹射向他，他不曾倒下，以站立的身躯完成了一名中国军人的报国使命。

他就是张自忠。毛泽东听闻噩耗，有感于他舍身报国的精神，为他题词：“尽忠报国”。

（二）

他本可在故乡过上富足的生活，却不远万里来到中国，援助中国的反法西斯战争。

1938 年 3 月，他在延安受到毛泽东接见。“根据我在西班牙的经验，只要在前线附近拥有战地医疗队，75% 的重伤员一定可以救过来。”他说道。因为这句话，中国第一支战地医疗队诞生了。

战事吃紧，伤员不断。为抢时间救伤员，他却不幸感染。弥留之际，他说：“请转告加拿大人民和美国人民，最近两年是我生平中最愉快、最有意义的时日。”

他就是白求恩。在他的追悼会上，毛泽东为他题词：“救死扶伤，实行革命的人道主义。”

（三）

她出生在山西省文水县云周西村一个贫苦的农民家里，从小接受党的教育，积极参加革命斗争。

1947 年 1 月 12 日，山西军阀阎锡山的军队突然袭击文水县云周西村，她因叛徒告密而被捕。审讯中，敌人千方百计诱使她供出其他同志，贿赂不成，又以死相逼。在铡刀面前，她昂首挺胸、义正词严地说：“怕死不当共产党。”

她是刘胡兰，那年，她才 15 岁。1947 年 3 月 26 日，毛泽东听到她的英雄事迹后十分敬佩，心情也非常沉痛。毛泽东轻声念着她的名字，挥笔疾书，题写了“生的伟大，死的光荣”。

（四）

“如果你是一滴水，你是否滋润了一寸土地？如果你是一线阳光，你是否照亮了一分黑暗？”他是喜欢写诗的“文艺青年”。

用现在的话说，他还是热心、阳光的“暖男”。一次，在去沈阳部队的火车上，他遇到一位非常着急的大娘。大娘说，自己是第一次来看儿子，还不知道儿子住在什么地方。看着大娘着急得直抹眼泪，他便放弃了在部队驻地下车，搀扶着大娘四处打听，终于陪大娘找到了儿子。

人们都说，他出差一千里，好事做了一火车。然而，这个热情、阳光、向上的大男孩的生命却永远定格在了 1962 年 8 月 15 日。

那一天，他在执行任务时，不幸牺牲。

他就是雷锋。1963 年，毛泽东亲笔为他题词“向雷锋同志学习”，并说：“向雷锋学习，包括我自己，我也向雷锋学习。”

张自忠、白求恩、刘胡兰、雷锋……这样的名字还有很多。每一个为国捐躯的生命背后，都有一段不应被忘记的英勇事迹；每一个热烈燃烧的忠魂之中，都蕴藏着一种不屈不挠的民族精神。

人民英雄永垂不朽！

策划：杨月、张潼、陈馨怡、石倩颖（实习）；沙画制作：@茗喆；音乐：徐鲤《新中国》；配音：钱明

原标题：《中国人的故事｜还记得这些熟悉的毛主席题词吗？都是题给谁的呢》

青年说

缅怀先烈，致敬英雄，努力奋斗，践诺初心。——网友@空谷幽兰

网友@厚德载物：每一个为国捐躯的生命背后，都有一段不应被忘记的故事。

清明忆英雄，正是有了他们当年的付出，才使我们拥有今天的幸福生活。——网友@格林

第三编

青春是心向光明的守护

十九大女代表的微笑心路

"请交通行费 65 元。""找您 35 元,请拿好发票……"农凤娟,广西交通投资集团南宁高速公路运营公司收费站副站长。2008 年,刚毕业的她来到了三尺岗亭,成为一名收费员。从此,每天上下班花费四个小时,五班四运转的倒班,逐渐成了她工作的常态。

每天对陌生人微笑几千次,常年面对着汽车噪音、尾气和粉尘的困扰以及不断重复工作带来的枯燥乏味,但农凤娟每天早上都会对着镜子给自己一个微笑。这个微笑,是她给自己新的一天的提醒,更是一种自敬。

受了委屈依然微笑服务

以前看别人做收费工作,感觉非常简单,但当农凤娟第一次真正坐在收费亭里独自面对陌生的操作键盘、陌生的人和源源不断的车流时,她感到非常迷茫、不知所措。

当时公司开始推行"微笑服务",但其实大多数过往的司机都没什么回应,农凤娟在心里质疑:"我们的微笑服务到底有没有用?"

2011 年 5 月的一个凌晨,农凤娟发现一辆大巴车的司机企图用伪造的行驶证少交通行费。农凤娟耐心请司机配合检查,结果随车的一名男子情绪非常激动,猛然将矿泉水向农凤娟泼去。

虽然事后大家都觉得当时农凤娟沉着冷静,称农凤娟"淡定姐",但当时农凤娟真的很害怕,什么叫委屈、什么叫不被理解,农凤娟在那一刻全都明白了。

过了几秒,农凤娟缓过神来,还是保持冷静,坚持微笑服务,坚持原则收好通行费。事后第二天,司机特意回到收费站,向农凤娟道歉:"真是不好意思,出了这样的事,你却还一直微笑着,我得向你学习。"

农凤娟明白,货车、客车司机都是在为生活而努力奔波的人。收费员的微笑对他们而言是一种尊敬和抚慰。

笑由心生，才能有感染力

收费员的工作非常单调、枯燥，同样的话语和动作，需要日复一日、年复一年地重复。虽然农凤娟本身就是一个爱笑的人，但对她而言，最大的挑战是如何在枯燥的工作中时刻保持发自内心的微笑。

· 工作中的农凤娟（农凤娟　供图）

平时也会有司机好奇地问农凤娟："你每天都笑得这么开心，是因为你们工作上的要求吗？"其实，只靠单纯训练出来的微笑，是不足以感染他人的。农凤娟相信，笑由心生才会有人喜欢。

农凤娟曾经遇到过同一个司机三次。第一次通行时，他没有对农凤娟的微笑做任何回应；第二次相遇时，他给了农凤娟一个微笑；第三次，他就开口跟农凤娟说话了——他说："你的微笑很好，真的很棒。"还有司机曾对农凤娟说："走了全国这么多高速公路，到了你们这里，你们的微笑和问候，是最让我感到放松和温暖的。"每当听到类似的话语，看到司机们的微笑时，农凤娟的心情就会非常好。

从此，微笑服务于农凤娟而言，多了一种"仪式感"。微笑让农凤娟感受到自己与服务对象之间的温暖互动，让农凤娟有更多勇气面对突发事故，有更多底气应对各种难题。

有一次，农凤娟看到有一辆车突然冒烟了，还发出类似爆炸的声音。农凤娟没多想，就和几个同事提着灭火器冲了过去，先把车里的人带到安全的地方，疏散旁边的车辆，然后迅速用灭火器对车进行冷却。事后想想，这样做其实有一定的危险。车子处理好后，车主一直拉着农凤娟他们的手说感谢。

虽然一天连轴转六个小时非常疲惫，但只要过往的司机和乘客对服务认可，农凤娟就感觉自己的付出得到了回报，自己在平凡的工作岗位上实现了自我价值，那种带有"仪式感"的快乐，就是她继续微笑下去的最大动力。

未雨绸缪，一专多能长本事

刚得知以自己的名字组建"凤娟标杆"团队时，农凤娟觉得非常荣幸。

在农凤娟看来，这是公司对自己工作的认可和肯定，更是对自己的鞭策。农凤娟坚信，微笑会带给整个团队向上向善、不断进取的力量。

2015 年，农凤娟团队逐渐成形，当时总共有 30 人。团队一直在不断吸纳更多优秀的人，不过考核机制很严格，能进入团队很不容易。农凤娟希望通过带动大家共同提供高质量的微笑服务，发挥青年人的榜样作用，更好地服务更多的人。在农凤娟和团队成员的努力下，"凤娟标杆"班组荣获了广西壮族自治区 2017 年度"区直机关共青团员先锋岗（队）"，他们团队中的"微笑标杆"团队荣获了全国第四届"最美中国路姐团队"称号。

十九大会议期间，李克强总理来参加广西代表团讨论时，农凤娟向李克强总理展示了微笑服务，得到了总理的赞许。回到岗位，农凤娟感觉日子比从前过得更充实。除了本职工作，农凤娟还经常去基层做宣讲，去了解一线员工们的想法。

而无论在什么岗位上，只要服务，都离不开微笑，微笑的背后，是积极乐观、不断进取的心态，这是任何行业都不可或缺的精神气质。

把每一件简单的事做好就是不简单，把每一件平凡的事做好就是不平凡。这在农凤娟身上得到了最生动的体现。尽心、尽责、尽力地把简单的工作做到极致，这是农凤娟们所坚持的"仪式感"。这样始终如一的坚持，让人相信，所有的美好，都藏在奋斗之中。

记者：杨月、胡云茹（实习）

原载于：2018 年 6 月 24 日中国青年网

原标题：《中国人的故事｜十九大女代表的微笑心路》

青年说

为这样的敬业精神点赞。加油，你是最美的！ 网友@隔夜豆奶

网友@夜空城旧我梦 每天对陌生人微笑几千次，农凤娟的微笑让人如沐春风。

每个岗位上都有默默付出的人，为他们点赞！ 网友@友爱共和

列车上的“美芳姐姐”

陈美芳是杭州客运段甬广车队的业务员，曾做过十年列车长的她，把一件件不起眼的小事办成了大事，把普速列车变成了惠民列车。多年来，陈美芳把乘客遇到的不便和小事记在小本上，解决这些“小事”，就是她心中“比什么都重要”的大事。

“成为列车员的梦想就在我的心里扎下了根”

1992年，陈美芳跟随父母离开家乡，来到江西鹰潭生活。每逢春节，一家人都要在春运的拥挤中赶火车回乡，当时还没有动车，他们只能坐绿皮火车。

有一年腊月二十八，父亲带着哥哥和陈美芳赶火车。年前的火车站，早已挤满了返乡人。父亲担心挤不上车，就对孩子们说：“等会儿你们往火车上跑，别管我。”

那时陈美芳年纪小，既对拥挤的人群发怵，又不得不使出吃奶的劲儿往车上挤。结果，刚进车厢，火车就开了，人太多，陈美芳只有一条腿能着地，还不知道爸爸有没有上车，担心得直哭。

过了一会儿，陈美芳才听到父亲急促的呼唤声。等到他挤到陈美芳兄妹身边，父亲的白衬衣早已湿透。当时陈美芳对父亲说：“我长大要当列车员，一定让大家得到更好的照顾。”

从那时起，成为列车员的梦想就在她的心里扎下了根。

18岁那年，听说上海铁路局杭州铁路分局招工，陈美芳立刻去应聘，终于成为杭州客运段甬广车队的列车员。作为新人，陈美芳的动作不够快，总拖班组后腿。晚上陈美芳还要负责守车，几乎一夜不能合眼。交完班后，疲惫不堪的陈美芳拖着箱子回到出租房，大哭起来。母亲开导她：“要么好好做下去，要么卷铺盖回家。”

“我不当逃兵！”陈美芳在心里暗下决心。

休息的时候，陈美芳把自己关在房间里练习叠被子、叠毛巾。为了练习车厢开关门，陈美芳连手上磨出血泡也没注意。陈美芳想，别人能学会的东西，自己一遍学不会，就两遍、三遍反复学。

一个月后，车队对新进职工进行考核。抽查提问时，队长问陈美芳车辆紧急制动阀怎么使用，陈美芳一气呵成回答了出来。队长又问了陈美芳几个细节，陈美芳回答得丝毫不差。队长当时就夸奖道："这个小姑娘很用心，知识都掌握了！"后来岗位练兵，比谁铺床单、叠被子的效率最高，陈美芳虽然个子小，但是手脚非常利索，整整一车厢的 66 条被子，在半小时之内就叠完了。终于，陈美芳成了列车员队伍里合格的一员。陈美芳告诉自己，只要用心，没有做不好的！

守护旅客，是一种缘分更是一种责任

2017 年春节前的一天，陈美芳所在的列车突然传出一阵哭声。原来，一名四岁的小男孩贪玩，误将方便面调料撒进眼睛里，难受得"哇哇"大哭。陈美芳按照惯例，先广播紧急寻医。可两分钟过去后，医生还是没有出现。看着孩子的眼睛越来越红，陈美芳非常心疼。

· 工作中的陈美芳（陈美芳　供图）

情急之下，陈美芳想到自己微信里有杭州市第三人民医院耳鼻喉科曾黎主任的联系方式，便赶紧用视频通话联系对方。说明情况后，曾黎主任迅速地给出处理建议："眼睛不能揉，立刻用矿泉水冲洗，滴上眼药水。观察一小时，若没有红肿就到目的地处理，如果有红肿就近下车处理。"曾主任的指导给了陈美芳定心丸，也让孩子的爸爸妈妈放了心。孩子的爸爸妈妈说："虽然普速列车没有高铁的速度，但是服务蛮超前的！"很多乘客都围过来夸奖："有时候我们到医院都挂不上号，没想到在列车上出了问题还能有专家看。"

其实，火车上类似的紧急情况很多，陈美芳琢磨，自己朋友圈里有不少医生劳模朋友，能不能把他们团结起来，为突发疾病的旅客提供在线帮助？

说干就干，陈美芳与浙江大学下属医院取得联系，邀请呼吸科、儿科等科室的11名医生加入“劳模智囊团”，旅客在旅途中一旦遇到突发疾病，马上就可以通过视频电话向医生求助。

在当年的春运中，“劳模智囊团”大显身手。

“车长，快，15号车厢有人流产了！”这是当年春运最危急的情况。经询问得知，这名旅客已经怀孕七周，上厕所时出现意外，一直不停流血。情况危急，列车所在的位置比较偏僻，前方没有具备急救能力的停车点。陈美芳想到了“劳模智囊团”，立刻打开手机求助。妇产科医生周主任立刻在视频里进行诊断指导，陈美芳反复安抚旅客：“这是我们浙江顶尖医院的专家在帮你治疗！一定要有信心！”旅客从极度紧张的状态中慢慢放松了下来，周主任详细询问了她的状况，指导病人保暖、平稳情绪、平躺、喝温水。大家积极配合，经过这一系列有效的措施，旅客终于化险为夷！

春运中急救事件发生了十次，“劳模智囊团”次次救急，如同旅客的保护神一般护送他们安全到达目的地。

“劲霸电池”永续动力的秘诀：以心换心

同事们常把陈美芳比作“劲霸电池”，说她一到车上就神采奕奕。在陈美芳心里，普速列车是惠民列车，虽然速度、设施、设备都跟高铁没法比，但服务却是可比的，所以陈美芳尽可能地让服务水平提高再提高，这是一个以心换心的过程。

· 陈美芳正在了解旅客需求（陈美芳　供图）

以心换心，就要下功夫了解旅客的不便，并下力气解决。陈美芳有一个习惯，上车随身带个小本子，了解到旅客有什么强烈的需求，就记下来并一一解决。异味大是列车厕所面对的大问题，为了解决这个问题，陈美芳团队花了很多心思。探索出“厕所清理六步法”，无论是便池、便器脚踏处、塑料地面凹凸面，还是窗框、窗档、灯罩、镜面，所有地方不留任何死角，从下到上一步步进行清洁，做到无尘、无垢、干净整洁，让列车厕所像家里的厕所一样干净。陈美芳团队还将喷雾器装上香水，及时喷洒，让厕所香气怡人。

在列车上，因孩子到处乱跑引发的安全问题，一直是陈美芳团队担心的焦点。暑假期间，为了让孩子们安全地度过旅途时光，陈美芳和组员们想了很多办法。一开始，大家设计了写有“安全乘车注意事项”的名片，可孩子们很快就把它们丢了。后来大家将安全事项做成书签，分发给孩子和家长，书签既做了安全宣传，又能成为纪念品，一年下来，效果很好。

为了让更多的孩子获得列车安全知识，2017 年儿童节前夕，陈美芳团队在杭州明珠实验小学成功开展了“跟着安安坐火车”列车安全知识宣传活动，装扮成小猴子的人偶“安安”作为形象大使，教导孩子们安全出行。如今，这项活动已经在 9 所学校展开，超过 4000 名孩子受益。陈美芳团队计划用 5 年时间走遍杭州所有农民工子弟学校。

如今，陈美芳团队各方面都在全段名列前茅。“上车见面一杯水、餐后服务补上水、平时服务常送水、昼夜暖瓶不断水。”团队独创的“四水服务法”以及“嘴巴甜一点、微笑多一点、腿脚勤一点”等“十二个一点”工作法得到不少乘客的赞赏。2010 年，甬广车队以陈美芳的名字命名成立了“美芳亲情服务团队”，陈美芳的服务方法得以在全队推广。在这之后，陈美芳和队员从旅客需求出发，开创了列车长服务热线、“爱心服务箱”等多项特色服务。

“把大家当家人，以心换心，让大家心连心。”这是陈美芳一直秉持的原则。近几年，陈美芳班组先后有 17 人走上列车长岗位，“美芳亲情服务团队”也被评为全国铁路“优质服务品牌”。列车上的“劲霸电池”真正有了接续动力，陈美芳对此特别欣慰。

从绿皮车到复兴号，陈美芳亲眼见证着中国铁路的发展变化，个人的成长和铁路事业的发展得以同频共振，每每想到这里，陈美芳就充满了感恩和自豪。人民铁路为人民，全心全意的服务精神会凝聚起一群向上的人，以劳动和奋斗为内核的劳模精神永不过时！

记者：杨月、张潼、胡云茹（实习）

原载于：2018 年 8 月 27 日中国青年网

原标题：《出彩新时代｜陈美芳：列车上的“美芳姐姐”》

青年说

平凡中的伟大，陈美芳是新时代的雷锋。 网友@暖暖

网友@小肉包 新时代，新精神，向最美的列车员学习！

平凡的岗位，创造不平凡的人生价值。 网友@喝醉的猫

网友@一 如果每个人都这样有责任心，社会就会更加美好，责任心不关乎身份，人人都该拥有。

从大凉山走出的“焊武帝”

中国十九冶集团公司南京分公司的小伙子宁显海，被网友亲切地称为“焊武帝”。2017 年 10 月 19 日，在阿联酋首都阿布扎比举办的第 44 届世界技能大赛上，来自四川省大凉山的青年宁显海凭借精湛的焊接技艺获得了焊接项目的冠军。

六年努力，四天绽放。从大山走向世界，宁显海用奋斗诠释最美青春。

学一门手艺减轻家庭负担

· 宁显海获得第 44 届世界技能大赛焊接项目冠军（宁显海　供图）

1995 年 9 月，宁显海出生于四川省凉山州一个偏远小山村的普通家庭。由于当时成绩不太好，初中毕业后，宁显海没能升入高中。

那时宁显海在家乡的一家餐馆打工，看着有腿伤的父亲艰难地用微薄的工资养活一家五口人，看着漂亮的妈妈为照料自己和两个妹妹而过早地白了头发，作为家中长子，宁显海唯一能想到的就是去学一门技术，减轻家里的负担。

可是学什么好呢？从没走出过大山的宁显海，对于学习什么技术一点概念也没有。当时宁显海的堂哥刚从中国十九冶高级技工学校毕业，从他那里，宁显海知道了有一种技术叫焊接。于是宁显海也来到了堂哥就读过的学校，也选择了焊接专业。

当时，宁显海暗自下定决心，不管多苦多累，都要坚持下去，靠着这手艺挣钱养家。正是这份朴素的初心，成为宁显海踏上世界技能大赛之路的原动力，让他从大山深处走向了世界技能舞台之巅。

四年两败，依然坚定前行

在攀西的阳光下，教练周树春老师讲的世界技能大赛的故事，点燃了宁显海心中的梦想。宁显海暗下决心："总有一天，我要成为国家队选手，我要走向世界！"

· 宁显海在车间进行焊接训练（宁显海　供图）

然而，通往世界技能最高舞台的路途，远比宁显海想象的还要艰辛与坎坷。

从 2011 年开始训练到 2017 年摘取金牌，六年时间里，宁显海每天都穿着厚厚的防护服，拿着焊枪训练至少 13 个小时。这六年里，宁显海没有节假日，只有每天不停地练习焊接。焊接车间温度很高，每天宁显海的衣服都会被汗水浸湿，即使穿着防护服，宁显海的身上也都是被焊花烫出的伤疤。看着自己焊的构件一个比一个好，焊缝精度越来越高，外观越来越漂亮，宁显海觉得很欣慰，心里满满都是成就感。

六年时间里，宁显海两次与世界技能大赛擦肩而过。第 42 届世界技能大赛，宁显海的师兄王晨宇获得优胜奖，宁显海以一个名次之差无缘国家队；第 43 届世界技能大赛，宁显海的同班同学曾正超夺得焊接项目冠军，宁显海止步于全国"5 进 2"选拔赛。看着一同训练的同门师兄弟陆续"成名"，宁显海的心里有些失落，但是更多的是再次奋进的动力和勇气。

四天绽放，中国红闪耀世界

世界技能大赛焊接项目的评分标准非常严格。焊碳钢，手工电弧焊和气保焊的焊缝宽度不能超过 2 毫米，余高差不能超过 1.5 毫米；焊不锈钢，氩弧焊的焊缝宽窄和余高都不能超过 1 毫米。这分毫之间的距离全凭手感，只有每天不停地重复练习才能掌握。

2017 年 10 月，经过激烈的国内选拔，在阿联酋首都阿布扎比，那个曾经对宁显海来说遥不可及的梦已经触手可及。

大赛前的最后几天，宁显海依然不放松对自己的要求，每天早上 6 点半起床到半夜 12 点，除了吃饭的两个小时，集训车间里炽热而绚丽的焊花从未熄灭过。凭借过硬的技术，宁显海终于拿到了梦寐以求的世界技能大赛入场券。

2017 年 10 月 15 日，宁显海迎来了“决战”。燃烧着蓝色烈焰的焊枪，就像随宁显海征战沙场的锋利宝剑。宁显海的对手是来自全世界 33 个国家的焊接高手，赛场上哪怕有一丁点的失误，都可能让自己遗憾一辈子。经过 4 天总时长 18 个小时的激烈比赛，宁显海完成了四个模块比赛作品，得到了场内外专家的交口称赞。通过多方综合评分，宁显海以 94.63 分的成绩打破了项目的世界纪录，使中国队蝉联焊接项目冠军。阿布扎比时间 10 月 19 日晚，宁显海身披五星红旗，登上了焊接世界冠军的领奖台。

未来，这个肯吃苦、知努力、懂感恩的新时代青年，一定可以感染更多青年技术人才，带领中国从制造大国真正走向制造强国。

记者：刘喆

原载于：2018 年 6 月 30 日中国青年网

原标题：《出彩新时代｜从大凉山走出的“焊武帝”：让中国焊花绽放世界之巅》

青年说

肯吃苦、知努力、懂感恩，这才是新时代青年该有的模样！——网友@木子听笙箫

网友@阿秋湫云：真正的工匠精神就是不断超越自我、不断精益求精。

奋斗新时代，出彩新青年，这才是最美的青春！——网友@共青团北京市12355

网友@南容就是我：小伙子，好样的！你是我们大凉山的骄傲！

穿越秦岭的铁路人

有这样一群人——他们在铁路线路上，在灯光和机器轰鸣的声音里，在车轮与铁轨的碰撞中，日夜辛劳，守护着一列列“铁龙”飞越。他们，就是穿越秦岭的铁路人。

攀岩峭壁的“蜘蛛侠”

2018 年 6 月 5 日上午 10 时 32 分，幽静的秦岭山中酷暑难当，宝鸡工务段观音山桥隧养修工区的七名职工正在 K37+741 山体上紧张地排查山体隐患。他们肩扛镰刀，手持铁钎、大锤，穿梭在茂密的杂树丛中，攀爬着足有五十度的陡坡，胳膊被杂树上的利刺扎得通红。

山中的小道有的临近悬崖边，工长车建国在前面开路。他双手戴着白布手套，紧握着大镰刀，边走边砍着小道上的树枝。“后边的人注意看着脚下的路，别被绊倒了！”

据车工长介绍，他们管内共有 38 座山头、33 座桥梁、30 座隧道、19 座涵渠，以及Ⅰ级点 1 处、Ⅱ级点 6 处、Ⅲ级点 11 处、危石 71 处。管辖内铁路都靠近陡峭的山体，山体的岩层构造多样复杂，再加上这里夏季高温多雨，每到防洪雨季，滑坡、溜塌、泥石流、落石、危树上线等都可能随时发生。虽然面临着巨大的防洪压力，但是他们还是坚持了下来，三十多年来管内平安无事。

· 西安铁路局职工正在处理活石（西安铁路局集团公司党委宣传部　供图）

“这儿有一处活石，需要处理一下！”11 时 27 分，职工李军迅速爬到危石处，查看周围的情况。“石头长 25 厘米，宽 14 厘米，高 12 厘米，可以搬动！周围大树根基稳固，山体无裂缝！可立即处理！”李军抓牢扶稳后，将石头递给平坡上的赵建忠，赵建忠抡起大锤，将小石头砸碎成小块状。赵建忠说：“发现的危石最好破碎处理，防止山体溜塌或者地震等自然灾害使未经处理的石头再次滚落，造成崩石灾害。”

一路上，看见镶嵌在山石中间的石头，确认根基稳固后，他们拿出路基台账本，在重点病害库中做好记录，然后拍照留存电子资料，最后拿出红喷漆，给危石喷上号码，便于下次观测记录。整个过程中，查看、测量、分析、记录、入库、处理，每个流程都井井有条。

12 时 34 分，车工长发现几棵小树旁存在一处危石，在认真检查周围地质条件、岩石层理、流水路径后，他拿出上山随身携带的铁钎，探明石头的深度，及时处理完毕。

18 时 47 分，大伙儿完成了对三座山体的全面排查。当天共处理活石 9 块，标记孤石 5 块，修理上山小道 1.4 千米，填埋坑洼处所 13 处。

“天车第一哨”，精准指挥“零差错”

中国铁路西安局集团有限公司宝鸡机车检修厂联合检修库内，检修车间职工正紧锣密鼓地进行着机车落车组装作业。

“吁吁……”一声声嘹亮而有节奏的哨子声，从一台待解体的 SS7E 型机车旁传出。一位五十多岁、身着深蓝色工作服的职工，来回穿梭于机车与检修台位之间，边吹哨子，边娴熟地打着手势，并不时探下身子，顺着手电筒的灯光，仔细检查着车体与走行部的连接部位。不一会儿，在哨声和手势的指引下，两台 50T 天车将 80 余吨重的机车车体与走行部分精准组装到位。整个作业过程犹如一场“达人秀”现场表演。

他就是被干部职工们称为“天车第一哨”的检修车间天车指挥郝春有。郝春有因指挥吊运的配件体型庞大，指挥技术精湛，连续多年指挥操作“零差错”而得名“天车第一哨”。一个哨子、一把手电筒就是郝师傅工作的全部“家当”。

指挥天车，不仅需要指挥者熟练掌握不同天车性能、司机操作水平，更需要指挥者与天车司机、检修人员之间默契配合。为了让天车停得稳、停得准，郝师傅经常与天车司机和检修人员进行交流，让工友们帮他“挑刺儿”，直到将每声哨音吹标准，每个手势比到位，大家在日常交流中有了更多工作上的默契。尽管这样，每次指挥抬落车时，郝师傅还是围着机车跑前跑后，反复确认每个部位解体或组装情况，等车体安全到达指定位置后，才松一口气。

据粗略统计，仅 2017 年，郝师傅累计成功指挥 1270 多次抬落车及大部件的安全吊运任务。

“铁丝吴”的艺术人生

威风凛凛的变形金刚、展翅高飞的雄鹰、金光闪闪的貔貅双子……宝鸡机车检修厂微展厅内的一个展台上，摆满了一件件栩栩如生、惟妙惟肖的金属工艺作品。这些活灵活现的作品，出自“90 后”吴金磊之手。

吴金磊是一名机车检修工，主要负责各型内燃机车电器间检修工作，整日与机车线缆和螺丝打交道。偌大的机车内部有成千上万的线缆，让人眼花缭乱。可在吴金磊眼中，这些粗细有别、五颜六色的机车线缆，仿佛就是一件件艺术品，而他的工作就是在搞艺术创作。这一切，与吴金磊的个人爱好——金属工艺制作密不可分，因为这个爱好，吴金磊被工友们称为“铁丝吴”。

八小时之内，吴金磊把对线缆造型的痴迷带到了工作岗位上。吴金磊坦言，自己每次一看见设备上连接的电线就觉得特别亲切，千方百计要把它做好，保证不出任何纰漏。工余时间，他发挥创造力，自制机车零配件存放架，有效解决了零配件装错的问题。参加工作以来，吴金磊检修机车 120 多台，从未发生过一次质量问题。

八小时之外，吴金磊是个典型的“宅男”，一心扑在花花绿绿的金属线缆上。吴金磊说：“我从上高中起就喜欢铝线编织。小时候，我看到街边有人卖金属线编织的工艺品汽车，爱不释手。”从此，他开始尝试用金属编织工艺品。然而，一起步他却走了弯路。“当时不知道用什么材料编织，就在路边的五金店买了一段铜线，没想到铜线特别硬，我费了很大的劲儿，却做得不理想。”吴金磊说。后来，他慢慢摸索，四处寻找合适的材料，最后找到了五颜六色的铝线。

· 吴金磊编织的铝线工艺品（西安铁路局集团公司党委宣传部　供图）

制作铝线编织工艺品要

经过构思、画草图、搭骨架、做配件、组装等环节，十分复杂。吴金磊静得下心，业余时间几乎都在和铝线“打交道”，工具不顺手就自己做，先后做了十多件。随着时间的推移，他的作品越来越精致，越来越受到大家的喜爱。

各种铝线在吴金磊的脑海和手中缠绕、弯曲、开合，变成了机器人的头颅、臂膀和炮筒，动物的羽毛、鳞片或利爪，日常生活中的桌子、日历、摩托车等，组成了一个独特的模型世界。几年下来，吴金磊已创作近万件作品，累计使用金属铝线 1.2 万多米，“大黄蜂”“龙凤恋”“永不凋谢的玫瑰花”等创意作品在网上热销，深受消费者喜欢。

“用户满意，是我最大的快乐”

“您好，这里是宝鸡机车厂售后服务部，请问有什么能为您服务？”每天，这样的电话，连继革能接数十个。每一次，连继革都耐心指导，认真讲解。

出生在铁路世家的连继革，从小对铁路有着深深的情结。参加工作后，他把全部的精力都倾注到机车检修上，逐步成长为全局乃至全路机车检修领域的“技术专家”。

· 工作中的连继革（西安铁路局集团公司党委宣传部　供图）

2009 年 11 月，连继革受邀到乌鲁木齐机务段开展技术援助。在 40 多天的时间里，他每天起早贪黑，冒着零下 20 多度的严寒，认真做好机车防寒改造及整备、调试等工作，圆满完成了精伊霍铁路热滑试验。从机车入库引车到部件解体检修，连继革事无巨细地讲解示范，手把手传授技能，在同行中树立了工人技术专家形象。

机车检修的最大难点就是处理机车故障。在一次走访用户中，有机车乘务员反馈，SS8 型机车运行时曾出现辅机自动开关频繁跳脱的现象，但故障时有时无，难以判断。连继革立即找来 SS8 型机车技术图纸，仔细分析查看，并上车反复试验，但由于该故障较为“隐蔽”，一时难以找到“病灶”，对症下药。后来，厂里有一台准备上线试运的 SS8 型机车发生类似现象，检修人员在问题处理时产生了不同意见。在大家束手无策时，连继革提出了一个大胆的设想：“是不是技术图纸出了岔子？”还没等他把话说完，当即就招来一片质疑声，有几十年经验的老师傅都明确表示反对。面对质疑，连继革没有过多的解释，他对照机车控制原理，认真排查，终于找出了技术图纸中的设计缺陷，使这一故障得以彻底消除。后来，这个方案还得到了太原、洛阳等机车大修厂家的认可，并逐步在全路进行了推广。

2015年，连继革调至厂营销服务部，专门从事机车售后服务工作。在新的岗位上，连继革一方面充分发挥专业特长，做好机车检修技术支持；一方面用真诚服务和耐心、热心去化解矛盾，使售后服务工作变得更加顺畅。

“用户满意，是我最大的快乐！”为了加强与检修用户的沟通交流，连继革牵头建立了全路18个铁路局下属机务段及地方铁路用户档案，制定相关规章制度，使售后服务工作更加科学规范。两年多来，他累计指导处理质量问题590个，组织售后服务1879人次，为保障铁路运输安全畅通做出了自己应有的贡献。

交通强国，铁路先行。温馨出行的背后，是铁路人寒来暑往、年复一年的付出。选择了这个职业，就意味着一种责任、一腔奉献、一个使命。坚守，是铁路人无悔的选择，也是铁路人最美的告白。

记者：马珊、李慧慧

原载于：2018年6月28日中国青年网

原标题：《出彩新时代｜发现最美铁路，穿越秦岭的铁路人》

青年说

坐在平稳车厢里的我们时常忽略了——这平稳，是一代又一代铁路人的努力和汗水换来的，向他们致敬！——网友@蚂蚁大都市

网友@鹤舞巾峰：他们把最美的岁月留在铁路线上，见证了中国铁路事业的腾飞。

感谢他们的守护，因为他们才有了我们的安全出行。——网友@LittleParrotZX

网友@璇仔呆呆呔：坚守，是铁路人无悔的选择，也是铁路人最美的告白。

手捧一颗赤诚心，只愿干好一件事

薄雾笼罩着古朴静谧的村落，黛瓦白墙，远处的山默然耸立，洁净的小道蜿蜒向前延伸，这里是浙江省湖州市安吉县递铺街道鲁家村，风景宜人，让人流连忘返。七年，曾经污水横流、垃圾遍地的破落村庄华丽蜕变，成为首批国家农村产业融合发展示范园之一。

手捧一颗赤诚心，只愿干好一件事——让老百姓笑起来。造就鲁家村变化的带头人、鲁家村党支部书记朱仁斌，是电视专题片《榜样 3》的嘉宾，是央视一套黄金档电视剧《青恋》男主角的原型。点绿成金、美丽乡村，他有什么秘诀？

一定要想办法做一些改变

如果朱仁斌按照既定的生活轨道，他的一生都将平平顺顺，但辗转商界数十载的他，在 2011 年做了一个决定，这个决定改变了他后半辈子的人生走向。

那天中午，村里的干部来找朱仁斌，说移动公司准备用鲁家村村头的土地建设信号发射塔，想要以一亩地 2 万元的价格征收鲁家村 0.45 亩土地。朱仁斌到实地查看后，发现选址的地方就在鲁家村的村口，这对今后鲁家村的发展很不利。于是，朱仁斌就去找村干部，提出了自己的想法。但当时村委会说，这件事他们已经决定了，朱仁斌无功而返。在回去的路上，朱仁斌一直在想，这本来是一件惠民的事情，为什么不能再“多走一步”呢？对于这种决策，朱仁斌感到深深的无奈。自己的根在安吉，家在安吉，却无力改变一些跟自己和乡亲们切身利益相关的东西。朱仁斌觉得这样不行，一定要想办法做一些改变。

于是，自己做书记的这个念头，在朱仁斌的脑海中诞生了。

“要坏风水就先从我们家开始”

当上村支书的朱仁斌，觉得自己有能力，有干劲儿，想真心实意为鲁家村做点事情。但很快，朱仁斌就意识到，事情远不像他想象得那样简单。

第一次参加县里面的党员干部培训，刷新了朱仁斌对鲁家村的认知。全县 187 个党支部书记竟然没有一个人知道安吉县还有一个鲁家村，直到朱仁斌说递铺的监狱就建在鲁家村的村头时，大家才对鲁家村有了一个概念。

的确，当时的鲁家村在全县完全没有存在感。可这片土地养育了他，成就了他，朱仁斌实在不忍心看鲁家村就这样破败下去。从县里面回来以后，朱仁斌决定先从整治村庄卫生这件小事做起。他觉得，村子跟人是一样的，破旧没关系，只要干净整洁，就能立起来形象。

说干就干。村里的账面上只有 6000 元，负债却高达 150 万元，这让想要大刀阔斧干一番事业的朱仁斌为了难，这些钱连购买垃圾箱的零头都不够。可是事情不能因为没钱就此终止，新的村班子组建好以后，如果不做一点实事，怎么能让村民信服？朱仁斌觉得，整治环境这件事，不仅要做，还要做好！于是，他就瞒着妻子，悄悄从自己家的账户中拿出来了一笔钱，用来购买垃圾桶。

谁知，钱的问题刚解决，更麻烦的事情接踵而至。村民们不愿意在自己家门口建垃圾池，觉得会破坏风水。还有人认为，扔个垃圾都要管，朱仁斌就是在没事找事。鲁家村几十年来都没有任何变化，凭什么他朱仁斌一上任，村民就要老老实实听他的话呢？更何况，当时村民根本就不相信村委会有这个能力。

村民对他的误解，朱仁斌全都知道。他在这片土地长大，非常清楚村民的秉性，他们很善良，但是观念很保守。

于是，朱仁斌带着村班子的成员走街串巷，一家接着一家去游说，并且还带头在自己家门口建了垃圾池，说：“要坏风水就先从我们家开始！”

村民们渐渐被朱仁斌赤诚的心和锲而不舍的精神打动，反对的声音慢慢少了许多，治理村子卫生这件事在鲁家村顺利推行。

干净是美丽乡村建设的底色。有了这样的底色，鲁家村在 2014 年的卫生评比中，“逆袭”为全县第一。一同改变的，还有村民保守的思想观念。

“你给我出去”

看见越来越干净的鲁家村，朱仁斌心里很开心，但是只做这些还不够，在他心中，还有一张更宏伟的蓝图。

朱仁斌想要试着用办企业的思维来发展鲁家村，进行美丽乡村建设。跟村班子成员商量后，朱仁斌决定先从建设中心村开始，第一步是拆掉破旧的老房子。当时，村委会旁边就有这么一栋老房子。村民彭吉喜觉得赔偿的钱太少，要求再多赔偿 5 万块钱。村里不同意，因为赔偿标准是经过三轮讨论以后确定下来的，不能因为某一个人改变规则。于是，村干部轮流去彭吉喜家做工作，来来回回差不多二十几次，彭吉喜还是不同意。无奈，朱仁斌只能自己亲自上阵。

朱仁斌刚到彭家，彭吉喜就说："朱书记，我知道你为什么要来。我还是那句话，只要你们给我加 5 万，我就同意拆迁，否则，我的房子一直在这里，你们的项目也没有办法推进。"

朱仁斌觉得这钱不能加，不然就对其他村民不公平。朱仁斌说："不行，这个钱无论如何我们都不会给你加的。"

谁知朱仁斌刚说完这句话，彭吉喜突然暴跳如雷。彭吉喜走到门边，俯身拿起棍子，一只脚在门内，一只脚在门外，冲着坐在屋里的朱仁斌喊道："既然不加，那我们还谈什么？你给我出去！"

朱仁斌坐在座位上，他清楚地知道自己今天出去以后就进不来了。他如果不做这件事的话，又能由谁来做呢？如果今天给彭吉喜加钱，那么对之前配合他做拆迁工作的村民来说，就是极大的不公平。他不愿意辜负乡亲们的信任，同样也不能亲手打破自己定下来的规则，朱仁斌再次下定决心，这个钱，不能给。

彭吉喜见朱仁斌完全没有反应，就继续在门口谩骂，声音越来越大："朱仁斌，你一个书记，这点小事都做不了主，还当什么书记？你给我出去！"

听到这句话，朱仁斌瞬间懵了，强烈的自尊心让他脑部充血，直接想起身走人。自己一个办企业的人，放着好好的日子不过，跑来这里受人家的谩骂，图什么呢？自己只是单纯地想为家乡做点事，真心实意地做一点贡献，怎么就这么难？

这时，一直坐在朱仁斌旁边的村委会主任起身走到门口，把彭吉喜拉进屋，顺手把门关起来，说："你把门开那么大，蚊子会飞进来叮我们的。"村主任的这句话，成功化解了朱仁斌的尴尬，他耐着性子把自己的火气压了下来，用尽量平和的语气说："彭叔，来，咱们俩再聊聊。"

彭吉喜进来以后，还是有点气不过，但同时又觉得自己刚才做得有点过分，便不再说话。朱仁斌看了一眼余气未消的彭吉喜，说："彭叔，不是我朱仁斌抠，我也想做一个好人把这笔钱给你，但是我是一名书记，今天我开了这个先例，那么下次我是不是还要打破规矩？长此以往，我还怎么管理鲁家村？"彭吉喜见朱仁斌还是坚持，想了想，无奈地说："朱书记，我看这钱我是要不到了。算了，你是一个大公无私的人，我就不为难你了。这钱，我就不要了。"

这件事情解决以后，朱仁斌对拆迁工作更有信心了。没有什么是过不去的坎，如果过不去，那就是不够努力。朱仁斌相信，真心真意地付出，村民都看得见。他们或许一时之间不明白，但时间久了，总是会理解的。在接下来的拆迁工作中，朱仁斌一鼓作气，带领村干部一次次上门说服那些不同意拆除房子的人，让村民成为建设美丽乡村的真正参与者与支持者。

绿水青山渐渐回归本色。

做的一切都值得

2012年大年初一，朱仁斌去村委会值班，在楼下的商店买了鞭炮，准备在门口放一下，增添一点年味。彭吉喜提着一包鞭炮从商店里走出来，看到朱仁斌以后，彭吉喜眉开眼笑地对朱仁斌说："书记，我今天特别高兴。今天有人来鲁家村走访亲戚，结果因为鲁家村发生了这么大的变化，找不到亲戚家在哪儿了。我今天上午就一直在这里给他们指路。"

彭吉喜讲话时露出的高兴劲儿，让朱仁斌有一阵恍惚，觉得一切好像有点不真实。

不多会儿，村委会门前聚集了一些村民，他们有人买来了爆竹，一时之间，广场上百花齐放，场面特别壮观。看着这种场景，朱仁斌的心被填充得满满的，他觉得，自己之前做的一切都值得！

绿水青山有了，如何变成金山银山？朱仁斌绞尽脑汁做了一件大胆的事——用300万请专业的团队为鲁家村制定旅游规划。在招商过程中，朱仁斌因天天揣着PPT，被大家亲切地称为"PPT书记"。

在七年时间里，朱仁斌带领鲁家村探索出了一个能真正解决三农问题的办法，他创造性地推出"公司+村+家庭农场"的"鲁家模式"，理清了村集体与村民、工商资本与农户的共建共享关系，村集体通过财政项目资金转化为股本金，实行"统分结合、双层经营"的理念，保证了鲁家品牌的统一性和市场经营的灵活性。

经过几年的建设，鲁家村集体经济收入从2011年的1.8万元到2017年的333万元，人均年收入从2011年的14700元到2017年的35615元，村集体资产从2011年的不足30万发展到如今的2个亿。

· 朱仁斌（肖亚雄 摄）

“鲁家村能取得今天的成绩，靠的是一步一个脚印，苦干加巧干，靠的是父老乡亲的支持，他们最可爱！”朱仁斌走在田间地头时，村民们一看到他，就会亲切地跟他打招呼，说：“朱书记好呀！”“朱书记，你做得很辛苦，我们感谢你。”

看到村民脸上的微笑，朱仁斌情不自禁地跟着笑了起来。只有他自己知道，为了这个笑容，他付出了多少。那无数个通宵的夜晚，常驻眉间的“山川”，都在悄然溶解……

记者：张瑞玲

原载于：2018年12月20日中国青年网

原标题：《出彩新时代｜朱仁斌：手捧一颗赤诚心，只愿干好一件事》

青年说

新时代基层干部的工作作风令人感动。朱仁斌是人民的好干部！ —— 网友@山高路远林密

网友@北派五爷朕东写西读X —— 手捧一颗赤诚心，只愿干好一件事，致敬！

七年，曾经的污水横流、垃圾遍地的破落村庄华丽蜕变，成为首批国家农村产业融合发展示范园之一，朱书记为此付出了太多！ —— 网友@只要你喜欢梅西

网友@云型入格 —— 我们需要这样的致富带头人，点赞！

愿为“天下无毒”拼尽一生力量

“缴获25公斤毒品是什么概念？”

“平均每缴获1克高纯度的毒品就能挽救4个家庭。25公斤就是10万个家庭！”

心有大爱，负重前行。在光明与黑暗的较量中，缉毒警察们是守护世界的“隐形”英雄，他们一次次直面危险，一次次在刀尖行走，用生命守护万家安宁。

昆明铁路公安局禁毒支队支队长陈久如已在缉毒岗位工作了23年，先后荣立个人一等功2次、二等功2次、三等功7次，被评为全国二级英雄模范、全国特级优秀人民警察、全国禁毒先进个人，曾在人民大会堂受到习近平总书记的亲切接见。

陈久如说：“我愿为‘天下无毒’拼尽一生力量。生命不息，战斗不止。”

与毒枭斗智斗勇

2007年夏天，陈久如参与侦办公安部督办的“8·26”利用特殊人群贩卖毒品专案。

“嫂子”是个很奸诈狡猾的大毒枭，被抓后，她答应配合公安干警们抓捕另一个大毒枭“胜强”。缉毒十年、经验丰富的陈久如成为侦查卧底的最佳人选，他要化装成购买毒品的老板，和“嫂子”一起去见“胜强”。“那是一件很危险的事情，选我去是上级对我工作能力的认可。”出发之前，陈久如一直在思考该如何取得毒枭“胜强”的信任。陈久如不仅要保证自己的安全，还需时刻关注“嫂子”是否会在关键时刻“反水”。自己绝不能让“嫂子”逃跑，并且要促成这场“交易”。

交易中，狡诈的“胜强”对陈久如百般试探，甚至要求他亲口尝一尝毒品。陈久如没有迟疑，他镇定地拿起毒品，熟练地“验货”。陈久如知道，“胜强”正通过一些细节来判断他是否可靠。“真正贩毒的人不沾毒，但他一定是懂毒品的。”陈久如凭借多年的经验准确地验出货的质量，打消了“胜强”的疑虑，最终成功对其实施了抓捕，当场缴获毒品 25 公斤、毒资 298 万元，还有 1 支已上膛的手枪。

作为“刀尖上的舞者”，陈久如曾 157 次化装深入毒窝，与毒贩狭路对决、斗智斗勇，为了工作，他一度隐姓埋名、数次搬家、从不出现在公众场合，直到现在，陈久如还一直保持着回家之前多转三圈的习惯。

“缉毒工作虽平凡，但我挽救的是千千万万个家庭”

毒品是万恶之源，一颗小小的冰毒，就会毁掉一个青年、破坏一个家庭。近几年，陈久如带队破获了两起公安部督办的跨国特大涉黑涉毒案，解救被胁迫出境运毒的中国公民 36 名。

2018 年，陈久如注意到有境外毒贩在网上发布广告，招聘人体运毒人员。四川、重庆、贵州等多地也有此类情况。“我们对他们的行走线路、毒品来源地及毒品的包装方式、目的地进行了串并，发现这是一个幕后有组织、通过网络招募大量‘马仔’到境外带毒品、通过昆明运到中国内地多省份进行贩卖的网络贩毒团伙。”让陈久如震惊的是，他们招募的还有青少年和在校大学生！

被招募人员抵达国外后，贩毒集团除了给他们洗脑，还将他们的手机、银行卡、身份证等物品收走，使其失去人身自由。每名运毒人员被要求吞下一块用胶袋包装的重 350 克的毒品。“有一名叫杨某的人因为吞不下去，就被活活打死，然后抛尸山岭中。”了解得越深入，陈久如就越对这些毒贩恨之入骨。

赴境外工作组行动异常艰辛，一轮又一轮识别、打击、抓捕……在公安部的部署指挥下，云南、重庆、四川等地及铁路公安机关先后开展 25 轮联合收网行动，陈久如和同事们终于摧毁了长期盘踞在境外的多个跨国贩毒团伙。

陈久如清楚地记得把被招募人员解救出来后，有些在外地打工的父母以最快的速度赶到，上前抱住那些只有十几岁的迷途孩子，有人在失声痛哭，有人在忏悔。有一位妈妈哭着拉住陈久如的手不肯松开：“恩人啊！孩子走上歪路，是我们没做好父母！在这一辈子最困难、最黑暗的时候，是你们救了他们，挽救了我们这个家庭！”

“贩毒团伙招募了大量的‘00 后’，这些人到了境外以后，只要带了毒品出来，一旦被警方抓获，350 克毒品的量刑起点基本在 15 年以上，这么一个年轻的、有朝气的、今后可以为社会做贡献的人，就因为这么一次的经历，搭上他的一生。”

陈久如永远也忘不了那个场景——几十个家庭的父母把孩子抱在怀里痛哭，后悔、庆幸、害怕、感激，百感交集的真情流露深深地感染、震撼着他，让他觉得自己这么久以来的努力，没有白费！“缉毒工作虽平凡，但我挽救的是千千万万个家庭。”他说。

“把幕后网络打掉，让人无毒可吸”

每当看到毒品让无数个家庭家破人亡、妻离子散，陈久如就会问自己：“缉毒警察存在的意义在哪里？”

缴多少毒品、抓多少人都不是陈久如的目的，他心里想的是把毒品流通的通道断掉，釜底抽薪！“把幕后网络打掉，让人无毒可吸！我们所有的工作都是围绕毒源进行，把毒源堵在外面，不要进来！”

这不仅是一线缉毒警察的愿望，更是国家禁毒的决心。2015 年 6 月 25 日，习近平总书记在北京亲切会见全国禁毒工作先进集体代表和先进个人，并发表重要讲话。禁毒工作事关国家安危、民族兴衰、人民福祉。坚持对毒品违法犯罪“零容忍”，以“端制毒窝点、打贩毒团伙、控吸毒群体”为重点，五年来，全国共破获毒品犯罪案件 63 万起，打掉制贩毒团伙 3 万多个，抓获犯罪嫌疑人 78 万名，缴获各类毒品 400 余吨，打击毒品犯罪战果逐年递增。

“净边”行动、“川 01”行动、“猎剑－黑武士”行动……2015 年至今，全国禁毒部门创新开展禁毒专项行动，有针对性地打击不同毒品犯罪对象，有效遏制了毒品蔓延。“4・14”打击制毒犯罪工作机制、“5・14”堵源截流工作机制、创新网络扫毒工作机制……2015 年至今，不断创新的工作机制使全国禁毒部门的工作效能节节攀升，斩断了制贩运输毒品的多个途径。

“我将不忘初心、牢记使命，以实际行动护佑国泰民安，永远奋战在禁毒斗争的第一线！”陈久如目光坚定。

记者：张瑞玲、王成懋（实习）、曹若鸿（实习）；通讯员：史珂维

原载于：2020 年 6 月 26 日中国青年网

原标题：《中国人的故事 | 陈久如：愿为“天下无毒”拼尽一生力量》

青年说

向战斗在禁毒一线的人民警察致敬。他们不怕牺牲，为国为民，开展缉毒工作，打团伙，破大案。 @网友张大帅

@网友沉默是金 一定要保护好这些缉毒英雄还有他们的家庭，为保国家平安，他们付出太多，只求他们平安！

珍惜生命，远离毒品，向身处危险、坚定前行的缉毒警察致敬！ @网友鲁艺兵

@网友浅笑安然 缉毒警以生命为刃，以鲜血染戟，用最坚定的信念和毒品抗争到底！请远离毒品，不要再让我们的英雄受伤！

“光明”医者姚玉峰

角膜病是一种致盲性常见病，中国角膜病人大概有1000万人，其中因角膜病致盲的有300万人。全世界的眼科医学界从1906年就开始钻研攻克角膜病这一国际难题，其中角膜移植排异反应成为横亘在医学家们面前的一道世纪难题。这个难题，被一位中国科学家破解了。

这位中国科学家就是姚玉峰，浙江大学医学院附属邵逸夫医院眼科主任、博士生导师，全国道德模范、白求恩奖章获得者、中国好医生。二十多年来，他诊疗过30万病人，经他手术复明的病人有近3万人。

仁术至臻，心向光明。把不可能变成可能，姚玉峰把无数人黯淡的日子变得光芒四射。

那个差点失明的小男孩，长大后成了一名眼科医生

“医生！求您快来！我儿子的眼珠子被撞出来了！”7岁的孩子受到外伤后左眼眶膜被打开，眼眶的整团脂肪溢出，满脸鲜血。心急如焚的父亲瘫倒在地，心痛不已。

“别慌！马上手术！”医生判断，必须以最快的速度进行彻底的清创缝合，医生立即开始紧张地手术……两周后，孩子的视力居然奇迹般地完全恢复了正常！多年以后，这个差点失去光明的7岁男孩，成了一名真正的眼科医生。他就是姚玉峰。

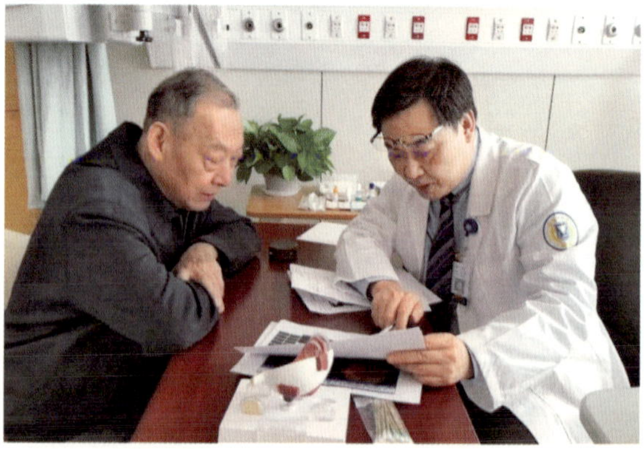

· 姚玉峰和患者（姚玉峰　供图）

“因为这段特殊的经历，我在幼小的心灵里种下了对医生的崇敬，我希

望自己长大后也能当一名以仁心仁术守护患者光明的眼科医生。”姚玉峰回忆这段往事时说。“那位医生给我光明，我也要继续传递光明！”

困扰世界一个世纪的难题，被一位中国眼科医生破解了

角膜病是眼科疾病里病因最多、表现最复杂的病。角膜病种类极多，初诊识别率仅为 30% ~ 60%，角膜病医生不但临床技术要过硬，还要精通病毒性、细菌性、真菌学、免疫学、细胞学等领域的知识，所以眼角膜专业是眼科中最难学的。

前房关联性免疫偏差对角膜移植排斥反应的影响，是世界级难题，医生要在只有头发丝直径十分之一厚的内皮层“雕花”。“我几乎把全世界能找到的眼科器械试了一个遍，小白鼠用了不下 3000 只。总觉得这个坎儿跨不过去了，又沮丧又迷茫，很多次都产生了动摇。有时候想做下去，有时候觉得算了自己做不到，自我否定。”

2999 次失败了，那就再尝试第 3000 次，重新来过！多一次尝试，就可能改变成千上万名患者的命运！希望，终于在路的尽头露出了微光。1995 年 5 月，世界上第一例采用最新剥离术进行的角膜移植手术，由姚玉峰主持完成。“姚氏法”破解了排异难题，让移植排异归零。由姚玉峰独创的“姚氏法”保留了患者自己角膜的最后一层内皮层，不但破解了排异难题，还可以用冰冻保存的供体角膜进行移植，打破了角膜只能在一两天内移植的局限，让更多供体的有效利用成为可能！这意味着，困扰世界一个世纪的难题，被一位中国眼科医生破解了！

“独门秘籍”公之于众，无偿献出专利，他说：“我不怕教会别人！”

只要姚玉峰不教，“姚氏法”就永远是他的“独门秘籍”。

但姚玉峰选择把所有的“秘籍”公之于众，并无偿献出许多专利。从 2009 年开始，在浙江省医学会和邵逸夫医院的支持下，姚玉峰开始了“姚氏法”的普及工作，每年举办二期培训班，每期培训超过 500 人。

邵逸夫医院眼科主治医师谢文佳说：“每年角膜病培训班上，有最新的病例、成果，姚医生都无偿讲给大家，培训班非常火爆，报名非常难，负责学习班的医生经常在临近开班时接到‘哪怕没有住宿的地方也想来旁听’的申请。还有一些医生一连来好几年。我想，有姚医生这种拼尽全力进行知识更新和知识普及的精神，做任何事都能成功。”

培训班期期爆满，姚玉峰几乎凭一己之力，为全国各地医院培训了 7000

多人次的角膜病专业人才，这个数字占全国眼科医生总数的四分之一。如今，全国有 1.5 万角膜病盲人受益于“姚氏法”。

“跨入医生这个职业，第一堂课就是责任，这关乎对生命意义的理解。治疗的每个环节，都在检验医生的知识、智力、毅力、耐心和对生命的敬畏，逼迫你学无止境。”姚玉峰说，“我不怕教会别人。有这么多同行帮我分担诊疗任务，我应该感到幸运。”

光明，就是一束光照向另一束光！

“尊敬的习总书记，您好！我怀着无比激动和感恩的心情给您写信：在您，在江西省、浙江省、萍乡市各级组织的关爱下，著名的姚玉峰教授从杭州到萍乡市人民医院，为我成功实施了高难度的白内障手术。现在，我又看得见了，又能看书啦。”

这是“农民将军”甘祖昌的夫人、96 岁的全国道德模范龚全珍寄往北京的书信。在姚玉峰的帮助下，她重获光明。

这已经不是姚玉峰第一次给高龄患者做高难度白内障手术。2018 年，他曾给 93 岁高龄的“中国核潜艇之父”黄旭华做白内障手术。手术很成功，黄旭华的视力恢复得很好。手术后一年的黄旭华跟去探望他的人说：“去年的今天我们初到邵逸夫医院，一晃一年过去了，真快啊！这一年，眼睛好了，我不停地看各种材料、手稿、笔记、文件、报纸、电视新闻……什么都想看。现在是眼睛够用了，但时间不够用了！”

· 姚玉峰给年轻的医生们讲解相关内容（姚玉峰　供图）

“每当手术成功，看到纱布揭开后患者重见光明那个高兴劲儿，当医生最享受的就是这个时刻。其他职业面对的是作品，而医生这个职业面对的是生命。”姚玉峰说。

如今，在每天平均只睡 4 个小时、最多一天要安排近 30 台手术的快节奏工作之余，姚玉峰花了不少心血探索新的诊断方法，比如用大数据和人工智能对角膜病例进行分析，打造全国角膜病医生辅助诊断系统；比如尝试找出角膜病的病毒根源，把误诊漏诊率降到最低……

姚玉峰还有个小目标——

“我希望成长出一批不是‘姚玉峰’的‘姚玉峰’。只有父母永远不担心孩子比自己更有出息。等我老了做不动了，看到咱们开创的眼科事业兴旺发达、人才辈出，那种喜悦、骄傲，将无可替代。”

记者：杨月

原载于：2019 年 6 月 6 日中国青年网

原标题：《中国人的故事｜“光明”医者姚玉峰》

青年说

为姚医生点赞，感谢他为眼疾患者带来光明！ @网友逆袭飞翔

@网友小月 伟大的、了不起的中国眼科医生姚玉峰！

前些日子看到《光明日报》头版头条关于龚全珍阿姨眼部手术的报道，深深被姚教授感动。我们的国家就需要多一些姚玉峰一样的医生，向姚教授致敬！ @网友薄年再无小凯

@网友阳光普照 高尚的医生，中国需要多出几个这样的正能量榜样！

总有一种力量，让人热泪盈眶！向医务工作者致敬！ @网友商山洛水

高原上的最美医生

一个普通的早晨，微博热搜上蓦然出现了“# 周南医生去世 #”的消息。很短的时间内，无数支蜡烛在社交平台上点燃，上万名网友沉痛送别……

周南是谁？她做了什么？她的离世为何牵动无数人的心？

“在西藏，我能挽救更多的生命”

“如果不是亲眼看到，我不敢相信西藏很多地方医疗条件那么差，肺炎、肠胃炎就可能让当地老百姓失去生命。”

2007 年，周南去西藏旅行。在西藏阿里地区南部的普兰县科迦村，她遇到一位患有肺炎的大爷，大爷生命垂危，却不知该怎么用药。了解情况后的周南迅速为大爷做了诊断，并在当地药店买到了对症的药，使大爷转危为安。

当地缺医少药的情形深深刺痛了周南。“西藏缺医生，你能来吗？”夹生的汉语，在周南的心中激起了千层浪。

2009 年春天，周南从北京协和医院博士毕业。她做出了人生中第一个抉择——放弃在北京协和医院呼吸科工作的机会，到西藏当一名医生。得知周南的决定后，父母和导师都极力反对。

“北京有五十多家三甲医院，多一个医生少一个医生差别不大，但在西藏，我能挽救更多的生命。”周南态度坚决。

那年 9 月，27 岁的周南坐上了开往拉萨的火车，成为西藏自治区人民医院的一名医生。从那天起，她倾尽所学，为高原百姓解除病痛。

“活生生的人摆在我面前，我不敢停下来”

西藏自然环境恶劣，周南工作的西藏自治区人民医院海拔在 3600 米以上，空气含氧量仅为海平面的 60% 左右。顶着严重的高原反应，周南坚持每天都去病房查房，“如果一天不去查看，患者的病被耽误了怎么办？”她不敢懈怠。

西藏的风湿免疫类病人非常多，但整个西藏却没有风湿免疫科，有些病人患上风湿免疫类疾病后，如果没有条件转到其他地区治疗，就只能回家等死。看到这种情况，周南很痛心。“必须把医疗条件的问题先解决了，我们不是做学术，发个文章就完了。活生生的人摆在我面前，我不敢停下来。”

2013 年 4 月，一位名叫卓玛的女孩被确诊为白血病，但当时西藏并不具备治疗这种病的医疗条件，相关科室更是无从谈起。即使周南做出了准确判断，却仍没有留住卓玛的生命。卓玛的离世，更坚定了周南的决心：要在西藏成立第一个风湿免疫血液科（承担包括对风湿免疫类疾病和血液类疾病的治疗工作），绝不让悲剧重演。

新建一个科室比想象中要难得多。周南开始往返于北京和西藏之间，联络资源，提高技术。周南的想法得到了她的老师、北京协和医院风湿免疫科教授张奉春的认可。张奉春捐赠了 100 万元的免疫分析仪、荧光显微镜等仪器和设备，帮助周南建立了实验室。

2014 年，一个设施完备、诊疗技术齐全的风湿免疫血液科在西藏建成，填补了西藏在风湿免疫病治疗方面的空白。风湿免疫血液科成立后，完成了西藏很多第一例成功诊治的病例：狼疮脑病、肺泡出血、血栓性血小板减少性紫癜、噬血细胞综合征等。

在这个“年轻”的科室里只有 8 位医生，未满 30 岁的周南就这样做起了科室管理，担任科副主任。“说得再多也不如在临床上成功救回一个病人。”周南说道，“能将病人从死亡边缘抢救回来，特别能激发孩子们当好医生的意愿，这很神奇。”

“如果再来一次，我还会这样选”

凭着一腔热爱，周南在西藏一待就是 9 年。她的身影遍布那曲、当雄、山南等偏远地区，从死神手里抢回了许多狼疮脑病、血管炎危重症患者的生命。

一次，一个 24 岁的男性患者因关节炎收住在周南科室，住院当晚患者突然昏迷，通过一系列辅助检查确诊为血栓性血小板减少性紫癜（TTP）。这是一种临床上的极危重症，即使在有血浆置换支持的情况下，患者死亡率也高达 50%，何况西藏当时没有血浆置换的条件，患者命悬一线。

“那是一条鲜活的生命啊！哪怕只有一线希望，我们也要试一试！”周南和团队没有放弃，经过不懈努力，患者终于苏醒了，后续恢复得非常好，最后康复出院了。2017 年，周南被评为全国“最美医生”，这名患者发了条朋友圈:“所有的感谢无以言表,今天她获奖了,实至名归!”

九年间,周南和她的团队共接诊患者六万多人次。周南还利用周末,走遍方圆四百平方千米,为牧民免费送医送药,让罹患重病的高原百姓看到生的希望。

“人生很多选择,但如果再来一次,我还会这样选。”曾经在接受记者采访时,谈及雪域高原上的从医生涯,周南这样说。然而,就在 2019 年 8 月 2 日,周南因所乘坐的车辆发生意外,生命永远定格在了 37 岁。

生命有长短,人怎样活才能不负此生?毛泽东曾在《纪念白求恩》中说过:“白求恩同志毫不利己专门利人的精神,表现在他对工作的极端的负责任,对同志对人民的极端的热忱。”敬佑生命,周南如此,中国一千余万卫生健康工作者亦如此。

记者:李慧慧、杨维琼、张瑞玲

原载于:2019 年 8 月 19 日中国青年网

原标题:《中国人的故事|高原最美医生的最美故事》

青年说

周南医生一路走好。时代女性,巾帼楷模!——@网友潇远圆梦

@网友微雨倾城809:天使陨落,十分可惜。但您的博爱和默默奉献的精神让人们永远怀念。愿周医生一路走好!

善良、真诚、无私……所有美好的词都不足以描述周南医生的美。——@网友笑笑精灵1991

@网友白眉大侠:新青年,好医生,向你致敬!

回国教书是一生唯一的选择

· 叶嘉莹（南开大学　供图）

曾有人这样介绍叶嘉莹："她是白发的先生，她是诗词的女儿，她是中国古典文化的传承者、传播者，也是很多人通往诗词国度的路标和灯塔。""她的文雅、博学与诲人不倦的长者之风，让她成就了令人敬仰的、崇高的师德。"叶嘉莹是中国古典文学研究专家、南开大学中华古典文化研究所所长……众多光环和头衔中，叶嘉莹总说："教师是我最看重的身份。"

学为人师，她的课里深藏着一生的坚守

曾经有一个小男孩问叶嘉莹："什么是诗？"叶嘉莹反问："你的心会走路吗？"小男孩疑惑地摇了摇头。叶嘉莹笑了笑，问男孩："你的故乡在哪里？是否想念那里的亲人？"男孩回答："远在河南开封，我常想念爷爷奶奶。"叶嘉莹点头说："对了，想念就是心在走路，而用美好的语言将这种想念表达出来，就是诗，所以'诗'就是心在走路。"

上叶嘉莹的诗歌课，虽然没有教材，但学生们却常听到不肯下课。"白昼谈诗夜讲词，诸生与我共成痴。"一时传为佳话。

叶嘉莹的课中藏着人生起伏、藏着精深学养。"我从小是关在家门里长大的，像荡秋千、跳绳我都不会，我就是诵读诗歌。"叶嘉莹生于1924年，在诗书之家的熏陶下，她幼时便已熟练掌握平仄声韵。1937年，"七七事变"打碎了她平静的生活。当时叶嘉莹的父亲在上海航空公司工作，上海沦陷后，

他音讯全无，母亲忧劳过度与世长辞。那一年，叶嘉莹 17 岁。1948 年冬，叶嘉莹随丈夫抵达台湾。1949 年，丈夫因白色恐怖被逮捕，叶嘉莹的生活再次跌入谷底。

国破家碎，亲人四散。在最难挨的时光里，是诗词支撑叶嘉莹继续面对生活。“植本出蓬瀛，淤泥不染清。如来原是幻，何以渡苍生。”在动荡不安的祖国大地上，叶嘉莹写下一首《咏莲》。她说：“我平生经过离乱，个人的悲苦微不足道，但是中国宝贵的传统，这些诗文人格、品性，是污秽中的一点光明。”没有哪些悲剧是古代的诗人没有经历过的，诗词能抚慰受伤的灵魂。在那些颠沛流离的日子里，叶嘉莹失物无数，但在海外寄居多年的教学资料、录音录像、笔记等，一本、一件都未曾丢弃。在叶嘉莹眼中，那些日益模糊的字迹如星光明月的万顷光华，照亮她所有绝望与灰暗的时刻。

叶嘉莹在古典诗词的滋养中振作起来，20 世纪 60 年代，她赴北美讲学，从此，打开了一扇将中国诗词之美介绍给世界的窗。

“我每天要查生字，然后第二天去上课，我就用最笨的英文比划着讲给学生。即便是这样，听课的学生从十六七个一下子增加到六七十个。我过了两年一天到晚查生字的生活，英文进步了很多。”虽然语言受限，但叶嘉莹依然能将中国古典诗词讲得生动有趣、细致入微，她学习的潜能也在实际教学中被激发出来。因为常在图书馆待到半夜，哈佛大学图书管理员交给她一把钥匙，方便她查阅资料。

过了语言关，叶嘉莹有了更多可以支配的时间。“我不但听西方人讲英文诗的课，还听文学理论的课。”叶嘉莹在海外的那段时间，正是西方文学理论风起云涌的时期。“我把所学到的文学理论都用来分析我们中国的诗词，我可以把诗词的好处都讲出来。”在西方从事教学工作，将西方文艺理论引入中国古典诗词研究，是叶嘉莹对中国古典诗词研究的重要贡献，她获得国际学术界的广泛认可。教书仅半年，加拿大不列颠哥伦比亚大学就史无前例地授予叶嘉莹

· 1997 年，叶嘉莹在为哈佛大学本校及外来访问的学人讲演（南开大学　供图）

终身教授的称号。1990 年,叶嘉莹被授予加拿大皇家学会院士的称号,是加拿大皇家学会有史以来唯一的中国古典文学院士。

有学者评价说:叶嘉莹衔接了传统与现代。“五四”新文化运动以来,传统与现代出现割裂,许多青年学生已经读不懂历史上众多伟人的经典诗篇。叶嘉莹为诗歌教学带来审美体验,数十年笔耕不辍,通过再度诠释,为古诗词接续新的生命。

精深学养,给学生们美的享受和对知识的热爱;人生态度,让学生们学到豁达坚韧、百折不挠。从叶嘉莹的课堂中,走出了白先勇、席慕蓉等作家,学为人师,是她一生的坚守。

行为世范,“爱国三问”的躬行与回答

1974 年,中国与加拿大建交,叶嘉莹马上申请回国探亲。坐在飞机上的叶嘉莹俯瞰北京城,不由得流出了眼泪。“我看到一条长街上都是灯火,我就想那会不会是西长安街呢?是我当年每天都走过的地方,是我的家所在的地方?”回国后叶嘉莹写了一首长诗《祖国行》,有 1870 个字,其中有一段写道:“卅年离家几万里,思乡情在无时已。一朝天外赋归来,眼流涕泪心狂喜。”

1976 年,叶嘉莹的长女与女婿在一场车祸中同时罹难。料理完后事,叶嘉莹终日哭泣,她突然领悟到:“把一切建立在小家小我之上,不能成为一个终极的追求和理想。”她要让自己从“小我”的家中走出来,要回国教书,要把“余热都交给国家,交付给诗词”,要把“古代诗人的心魂、理想传达给下一代”。1978 年,中国开始大规模向欧美等发达国家派遣留学生,揭开了新时期教育对外开放的序幕。叶嘉莹借此机会,向中国政府申请回国讲学,1979 年,她收到了中国教育部批准她回国教书的信。

“从 1979 年开始,我在假期自费回国教学,一分钱都没有拿国家的,完全是尽义务。”漂泊流离数十载,这是她与命运最后、也是最坚决的抗争。叶嘉莹说:“我结婚不是我的选择,去台湾也不是我的选择,去美国也不是我的选择,留在加拿大温哥华不是我选的。只有回国教书是我唯一的、我一生一世的自己的选择。”

回国时,叶嘉莹特意在香港的国货商店买了一件当时比较流行的蓝色女干部服。55 岁的叶嘉莹受邀来到南开大学,主讲汉魏南北朝诗。授课时,可坐 300 人的大阶梯教室里,台阶上、窗户上坐满了学生,叶嘉莹需要从教室门口曲曲折折地绕,才能走上讲台。叶嘉莹为能用母语教课而深感幸福。做叶

· 1999 年,叶嘉莹在南开大学与研究生讨论问题(南开大学 供图)

嘉莹的学生并不容易。“跟我做学生就得吃亏。”发论文,她不肯打招呼;找工作,她不为学生谋福利。因为叶嘉莹坚信诗词不能沦为应酬和歌功颂德的作品。

1991 年,叶嘉莹在南开大学创办“比较文学研究所”(后更名为“中华古典文化研究所”)。1993 年,叶嘉莹担任该研究所所长,捐献出自己的一半退休金,约合人民币 90 万元,设立“驼庵奖学金”和“永言学术基金”。2019 年,叶嘉莹再向南开大学捐赠 1711 万元,目前她已累计捐赠 3568 万元,用于中华古典文化的研究和传承。

南开大学的创始人之一、校长张伯苓在 1935 年开学典礼上,曾发出“爱国三问”:“你是中国人吗?你爱中国吗?你愿意中国好吗?”当时正值“九一八事变”,“爱国三问”曾激励不少师生投身救国运动。

40 年来,叶嘉莹不仅在南开大学教课,还应邀到国内几十所大学巡回讲学,举行古典诗词专题讲演数百场。在演讲中,叶嘉莹不断用诗词来表达报国之情:

“又到长空过雁时,云天字字写相思,荷花凋尽我来迟。莲实有心应不死,人生易老梦偏痴,千春犹待发华滋。”

“在中国古诗中,常用雁排成人字来表达对人的思念,而这种思念不应是小我的、私人的那一点感情,而应该是对国家、对传统文化的更博大的情谊。”

叶嘉莹的一生,都是对“爱国三问”的躬行与回答。透过文字,她将爱诗与家国情怀紧密结合在一起。

定居南开后,叶嘉莹有一种时不我待的紧迫感。在家中的小客厅里,她每周给学生上一次课,逐字逐句地帮学生批改论文。她的听力不如往昔,上课时学生发言,需要声音大一些。她增加了自己在祖国各地讲座讲学的频率。她说:“我要做的就是打开一扇门,把不懂诗的人接引到里面来。我平生志意,就是要把美好的诗词传给下一代人。”

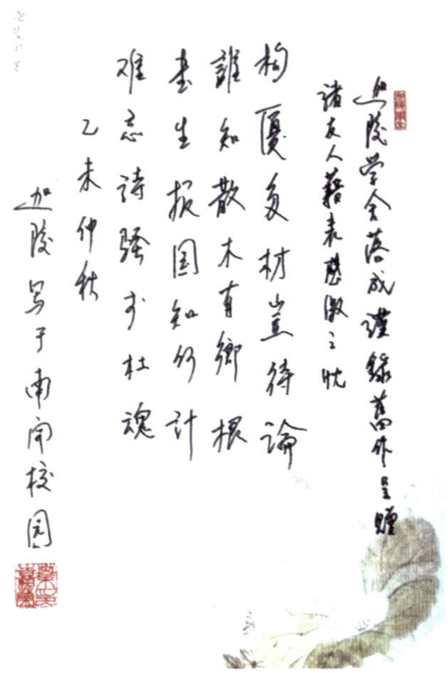

· 叶嘉莹手书题诗（南开大学　供图）

现在，叶嘉莹依旧坚持站立讲课。每每讲起诗词，这位素衣华发的老人便焕发出不一样的风采。她在《给孩子的古诗词》一书里这样说：“有人问我，以后还会有人喜欢古诗吗？我说，只要古诗存在，一定有人喜爱它。诗歌里有生命，你不会知道千年后还有人因读了你的诗歌而感动。诗词有生命，读诗词能让人有心灵的力量。”

记者：张瑞玲、杨月

原载于：2019 年 9 月 10 日中国青年网

原标题：《中国人的故事｜叶嘉莹：回国教书是我一生唯一的选择》

青年说

“莲实有心应不死，人生易老梦偏痴，千春犹待发华滋。”好爱好爱叶先生啊，祝先生康健平安。 @网友雪山

@网友离离原上草 对诗词，我是门外汉，但对叶先生历经磨难依然坚忍顽强积极地生活，我佩服得很。

其貌虽弱，但是在约束和克制下的那份坚持忍耐更让人动容。敬佩叶先生。 @网友Angel

@网友遥远的夜空 众生皆苦，唯有自渡。叶嘉莹先生从中国古典诗词中汲取力量，从容应对生命中的苦难，让人敬佩。

“天以百凶成就一词人”，是苏轼，是韦庄，是陈曾寿，也是叶嘉莹。 @网友林朗藻

春节，“中国之最”送你回家

中华人民共和国成立之初，我国人均铁路长度不足 5 厘米，还没有一根香烟长；人均公路长度不到 20 厘米，还没普通人一只脚长。如今，中国铁路网纵横延伸，公路网四通八达，航线网络和机场规模不断拓展，通硬化路乡镇和建制村分别达到 99.6% 和 99.5%。

人畅其行、货畅其流，在服务国家发展的同时，这些中国桥、中国路、中国高铁、中国机场满足了人民群众对美好生活的向往。今天，让一批“中国之最”送你回家！

带上爷爷，和京张高铁一起接受春运“检阅”

· 韩咏华抱着爷爷的照片一起乘坐京张高铁（叶心怡 摄）

打卡地：京张高铁

打卡人：韩咏华

京张高铁是我国第一条首次采用北斗卫星导航系统、设计时速 350 千米的智能化高速铁路，实现了有人值守的无人驾驶。运用 5G 技术，列车上可看奥运赛事直播。

“我叫韩咏华，我爷爷韩魁元是修筑京张铁路的第一代铁路工人，他亲眼见证了京张铁路的建成。一百年前，京张铁路时速只有 35 千米，而一百年后的今天，京张高铁时速已达 350 千米，这样安全、便捷的高铁列车，别说普通百姓，就是詹天佑先生做梦都想不到。我爷爷在世时就希望京张铁路变得越来越好，如今京张高铁刚开通就迎接春运的‘检阅’，我要‘抱着爷爷’坐上这趟高铁，一起见证这一光荣时刻。”

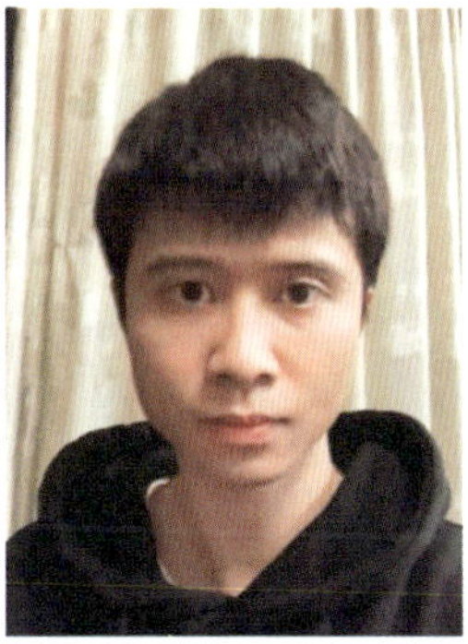

· 何家豪（何家豪　供图）

南沙大桥送我“出征”

打卡地：南沙大桥

打卡人：何家豪

南沙大桥是目前世界上跨径最大的钢箱梁悬索桥，创造多项“世界第一”。大桥开通后，从广州南部到东莞的路程可缩短 10 千米，形成全新的粤港澳大湾区要素流动核心通道，大大缓解珠江口东西两岸的交通压力。

“我叫何家豪，老家在佛山，目前在深圳一家机器人公司工作。以前春节只能从虎门大桥回家，‘逢走必堵’。若想避开拥堵，就需要起个大早或者深夜出发。现在南沙大桥通行后，我两个小时就能到家。近几年，竞技格斗机器人行业愈加繁荣，我们团队每次外出参加比赛，都会从南沙大桥经过，有种南沙大桥送我‘出征’的感觉，这种感觉很奇妙！”

· 程晓楠（程晓楠　供图）

跟精疲力尽说再见，让春节回家成为令人愉悦的事

打卡地：郑渝高铁

打卡人：程晓楠

郑渝高铁是中国“八纵八横”高速铁路网中西部地区的联系通道。全线建成开通后，将形成一条中国西南地区通往中原、华北地区的快速客运通道，对于提升进出川渝地区运输能力、缓解“蜀道难”，能够发挥重要作用。

“我叫程晓楠，是湖南工业大学研一的学生。从湖南株洲到河南平顶山的直达列车很少，每次路上都得折腾一天一夜，回一次家，整个人都精疲力尽。郑渝高铁郑襄段开通了，以前 3 小时的路程，现在只需要 47 分钟，很方便，坐高铁成了我的第一选择。”

因为懂你的不易，所以更加钦佩

打卡地：杨泗港长江大桥

打卡人：陈云明

杨泗港长江大桥是长江上首座双层公路大桥，全长 4.13 千米。锚碇基础采用直径 98 米的圆形地下连续墙结构，是世界上最大的圆形桥梁基础。

· 陈云明（陈云明　供图）

“我叫陈云明，是中建三局的员工，大学学的是土木路桥专业。我曾参与武汉常青路项目，深知杨泗港长江大桥建设的难度。杨泗港长江大桥设计主跨1700米，河水里没有桥墩支撑，难度极大。杨泗港长江大桥的钢梁架设最难，1700米、5万吨的钢梁，制造、运输、吊装……整个过程无缝链接，36天就把整个钢梁架通，创造了长江上的一个架梁奇迹！很多市民都非常震撼——怎么突然出现一座桥？”

“希望更多维吾尔族兄弟姐妹坐着我检修的列车走出去看看”

打卡地：兰新高铁

打卡人：麦尔旦·艾沙

· 麦尔旦·艾沙（麦尔旦·艾沙　供图）

兰新高铁是中国首条在高海拔和戈壁荒漠地区修建的高速铁路，全长1776千米，是世界上一次性建设里程最长的高铁。兰新高铁建成通车，不仅完善了我国西部铁路网，还提升了亚欧大陆桥铁路通道的运输能力。

“我叫麦尔旦·艾沙，是中国铁路乌鲁木齐局集团有限公司乌鲁木齐车辆段的一名‘00后’职工，日常工作是对入库的车体进行检查和维修，确保车辆安全、平稳地运行。对每个螺丝我都拧得特别认真，现在火车速度越来越快了，对检修的要求特别高，修车人要时刻想着坐车人。今年是我参加工作的第一年，我最大的愿望就是带着爸妈坐上我检修的火车去上海旅游，让爸妈为我骄傲！希望更多维吾尔族兄弟姐妹坐着我检修的列车走出去看看！”

“人们满意的微笑，是对我工作最大的嘉奖”

打卡地：北京大兴国际机场

打卡人：高轩

· 高轩（高轩　供图）

北京大兴国际机场被誉为“新世界七大奇迹之首”，有世界最大的减隔震航站楼，全球首座双层出发、双层到达的航站楼，实现了飞机、高铁、高速公路等多种交通方式立体换乘。春运期间，预计将保障进出旅客 190 万人次。

“我叫高轩，来自中建八局，曾是北京大兴国际机场停车楼及综合服务楼工程项目副总工程师。2016 年，一场暴雨把 15 万平方米的基坑变成一片汪洋。为确保项目按期完工，我们与近 5000 名工友一起，在 40 天内，打桩 7000 余根，超过正常打桩效率 50%。北京大兴国际机场已成春运‘主力军’，当我再回到机场，看到人们在机场的灿烂笑容，想起建设过程中点点滴滴的艰辛，感觉自己的付出是值得的。人们满意的微笑，是对我工作最大的嘉奖！”

在 960 万平方千米的祖国大地上，纵横交错的轨道、蜿蜒精准的航线，从内陆到沿海，从高原到草原，从都市到乡村，“中国之最”保证我们顺利到家！

记者：张瑞玲、杨月、徐彩侠；通讯员：李彬、张薇

原载于：2020 年 9 月 2 日中国青年网

原标题：《中国人的故事｜春节，“中国之最”送你回家》

青年说

“中国之最”远不止这些！祝我们的祖国繁荣昌盛！——网友@一黑遮百帅

网友@胖鸡叽叽呀：回家过年，我可以飞回家，可以坐高铁到家，可以坐汽车到家，感谢祖国让我顺利回家！

中国这些年来的进步是显而易见的，我们的祖国在逐渐变强！——网友@你说的对不对

网友@奶盖：我爱我的祖国！日渐完善的基础设施，还有什么能阻挡我们回家？

第四编

青春是敢为人先的锐气

“两路精神”的见证者

1959 年 3 月 28 日，在中国共产党的领导下，以解放农奴为核心目标的西藏民主改革运动拉开序幕，由此开辟了西藏从黑暗走向光明、从贫穷走向富裕、从落后走向进步、从专制走向民主、从封闭走向开放的历史新纪元。

为了提升西藏人民的生活质量，发展地区经济，中央决定修建通往拉萨的青藏线。1984 年，青藏公路完成整治改造。2006 年，青藏铁路顺利通车。

一条“天路”修到拉萨，为西藏人民带来了希望。那一镐一个星火开拓出来的漫漫征程上，鸣奏过一曲曲青春的“天路”壮歌，这歌声里，有这样一家三代人的故事。

罗昌强是戍守在海拔 4868 米昆仑山隧道旁的一名武警战士，职责是守卫青藏铁路。罗昌强的父亲罗正廷 2002 年应招修建青藏铁路，曾参与格尔木至拉萨沿线铁路的修建。罗昌强的爷爷罗生芳是一名基建工程兵，1974 年与 1 万多名指战员一同对青藏公路进行整治改造，在地质情况最复杂、任务最艰巨的格尔木至唐古拉山沿线艰苦筑路 11 年。

在最好的年华里，他们都选择了一条充满艰辛和挑战的路——将自己的青春挥洒在这片圣洁的青藏高原。

爷爷：这是西藏百姓们心里的“金桥”

青藏公路始建于 1950 年，1954 年通车。1974 年，国家决定对青藏公路进行整治改造，铺设沥青路面，1984 年，人类筑路史上第一条穿越高原冻土区的二级公路打通。罗昌强的爷爷罗生芳是基建工程兵中的一员。

在高海拔地区铺设沥青本来就困难重重，而在当时的中国，施工设备很落后，只有铲子、牛或骆驼车和架子车等简易劳动工具，修路基本都是靠人们用双手干出来的。还有一些根本克服不了的难关：有限的医疗设备、雪域高原的恶劣环境……

基建工程兵的食宿很差，罗生芳说："我们吃的是那种焜锅馍馍，外面非常硬，每次吃饭的时候，先拿石头把它敲碎，然后含在嘴里，用口水把它泡软，再慢慢吃下去。"偶尔有菜吃，其实就是水煮杂菜。遇到比较极端的天气，大家只能喝雪水。

"生命禁区"唐古拉山是青藏公路跨越的最高峰，山口海拔 5300 多米，空气含氧量只有内地的一半。别说干活，就是在上面走动也会觉得头昏、胸闷、气喘。改造唐古拉山路段时，有位年轻的战士说着"让我睡一会儿，一会儿就好"，就倒下了，然后，再也没有醒来。

· 2014 年，罗生芳重走青藏公路，前往拉萨（罗生芳　供图）

有一天，罗生芳在路上遇到桥塌事故，只得原地等待。司机师傅得知他是修建青藏公路的，对他非常热情，说："你们是在修西藏人民千百年来在神话和歌谣中期望的'金桥'啊，路修好了，老百姓的病可以到外面治，生活才有盼头！"那一瞬间，罗生芳明白了：这条路，非修不可！

1985 年 8 月，青藏公路全线黑色路面铺筑工程竣工，这大大提升了西藏地区的交通运输能力，为西藏经济的快速发展提供了保障。为了给西藏同胞修一座"金桥"的承诺，他们一往无前，无问西东！

父亲：鸣笛声终将响彻整个青藏高原

西藏自治区面积有 120 多万平方千米，占全国总面积的 1/8。虽然有公路，长途运输的基本需求解决了，但出行依然困难，经济发展不起来，西藏同胞的生活水平急需一条铁路来提速。

2001 年 6 月，党中央批准青藏铁路格拉段开工建设。

2002 年刚过完年，罗正廷来到青藏线上，成了一名修筑铁路的劳务工。到达青藏高原后，罗正廷才知道修建青藏铁路竟如此困难，高原冻土区的路面会随着季节温度的改变而发生冻胀和融沉。如果不解决这一问题，青藏铁路如何修到拉萨？

全力以赴，日夜攻关，中国工程师们找出解决办法——采用片石通风路基、热棒等技术手段保持冻土层的恒温，用以桥代路的形式，将桥梁桩基埋入地下的永冻层，降低铁路坡度，保持线路稳定，同时也为藏羚羊等动物预留生命通道。

有一天施工时，旋挖钻机下挖深度达不到既定的位置。一名施工队员下到几十米的旋挖洞寻找原因。“他被拉上来时，就像是一个‘泥人’，身上都是泥水，怀里抱着一块石头，声音特别微弱地说出了问题症结：‘下面有石头！’然后就昏了过去。”当时所有的人都被感动了，大家含着泪完善旋挖方案，终于攻克了这个技术难关！

这支队伍为修建青藏铁路而付出的智慧、心血，深深触动着罗正廷。他很庆幸，自己作为青藏铁路修筑队伍中的一员，成为历史的见证者。“这次修路的经历，我一辈子都不会忘记，那种骄傲和使命感，现在想起来还让人热血澎湃。”罗正廷说。

2006 年青藏铁路建成，当年的客、货运送量分别为 648.2 万人次、2491 万吨。2018 年青藏铁路的客、货发送量已达 1655.6 万人次、3400.3 万吨，旅客发送量创历史新高！

儿子：什么都不说，祖国知道我

爷爷、父亲艰苦岁月的故事，让罗昌强对青藏线有了更深的向往。19 岁那年，他参军入伍，来到格尔木。

2013 年 3 月，新兵训练结束以后，罗昌强主动请缨来到武警青海总队执勤支队执勤七中队，守护“天路”。

· 2014 年，罗正廷（中）带着罗生芳（右）重走青藏线，在可可西里留影（罗生芳　供图）

走进昆仑山，罗昌强才真实地感受到这里的艰苦！“开水”只有 78.2℃；青菜需提前用“开水”煮，所有的肉类必须用高压锅才能煮熟……

在这海拔 4868 米的昆仑山上，战士们默默奉献着自己的青春。他们在青藏高原无人区居住，在风雨交加的夜晚去巡逻，守着这条通往拉萨的雪域

"天路"。自武警青海总队执勤支队 2006 年 7 月上勤以来，官兵们精心守护了 13 多万趟列车平安穿行。

2014 年，罗昌强的父亲罗正廷带着爷爷罗生芳来到了昆仑山，祖孙三代人同其他战士一起在驻区门前种下了 56 棵小树。

这条险峻奇绝的青藏线，只是西藏 60 年沧桑巨变的一个缩影。

三代人的青春，三代人的年华，三代人的使命，三代人的梦想。青藏高原不会忘记，曾有千千万万个家庭，无数个他们，用最好的年华筑起"两路"精神丰碑，他们将像芨芨草一样，把根深深地扎进昆仑山，永远守护着这条给藏民带来幸福的"天路"！

记者：张瑞玲、杨月、曹若鸿（实习）；通讯员：吴波、温杰锋
原载于：2019 年 3 月 29 日中国青年网
原标题：《中国人的故事｜新时代的"愚公"，"两路精神"见证者》

青年说

能踏上青藏公路是我一直以来的梦想！这条路承载了太多，是值得我们这代人仰望的，我们唯有不断向前，继承前人的精神与使命，再更好地踏上那条神圣的道路！

网友@朱雅茜

网友@happy兔

高寒缺氧、冻土层……他们面临的困难真的很多，真的不易！向"天路"建设者、守护者们致敬！

之前有幸去过青藏高原，在高海拔地区，人的正常行动都很受影响，他们还需要做重体力活，想想就觉得好难！一条"天路"修到拉萨，为西藏人民带来了希望。希望西藏人民的生活越来越好！

网友@Bo1

绝壁开“天路”，
誓向天堑要通途

绵延不断的深山，蜘蛛般悬挂的汉子，枯裂如松树皮的双手，沾满泥土的鞋袜，像极了寓言故事里的“愚公移山”，这一幕真实地发生在湖北恩施店子坪村的悬崖绝壁上。

一天一双手套，一月一双胶鞋。8 年来，“愚公支书”王光国带领 600 多名村民，一锄一锄、一钎一钎地砸向绝壁顽石。王光国总说：“我们几百个村民，只要埋头苦干，炸山开石，一米一米地凿，山总有打通的一天。即便我们这辈子打不通，还有下一辈人！”

滴水终能穿石，8 年后，他们终于在绝壁上打通了一条“天路”。店子坪村从此涅槃重生，实现了从武陵山区最高寒、最偏远、最贫穷的穷山村到脱贫攻坚“标杆”的华丽转身。

“这条‘绝命路’，一定要打通”

店子坪村位于武陵山腹地，平均海拔 1200 多米，绝壁连片，交通闭塞。走“天梯路”，吃“天河水”，庄稼“望天收”，住土墙瓦房木架子屋，曾是这个村子最真实的写照。曾几何时，那条悬挂在陡崖上的“鬼见愁”古盐道，是店子坪村村民们唯一的出山路。

在王光国的眼里，这条古盐道是“救命路”也是“夺命路”。曾有数十位村民葬身悬崖，无数牲口跌进河底。曾目睹死亡的王光国，对深山无路的绝望体会得非常真切。2002 年，王光国当选为店子坪村支部书记。那天夜晚，他躺在床上辗转难眠。“这条‘绝命路’，一定要打通！”王光国默默在心中发誓。

“倾家荡产也要修”

“路是店子坪村祖祖辈辈的希望啊！我们的根扎在这里，不是生存在这里的人，无法理解我们对这片土地的感情。”说干就干，王光国上任之后要干的第一件大事就是修路！

在悬崖绝壁上凿开一条路，其难度是很多人无法想象的。店子坪村地处深山，由于交通不便，所有的货物都要靠肩挑背扛，运输成本很高，建造同样的房子要比邻村多花四倍的价钱。“公路没通，天旱的时候，吃水要在河里挑，村里人娶媳妇都是难事。”修一条能通车的路，是村里几代人的期盼。即便是这样，没钱、没技术、缺少人力，所有人都不敢相信这条路能修通。但，王光国相信，他说：“倾家荡产也要修！”

开山没有炸药，他就把妻子辛苦喂养的 7 头猪全部卖掉，换来的 4000 多块钱都买了炸药。或许在别人看来，这 7 头猪算不上什么，但对于王光国的家庭来说，这几乎是所有的积蓄。“我哭了，他拿到钱后，转过身也哭了。农村喂几头猪，卖几个钱，太辛苦了。他又没有在家里帮过我多少忙，就卖点猪，他都给我把钱拿去修路了，我想不通啊！”看着突然之间空荡荡的猪圈，王光国的妻子眼圈红红的。

为了把村民组织起来，他挨家挨户去做思想工作，嘴皮子都磨破了。“修！只有路修通我们才有出路！”村民被感动了，大家一呼百应，上山修路！

绝壁上的第一声炮响，给村子带来了希望！

2005 年腊月初九，沉寂的绝壁上第一次回荡起了隆隆炮声。

70 多岁的老人，20 岁出头的女人，能干活的都来了。村里的汉子腰间系着绳索，手持十多公斤重的风钻，像蜘蛛般悬挂在绝壁上，艰难地凿出一个一个炮眼。山风刚劲，将他们吹得摇来晃去，他们不得不一次次调整姿势，重新开钻。

大家清早上工，直至深夜才回家。为了节省时间，大家就用烤土豆当午饭。离工地近一些的村民，就在家里煮好米粥，端到工地上分给大家。修路的热情，让村民们拧成了一股绳，但资金的缺乏是他们最大的难题。为了修路，家里只要有闲钱，王光国都会拿去买雷管和炸药，村民们也都不定期地为修路捐钱捐物，有的甚至卖粮食、捐鸡蛋。但这远远不够！怎么办？大伙犯了愁。“好几次感觉都要修不下去了！在我们最困难的时候，湖北省财政厅推出减补政策，给予了我们一定的资金支持，交通管理部门也选派技术人员对我们进行现场指导。”就这样，王光国带着村民一步一步地坚持下来了。

“只要工地上有一个人上工，我就陪你上工”

男儿有泪不轻弹，但 2007 年 3 月 18 日的那个深夜，王光国再也忍不住了。他的心随着千余方石砌驳岸，一起滑向了深谷。想起白天的那一幕，王光国泪水决堤，所有的辛酸“一拥而上”。

那天白天，王光国来到卡门修路工地，40 多位村民正在砌驳岸。王光国招呼村民们休息一会儿，坐下喝口水。当最后一位村民刚刚离开驳岸时，突然间一声巨响，村民们花一个冬天修起的千余方石砌驳岸，瞬间滑向深谷。整个工地上的人顿时目瞪口呆……几秒钟后，村民们才回过神来。

“当时，妇女们忍不住哭了，男人们的眼眶也湿润了。这条驳岸，是村民们自带干粮、用石头一块一块砌起来的啊！”此时的王光国，眼中同样满含泪水。但是，他知道此时自己不能哭，因为他是村民们的“靠山”和“主心骨”。过了许久，他才站起来，哽咽着说：“不幸中的万幸，我们所有的人都躲过了这一劫……只要人在，我们就要继续修路！”

巨大的打击让村里的很多人都沉默了，王光国告诉大家：“路，修一寸就多一寸；不修，始终就没有路……只要大家有信心，我就有信心；只要工地上有一个人上工，我就陪你上工！”

半年后，王光国带着大家又上了工地。锄头、钢钎和铁钻在岩壁上开凿的“叮当”声，伴着空压机的轰鸣声持续在谷中回荡。这一响就又是五个年头。2013 年，路终于通了！那一夜，王光国彻夜未眠。

公路通了，还要通一条致富路

陡峭的河谷口像一道天堑屏障，阻断村民脱贫致富的脚步。现在路通了，但是怎样带领村民致富呢？这又成了王光国的另一桩心事。

“店子坪村人均耕地少，必须选择高附加值的农产品，才能带领大家尽快致富。”充分考虑了店子坪村的地理条件，王光国又开始带领村民发展猕猴桃、烤烟、魔芋等绿色产业。王光国心里清楚，带领村民共同致富和当年开山凿路一样，会遇到许多意想不到的困难。但是，只要大家认准方向，一起坚持下去，店子坪村的这条致富路也一定能够修得通。

后来，他又带领村民兴建猕猴桃采摘园，发展乡村旅游业。湖北店子坪村当代红色教育基地培训学校建立起来后，前来观摩、学习的人络绎不绝，30 多户“农家乐”火了！一部分人富了，剩下的村民怎么办？王光国不断思考，探索出“1+4”的发展模式，即“1 个党员指导 1 户‘农家乐’，1 户‘农家乐’，带动 4 户村民发展产业”，带动 100 多户村民共同致富。

如今的店子坪村，早已是另一番风貌。路相通，水到户，产业旺，民风淳，猕猴桃、烤烟、魔芋等绿色产业初具规模，民俗旅游、红色旅游悄然兴起，网络信息 4G 全覆盖，老百姓的房子也改造了 100 多户。店子坪村年人均纯收入由1000多元增至8000多元，2016年已经实现整村脱贫。

闲下来的时候，王光国总喜欢站在高处，远眺那条盘旋在绝壁上的公路。他说，那种感觉是幸福，是满足。从筹备开工到公路建成，整整10年，各种艰辛，我们无从知晓。我们只知道，施工8年，王光国带领村民累计投入义务工35000多人，开挖土石22000余方，用不到16万元的资金，创造了180多万元的工程量的奇迹。

王光国说："修路是这辈子我做过的最正确的决定。前人种树，后人乘凉。即使我们这一代人牺牲10年，甚至是半辈子，只要能为后人开拓出一条路，我们就值了！"

记者：李慧慧

原载于：2018年10月17日中国青年网

原标题：《中国人的故事｜"愚公支书"王光国：绝壁开"天路　誓向天堑要通途》

青年说

"只要工地上有一个人上工，我就陪你上工！"不知道为什么，看到这句话，觉得心头一热，这大概就是王光国能干成事儿的秘诀吧！——网友@卡尔

网友@滚滚红雷：现在越来越觉得要想实现当地的长足发展，就要发展地方产业。

逢山开路，遇水搭桥，这才是真正的为人民服务，王光国是扶贫路上的好榜样！——网友@EasonChanii

网友@xiaxia：之前听过王光国的故事，如今再读他的故事，感动依旧！

最近看到网上一句话，深受感动："如果这不是中国，如果不是扶贫，谁会在这样的地方修路？"如果不是为了这一方人民，谁会在悬崖绝壁上修路？——网友@坐山观虎

"闯海人"经历的改革故事

2018 年 4 月 13 日，海南经济特区迎来 30 岁生日。

轻舟万重，潮平海阔，30 年来，一代代在时代大潮中踏浪的海南人、"闯海人"成为海南经济特区改革开放的见证者、参与者、贡献者。敢为人先，敢闯敢试，埋头苦干，"闯海人"用实干精神改变了海南经济特区，海南经济特区也成就了他们。

敢为人先

海南环岛铁路上，一列列环岛动车飞驰而过，这些时速 200 千米到 250 千米的列车，是海南速度最好的"代言人"。

· 盛恩维（盛恩维　供图）

46 岁的盛恩维是一名环岛铁路的动车司机，他已经在列车上度过了三十余载光阴。1988 年，刚满 16 岁的他接了父亲的班，成为一名机车工作人员。

当时，海南省刚刚成为省级经济特区，是中国改革开放的最新试验田。然而，这块试验田上的铁路只有一条——以三亚为起点，经八所至昌江石碌的"岭八线"。三十多年前的"岭八线"上跑的是老式的蒸汽机车。一趟下来，盛恩维要往炉子里投 7 吨煤。雨天时，车头门窗四开，风雨袭来，盛恩维经常被淋成落汤鸡。

不过这份工作带来的满足感，令盛恩维念念不忘："当火车司机很自豪，别人都叫我们'大车'司机。"

随着海南经济特区的发展，一条铁路早已不能满足本省运输和省外运输需求，蒸汽机车每小时 60 千米的速度也无法满足日渐增强的运输效率需求。

2003 年，粤海铁路通车，这是我国第一条跨海铁路。之前，火车开到广东省南端的海安镇，便无法再南下。粤海铁路建成后，火车不仅能够通过轮船渡海，还能一路南下到达三亚。从此，大陆和海南之间的客运、货运，不再只单纯依赖飞机和客车渡船。与此同时，海南铁路正式结束蒸汽时代，进入内燃机时代。作为经济特区，海南的发展如火车换代般加快，对外开放程度也因粤海铁路的建成通车而变得更加深入。

当时，盛恩维被调动到粤海铁路担任机车乘务员。他仍记得火车过海时的情景：一列 18 节的火车被分为四组，分别由车头拖拽上火车渡船。"这个过程要稳，不然旅客在车上坐着会不舒服。火车上船、过海只要 90 分钟。"盛恩维说。

2010 年 12 月 30 日，东环铁路正式通车运营；五年后的同一天，海南西环铁路正式开通运营。东环铁路和西环铁路自此组成了一个闭环，世界首条环岛高速铁路诞生。这时，盛恩维又被赋予新的任务——担任海南环岛铁路的动车司机。

从每小时 60 千米到每小时 250 千米，盛恩维见证了海南铁路的蜕变。"环岛铁路开通后，交通更加方便了。最快一个多小时就能从北边的海口到南边的三亚，不少乘客将车停在三亚的停车场，直接坐高铁去海口上班。"想起过去从海口到三亚，动辄五六个小时的路程，盛恩维感叹环岛高铁带来的便利生活。

从一条铁路到我国第一条跨海铁路，再到全球第一条环岛高速铁路，遇水搭桥，迎难而上，天堑变通途，盛恩维所经历的海南铁路蜕变，折射的正是海南敢为人先的特区精神。

敢闯敢试

1988 年，中国最大的经济特区横空出世。这一年，27 岁的陈良刚离开武汉，南下到海南。谈起刚到海南的最初印象，巨大的现实落差让陈良刚十分感慨："海口连交通信号灯都没有，女同志戴着斗笠骑着三轮车，就相当于开现在的出租车。"

1991 年，陈良刚放弃海南汽车冲压厂的"铁饭碗"工作，进入一家研发汽车发动机的私营企业工作，发誓"我要闯一闯，过一种能证明自己的人生"。

这一年，海南省第一次科技大会决定实施“科技兴琼”战略。科技在助推海南经济特区发展中的作用逐渐凸显，也为陈良刚的事业带来新的拐点。在一次科技展销会上，陈良刚看中了一家研制超滤膜的机构。直觉告诉陈良刚，这是一个商机，因为超滤膜能将污水变成达标的纯净水。于是，陈良刚与这家单位开始合作共同研制、推广超滤膜。1992 年，陈良刚正式成立海南立昇净水科技实业有限公司。

然而，第一款产品做出来，在市场中暴露出的问题出乎陈良刚的意料——产品过滤效果虽好，却无法使用，用户使用几分钟，过滤膜就破了。3 个月后，这家研制超滤膜的单位“撤退”了。当清华大学相关专家告诉陈良刚“这项技术有前途，关键是能不能做好、能不能做得实用”时，陈良刚下定决心，要将产品做得又好又实用。

这个毕业于清华大学燃气轮机专业的高材生不搞发动机，开始天天泡实验室，研究超滤膜。“我到现在还是企业的首席实验员，我做了二十多年技术，一直在做一件事，就是对超滤膜进行不断改进、创新。”陈良刚说道。

·“闯海人”陈良刚（陈馨怡　摄）

1998 年，在海南省科技厅的支持下，陈良刚研制的家用型毛细管式超滤机荣获国家级火炬计划项目证书。“这是我第一次代表海南企业在全国科技界‘亮相’，也是我的价值获得社会承认的起点。这要感谢改革开放政策的支持。”陈良刚想起当时的情景，仍难掩激动。

如今，陈良刚的企业已经成为世界最大超滤膜生产企业，其所生产的设备在 26 年间，从工业走向民用，从海南走向世界。

“时代是第一位的，没有这个时代，再努力也没有用。特区是一个试验田，思想开放，国家重视，加上我们的闯劲儿、勤奋和努力，才能在这样的土壤上‘长’出我们这样的企业。”陈良刚感叹道。

谈到三十年来海南的发展，陈良刚感慨万千：“作为中国改革开放的前沿，海南发生了天翻地覆的变化。不过，与其说是海南的变化，不如说是中国的变化。”

勇立潮头、握准时代脉搏，一代代“闯海人”的努力，凝结成了敢闯敢试的特区精神，也让更多先进技术从海南这座小岛走上世界舞台。

埋头苦干

近年来，国际旅游岛建设成为海南省发展的总抓手。旅游业已经成为无数海南青年的创业选择，林维就是其中一员。

1989 年出生的林维来自海南省保亭县什进村，是个地地道道的黎家人，也是真正成长在改革时代的青年。

过去，林维所在的什进村是保亭县有名的贫困村，当地人靠天吃饭，每当遇上台风、暴雨等恶劣天气，粮食减产，常常不够吃。

· 黎族姑娘林维（林维　供图）

2010 年，为响应习近平同志视察什进村提出的“着力解决最困难户的脱贫致富问题，让国际旅游岛建设真正成为惠民工程”重要指示，什进村进行了旅游综合化改造。改造完成后，曾经的落后贫困村被评为“全国少数民族特色村寨”，成为第一批挂牌的特色村寨之一。于是，林维放弃在三亚开旅馆的梦想，打算在村里开一家主打黎族风情的民宿，为带动家乡经济发展出一份力的同时，助力改变家乡旅游发展的困境。

作为什进村的第一家民宿，林维说：“每次带客人逛村子、进果园的时候，村里人都觉得好奇，村里的一颗杨桃树能有什么好看的？他们不知道，我们原生态的小村子对久居城里的人来说具有怎样的吸引力。”

除了不理解，经营旅馆远比林维预料的复杂——房子的水压太小、民用电带不动七台空调，申请了半年多的网络迟迟没有着落……每一件经营中的小问题，不仅考验着林维对经营旅馆的信心，同时也在考验着海南经济特区改革开放的力度和推动国际旅游岛建设的承诺。

“让居民望得见山、看得见水、记得住乡愁。”林维深刻铭记习近平总书记的这句话。她感到自己做的事情是正确的，并下定决心，为了家乡的美好未来，说什么也要坚持下来。

资金少，她就自己动手设计民宿，有一次竟在涂光油时中毒；没经验，她就去杭州客栈做义工，默默观察、积累经验。经过四年的埋头苦干，林维的民宿已有起色。村民们也在林维的带动下，靠着这条产业链不断创收，家里的香蕉、椰子都卖出去了。

谈及什进村民宿发展的未来，林维说道："政府非常鼓励我们发展家庭旅馆经营，我希望可以在我的带动下，在村里整合十来户民宿一起做这番事业，打造自身特色，让我们黎族文化走出海南，走向世界。"

"故人具鸡黍，邀我至'黎'家。"海南的自然环境在林维眼里，有着不可估量的无穷魅力。这魅力来自新一代海南建设者埋头苦干、实干的魄力，也来自海南经济特区不断丰富的旅游业态和不断升级的海南旅游产业。

从祖国南部的边陲小岛，到实现跨越式发展的改革前沿阵地，一代代海南人为经济特区的发展，披荆斩棘、探索不止。如今，中国特色社会主义进入新时代。十九大报告中指出，只有改革开放才能发展中国、发展社会主义、发展马克思主义。中国改革的步伐将坚定向前，中国开放的大门不会关闭，只会越开越大！

记者：张潼、石倩颍（实习）

原载于：2018 年 4 月 12 日中国青年网

原标题：《中国人的故事 |"闯海人"经历的改革故事》

青年说

之前去过海南旅行，海南的发展不错，体验很棒！一代代海南人为经济特区的发展探索不止，真是值得尊敬！

网友@你干嘛一直笑

网友@江南1043090103

改革开放的大门永远敞开，真心感觉这是一个很好的时代，可以让青年人无所顾忌地、大胆地创新拼搏。

我喜欢大海，更喜欢“闯海人”的这股闯劲儿，希望我也可以拥有这股“闯劲儿”，拥有自己多彩的人生。 网友@阿坝老牧民

网友@美丽衡山 脑海中突然出现词语“互相成就”！

建设雄安的奋斗者们

2017 年 4 月 1 日，党中央、国务院决定设立雄安新区。习近平总书记曾强调，建设雄安新区是一项历史性工程，一定要保持历史耐心，有功成不必在我的精神境界，稳扎稳打，一茬儿接着一茬儿干。

幸福是奋斗出来的，雄安愿景是实干出来的！雄安新区设立至今，各方有志青年奔赴雄安热土，在这张宏伟蓝图上书写着青春。

112 天建成智慧园区的奋斗者

112 天，在一片荒地上建成由 8 栋单体建筑组成的、24 万平方米的智慧园区，这是怎样一种速度？

中建三局的员工周千帆是雄安市民服务中心设计技术部经理。雄安市民服务中心项目总建筑面积 10.33 万平方米，规划占地 24.24 公顷，是雄安新区面向全国乃至世界的窗口，承担着雄安新区政务服务、规划展示、会议举办、企业办公等多项功能。

112 天，就是周千帆和同事们建设该项目的工期长度。一砖一瓦，一土一木，周千帆见证了园区拔地而起的点滴变化。

项目时间紧、任务重。2017 年 11 月，很多员工在公示中标的第二天就赶赴雄安。“我下午接到通知，晚上就赶到这里了，都没来得及带上过冬的衣服！北方的冬天太冷了，零下十多度，穿的衣服都是来当地之后买的。”周千帆的长沙工友陈胜笑着说。

为了园区的建设，中建三局投入了比常规工程多十倍的力量，“我们的作息时间是‘早睡早起’——早上睡觉、早上起床，最忙的时候，连续四十多天整个团队都工作到凌晨 2 点多才休息，早晨 8 点就又重新投入工作中。”周千帆说，“园区主打绿色、智能的定位，我们必须保证高质量完成，其中很多高精尖技术我们也都是第一次接触。”

4000 余名建设者战风斗雪、割冰焊霜，20 天完成 5 万米焊缝的焊接作业，焊缝长度连接起来相当于 6 个珠穆朗玛峰的高度；25 天完成 12200 吨钢构件安装，相当于 2 个埃菲尔铁塔的用钢量；1000 个小时实现所有钢结构单体全面封顶，比同体量工程施工速度快两三倍！

“工期就摆在这里，不做是不可能的，我们以最大努力来保证速度和质量，推动设计理念在项目上真正落实。”周千帆说。

2018 年春节，是雄安新区成立以后的第一个新年，也是所有新区工程项目建设者在雄安过的第一个年。让周千帆感动的是，工人们十分积极，大年初一一早就主动投入工作。

“虽然过年回不了老家，但我们项目上的所有人聚在一起也是一种团圆，我们这一年一起为雄安的建设贡献了一点小小的力量，这也算是我们给雄安、给祖国最好的新年礼物了！”周千帆感慨。

· 雄安市民服务中心设计技术部经理周千帆（周千帆 供图）

一砖一瓦，建设者们见证着园区拔地而起的每一步，在小小的量尺里，测量的是匠心的精准。一土一木，智能设施装备，高端产业示范，在辉煌的梦想里，藏着的是一颗建设智慧新城的雄心！

600 篇日记背后的奋斗者

600 篇日记，记录了“90 后”姑娘史润夏从“北漂”蜕变为雄安新区“土著”的心路历程。

2016 年，从北京师范大学法学系硕士毕业的史润夏放弃了留在北京发展的机会，回到家乡保定，通过国家选调生政策来到保定市雄县县委组织部工作。一年后，她来到雄县北沙口乡，担任副乡长，负责乡里的文化、教育及妇联工作。

刷着绿漆的墙壁、摇晃的木板床、一张桌面开缝的书桌……这里是史润夏在北沙口乡政府的办公室，也是她的宿舍。这样的摆设，史润夏只在老电影中见到过。但是，一想到能为乡亲们带来一点切实的改变，她又觉得“挺值”。

知道设立雄安新区的消息之后，乡亲们经常问史润夏：“雄安引入的产

· 史润夏在桌前认真地写工作日记（史润夏　供图）

业都是高大上的产业，看着眼花，咱们感到有劲儿使不上啊，不知道应该从何处下手？”“咱们大多都是种地种习惯了，打工打习惯了，创业不知道怎么去做呀！”

于是，史润夏一下班就走进乡亲们家中，坐在老百姓的炕头上，和大家一聊就聊到晚上。本科学习编导专业的她，组织乡里的文艺骨干，用歌唱、快板等乡亲们熟悉的方式，深入浅出地为老百姓讲解政策，让他们实实在在感受到新区设立将会对生活带来的变化。在日记里，史润夏写道：“我终于感受到自己的一点点价值。我和乡亲们一样，对新区发展充满期待！”

年轻的“副乡长”并不好当，除了宣讲新政策，史润夏还得想着给雄县的产业转型支着儿。雄县从 2017 年 2 月开始整治“散乱污”企业专项行动，“散乱污”企业关停了，一些原来在这类企业上班的乡民怎么办？为了发挥当地区位优势，安置劳动力再就业，响应上级号召，北沙口乡开设了电商培训班，邀请专家对乡亲们进行电商经营培训，运用“互联网 +”理念，把乡里原有的箱包贸易从线下延伸到线上，促进当地产业转型。

史润夏一方面要安排好电商培训课程，做好后勤保障工作，另一方面，她还要时不时“客串”辅导老师，提前弄懂培训内容，再将其变成简单易懂的语言，随时给学员们“补课”，并督促他们课下做好实操训练。渐渐地，越来越多的乡亲掌握了电商技巧，大家纷纷在电商平台上经营起网店，线上业务做得风生水起……“‘散乱污’企业关停后，帮老百姓创业致富开一条新路，我能起到一点儿作用，真的很开心。”史润夏在日记里写道。

“雄安新区设立起来了，这里的原生居民也要从思想上、行动上、生活上进行转变，才能更好地跟上新区创新发展的步伐。”带着对未来的憧憬，史润夏告诉记者：“作为一名基层干部，能用所学为家乡做点什么，证明自己的价值，真棒！”

一言一行，年轻的大学生返乡回巢，用星星之火照亮一片田野。一字一语，个人发展的小梦想和家国发展的大梦想相互交融，辉映出一个充满希望的春天！

双城奔波的奋斗者

程堂仁身兼三种角色——雄县挂职县委副书记、北京林业大学雄安校区的建设者、花卉种植资源与育种专家。

每周日下午，程堂仁从北京南站出发，乘坐动车前往白沟镇。1 小时 7 分钟后，火车到达白沟站，这是距离雄县最近的高铁站。程堂仁还要再坐 20 多分钟的车到雄县县委。这就是程堂仁双城奔波的“雄安时间”，110 千米，也是他双城筑梦的距离。

每周的前三天，程堂仁在雄县。周三，程堂仁会按同样的路线返回北京。后半周，出差、立项、研究……程堂仁投入到国家花卉工程技术研究中心忙碌的日常工作中。

保定市与北京林业大学成立了白洋淀生态研究院，作为研究院的专家，程堂仁还参与到雄安新区的万亩“千年秀林”和十万亩“苗景兼用林”项目前期研讨中。

“造林紧锣密鼓地推进，就是要给雄安新区打好绿色底子，成为雄安新区‘蓝绿交织’的底色。”从育种到规模化生产，背后包含的生产链极具生命力：花卉种植将延伸到旅游开发、衍生产品加工等领域，既解决老百姓的就业问题，也能不断提升当地老百姓的就业能力和素质，成为乡村振兴持续发展的重要动力源泉。

规划、研讨、对接……多线程的工作让程堂仁忙碌不已。他每天早上 7 点 45 分走进办公室，晚上 10 点前没有下过班，办公室有小铺，加班累了就歇一歇。程堂仁说，很多北京来雄安挂职的干部，“5+2”“白 + 黑”，吃住都在办公室……

尽管辛苦，这些干部工作却很有激情。大家经常连续工作很多天，不少家在北京的同事，好几个礼拜都没法回家。程堂仁将这些夙夜在公的努力，称为对标对表的“雄安节奏”。

“等京雄高铁通车，从北京来雄安就只要 20 分钟，到时就方便多了。我这个‘新雄安人’还要继续扎根在这里，为新区发展建设做出贡献。”程堂仁说。

一点一滴，程堂仁和同事们是新区规划和发展的智囊，是以智慧令新区蝶变的新型建设者。一花一草，他们亲眼见证种子化作青苗，苗木变成花园，生态优先，绿色发展的新画卷正徐徐展开。

时代在变、规划在变、梦想在变，不变的，是新区建设者们一往无前的拼劲儿、一如既往的初心。执着坚守，不忘初心，雄安建设者仍在青春奋斗的路上！

记者：张潼、王晓芸（实习）、石倩颖（实习）

原载于：2018 年 3 月 30 日中国青年网

原标题：《中国人的故事｜建设雄安的奋斗者们》

青年说

这些数据好震撼！本来并不知道雄安新区的建设速度到底有多快，现在很直观的就能感受到，很棒！中国加油！雄安加油！——网友@成黯黯

网友@1979雨心：雄安的建设者们，你们很辛苦，为你们点赞，为你们骄傲！

有人曾感慨：20 世纪 80 年代看深圳，90 年代看浦东，如今，我们可以充满信心地展望雄安新区。放眼未来，美好的前景催人奋进！——网友@江南1043090103

网友@故土情：我是一名正在参与建设雄安的工人，看着自己参与建设的大楼一点点地在雄安拔地而起，我的心里别提有多自豪了。

五年后的雄安必将令世界刮目相看，期待！——网友@马大哈宝

悬崖上凿出“麻怀出路”

一个只有小学文化水平的农村妇女，带着几十户村民，开山凿石，历经13年，硬是把大山凿穿，开出了一条216米的“小康之路”。五年之间，她不等不靠，带着村民发展产业，使曾经闭塞的贫困村面貌一新。

她就是当代“女愚公”，一个敢于抡起铁锤开挖隧道的女人，一个带领麻怀脱贫致富的普通妇女——贵州省罗甸县沫阳镇麻怀村党支部书记邓迎香。

“麻怀村一定要开山通路”

贵州黔南深度贫困地区是典型的“九山半水半分田”山区。邓迎香居住的麻怀村，由于群山环抱，山高坡陡，祖祖辈辈都吃够了交通不便的苦头。山路崎岖又危险，村里的孩子大多都是十岁才开始上学。因为走到学校要花两个多小时，孩子太累，上课经常打瞌睡，成绩普遍不好。出村得翻山越岭，生活物资拉不进来，山里的农产品运不出去。在邓迎香眼里，那时的日子就是“坐井观天”。

· 隧洞开挖前，邓迎香（左三）参加村里开的短会（邓迎香　供图）

大家都知道，“要致富，先修路”。可是面对高耸的大山，路从何处修，大家想都不敢想。1993年7月的一个晚上，邓迎香三个月大的孩子高烧不退，她和爱人发疯般地背着孩子往医院跑。奈何大山挡在面前，路途遥远，“我感觉孩子就在我的背上渐渐凉下去了”。因为这件事，邓迎香对这座大山恨得咬牙切齿，萌发了凿山开路的念头。

1999 年,国家实施农网改造,可又因为大山阻隔,电线杆和变压器运不进来。夜幕降临,别的村庄都有了亮光,麻怀村却依然漆黑一片。这时,村里决定顺着村南面的溶洞凿一条隧道。

"麻怀村一定要开山通路!"这时的邓迎香虽是普通村民,却有着比任何人都强的决心。

"绝不能等、不能靠,我们自己干!"

开山在即,没有资金是一个大难题。经过商议,村里有承包土地的村民出资 15 块钱,大家总共筹集到 1350 块钱,主要用于买蜡烛、煤油和凿山的锤子和锄头。

在村干部的带领下,大家在当年农历十一月初八正式开工凿山。

邓迎香说起凿山的往事,一幕幕场景历历在目。"大家一个挨着一个地坐在地上,由于空间狭小,大家都抬不起头,点着蜡烛和煤油灯,呼吸的都是煤油的味道,里面很闷热,汗水不一会儿就能浸透全身。"

刚开始,打下来的石头都是村民用手传递到外面,打到山中间时就十分费力了。"我们就想办法,找来宽度合适的木头,中间挖出一个能装石头的坑,用这种最原始的方法,克服了这个困难。"

· 邓迎香(左一)和村民们接力把石头一块块运出去
(邓迎香 供图)

由于没有技术人员,只能用"放爆竹听声音"的土方法确认打洞的方向。"有一次,我们在山这边放爆竹,山对面的人听声音说感觉没有以前的距离近,这才确定洞打弯了。"邓迎香说,最后打完有个地方有 8 米宽,就是因为当时出了问题。

2001 年元月 28 日凌晨,全长 216 米的隧洞终于打通,电线杆顺利抬进村,麻怀村终于通了电。

"原先出村子要花 2 个多小时,现在钻洞走,只需要 15 分钟!"邓迎香说,"我们当时什么都没有,但是绝不能等、不能靠,我们自己干,也能把山凿通!"

“必须把狭窄的隧洞凿成大道”

虽然隧洞已经打通，但是只能勉强过人。此后，麻怀村民又多次施工拓宽隧洞。用最原始的方法开山凿石，难免进度缓慢，有村民抱怨：“这得凿到猴年马月啊？”邓迎香的双手都磨出了血泡，但她总是鼓励乡亲们“宁可慢慢做也不要停”。

2004 年，隧洞能勉强通过摩托车和马车。这时，村里大部分年轻人开始外出务工，凿山暂时被搁置。也是在这一年，邓迎香在外务工的丈夫因矿难丧生，撇下她和一双六七岁的儿女。邓迎香没有被突如其来的灾难压垮，她反而清楚地认识到，如果隧洞完全打通，村里发展产业有钱赚，丈夫就不会因外出务工而丧生。

2007 年，邓迎香与同村丧偶的李德龙组建起新家庭，双方带着各自的儿女走到一起，过了一段平静的日子。2010 年，邓迎香的女儿出嫁，打破了这种平静。

“我女儿是麻怀村第一个穿婚纱结婚的，大家都觉得新奇。”邓迎香说，“外省的女婿来接亲的车队开到洞口就进不来了，女儿只能猫着腰从洞里穿过去，那天正好下雨，她就把婚纱撩起来往前走，雪白的婚纱都溅上了泥巴。”

正是因为这次经历，邓迎香有了“必须把狭窄的隧洞凿成大道”的想法。

“既然妈妈做了带头人，就不能半途而废”

女儿出嫁后，邓迎香跟丈夫说，一定要把这个隧道拓宽。“当时我丈夫就问我是不是‘疯’了，因为很难召集起村民。”

正如邓迎香的丈夫所说，大多数村民并不支持邓迎香的想法。村民认为，人能通过就不错了，通不通车又有什么关系呢，哪家能买得起车？

这一次，邓迎香没能说服村民，可她没有气馁，带着大锤和锄头，开始一个人开凿隧道。她从清理杂草开始，干了一个星期，就在山洞边上住了一个星期。在这期间，邻居买了个席梦思床垫，经过洞口时，发现横竖都无法通过，最后只能翻山越岭，最后床垫都被划坏了。“我就趁热打铁，去他们家说，‘这个洞一定要修，一定要拓高拓宽’，这才说服了一户人家。”半年过后，在她的感召下，先后有 27 户村民加入进来。

镇政府知道后，支持了三万块钱资金，再加上邓迎香自家垫付了一万块，麻怀村民们添了一些设备，大家从洞两头同时开工。当初只有邓迎香一个人的工程，一下变得热闹起来。

· 邓迎香（右）和村民举行了简单的通车仪式（邓迎香 供图）

每天三班，昼夜不停，邓迎香把读初中放寒假的小女儿叫来帮忙，“那时她才 13 岁，干了一段时间，我偶然看到女儿的手像六七十岁的老太婆，特别心疼。”邓迎香的女儿也有过疑问：“我们家房子都盖好了，为什么还要凿洞？”

邓迎香对女儿说：“既然妈妈做了带头人，就不能半途而废！”

2011 年的夏天，一条长达 216 米、高 4 米、宽 4 米的“麻怀隧道”终于建成，汽车第一次开进了麻怀村。

“为什么路修好了，我们村还是这么穷”

2014 年初，邓迎香当选为麻怀村委会主任，这时，村里基础设施还很薄弱，村民的生活水平还很低。

“既然大家信任我，我就一定要带大家脱贫致富。”邓迎香接过了带领全村脱贫的重任，从基础设施做起，继续修缮村里的路。

“为什么路修好了，我们村还是这么穷？”邓迎香经常带着这个疑问外出学习。她明白，以前修路是为了生存，现在要进一步发展产业，才能带动老百姓致富。凭着一股不服输的“愚公精神”，邓迎香四处考察，寻找适合村子发展的项目。

在隧道口的一块土地上，邓迎香引来客商合作试种铁皮石斛，还制定了绿壳蛋鸡饲养、中药材种植、果树种植的产业发展规划。她苦口婆心地说服村里的几个“能人”拿出手头积蓄，办种植专业合作社。

为了鼓励村民将土地流转给合作社，她给老百姓们算了一笔账：“一亩地可以收一千斤稻谷，把成本去掉，根本赚不到什么钱。如果将土地流转，不仅能拿租金，还可以到合作社打工赚钱。”

邓迎香还鼓励外出务工青年回乡创业，看到家乡有发展潜力，村里越来越多的年轻人愿意回乡建设麻怀。

2015 年，村民袁端生在邓迎香的劝说下，放弃在外每年二三十万元的收入，回乡创业。如今，他是罗甸创达养殖专业合作社负责人，主要种植大球盖菇、饲养黑毛猪，还带着村民一起致富。“邓大姐是嫁到我们村的，却比我这个本村的人干得多，我也得为村里发展出份力。”他说。

“大手拉小手，把产业做大做强”

邓迎香在带领村民脱贫致富的同时，也关注着村里的方方面面。麻怀村的村民们都说，“女愚公”不仅会“移山”，还是个“管家婆”。

只读过小学的邓迎香深知教育的重要性。2014 年，她在村里成立了“草根助学基金会”，协调社会力量资助村里的贫困学生。邓迎香说：“要想孩子不受穷、不受苦，还得靠多读书。”

“打通隧道之前，我们村没有一个大学生，现在，我们村已经有 24 个大学生了！”

在邓迎香的带领下，今天的麻怀村，已经成了远近闻名的脱贫村。

邓迎香十分感慨：“我们打隧道打了 13 年，2 米长的钢钎磨损到只剩 2 尺长，20 磅的铁锤只剩 8 斤重。但是，如果当初没有打隧道的决心，现在的这一切都只是一个梦。”

谈起麻怀村的脱贫成绩，邓迎香十分自豪：“村里的人均纯收入达到 8000 多块，是通车以前的 10 倍之多。村里 90% 以上的村民都盖起了新楼房，现在我们村里都有 53 辆小轿车了。”

2013 年 10 月 17 日，在北京国际会议中心召开的第四届中国消除贫困颁奖大会上，邓迎香荣获我国扶贫领域最具影响力的奖项——“第四届中国消除贫困奖感动奖”。2014 年 3 月，邓迎香又被评为“全国三八红旗手标兵”。

2017 年，邓迎香带领麻怀村的村民，依托打造中国“天眼乡村”振兴示范区的机遇，发展乡村旅游，还开了不少农家乐。“我们要吸引更多的游客，让村里最后 38 户贫困户脱贫，争取在今年实现小康村的目标，”邓迎香说，“未来，我想大手拉小手，把产业做大做强，带领我们周边的贫困村一起致富！”

记者：胡云茹（实习）、李慧慧

原载于：2018 年 12 月 24 日中国青年网

原标题：《出彩新时代 | 当代女愚公！为了富，自己上手 13 年把大山凿穿》

青年说

女子本弱，为母则刚。从最初一个人修路，到半年间一个村子的人参与修路，邓迎香的坚定，最终感动了所有人。希望今后她的生活会越来越好。

网友@倔强的胡萝卜

网友@风一样的人

“我们家房子都盖好了，为什么还要凿洞？”是呀，为什么呢？邓迎香女儿的疑问也是我们这些普通人想知道的答案。一个平凡但不平庸的女性，用实际行动来回答！

女性也能撑起半边天！期望我以后也可以成长为像邓迎香这样有韧劲儿的女性，在自己的领域中有所建树！

网友@厚浪

网友@左江打盹鱼

有幸见证历史，用双手打造美好未来！

中国首任核潜艇总设计师的传奇人生

1970 年 8 月 30 日，在四川夹江大山深处的“909”基地，由中国核动力研究设计院设计研制的核潜艇陆上模式堆顺利达到满功率，发出了中国第一度核电！这意味着，中国第一艘核潜艇的心脏——核动力装置开始运行了！

这一天，中国成为世界上第五个拥有自主核动力技术的国家，大家欣喜若狂，而总设计师彭士禄却在蒙头大睡。在这之前，他已经连续五天五夜没有合眼了。

· 1988 年，在我国核潜艇胜利完成水下发射运载火箭后，中国第一代核潜艇几位总设计师合影。赵仁恺（左一）、彭士禄（左二）、黄旭华（右一）、黄纬禄（右二）（中国核动力研究设计院　供图）

彭士禄这个名字，鲜有人知。直到 1988 年 9 月 27 日，中国导弹核潜艇发射运载火箭成功，他才作为中国第一任核潜艇总设计师、中国第一个核动力装置的主要设计者，走进人们的视野。而在这之前，他隐姓埋名 30 年，他的名字和他从事的工作一样，都是中国的机密。他还有另外一个身份——无产阶级革命家、烈士彭湃的儿子。

“坎坷的童年经历，磨练了我不怕困难的性格”

1925 年，彭士禄出生在广东省汕尾市海丰县，是彭湃的二子。20 世纪 20 年代，出身工商地主家庭的彭湃，冲破阶级的“枷锁”，成为“中国农民运动的第一个战士”。

“一个漆黑的夜里，奶妈背着我逃难。”这是彭士禄关于人生最早的记忆。1928 年，彭士禄只有 3 岁，母亲蔡素屏不幸被捕，英勇就义。1929 年，彭湃在上海被捕，在生命的最后时刻，他高唱《国际歌》，慷慨赴死。那一年，年仅 4 岁的彭士禄成了孤儿。尽管彭士禄才 4 岁，他已经成了敌人的“眼中钉”、悬赏搜捕的“通缉犯”。

为了不被“斩草除根”，彭士禄过起了姓百家姓、吃百家饭、穿百家衣的生活。他先后在几十个贫苦百姓家生活过，每到一家，他都要改名。8 岁时，彭士禄被当局抓进监狱。在那里，他吃的饭里满是沙子、虫子，浑身都是虱子、疥子，晚上睡觉盖的是破麻袋。1935 年，在狱友们的掩护下，在监狱受了一年苦、差点被饿死的彭士禄终于出狱。之后，他从监狱转到广州感化院，患重疾差点病亡。10 岁时，他开始沿着铁道流浪，一度靠乞讨度日。后来，彭士禄再度被捕，这一次，祖母周凤将其营救出狱。此后他在党组织的安排下，在香港、澳门学习和生活。直至 1940 年，在重庆八路军办事处，彭士禄第一次见到了周恩来和邓颖超。

后来，15 岁的彭士禄来到了延安，于 1945 年加入了中国共产党。回顾过往，彭士禄总是饱含深情地说：“坎坷的童年经历，磨炼了我不怕困难的性格，我对人民永远充满感激，无论我怎么努力，都感到不足以回报他们给予我的恩情。”

1951 年，彭士禄以优异的成绩获得留学苏联的名额，前往喀山化工学院化工机械系学习。

1954 年 1 月，美国东海岸发生了一件大事：一个巨大而灵巧的“黑色水怪”转眼潜入太平洋，游过墨西哥湾、荡过南美洲、横穿大西洋，途经欧亚非三大洲后又回到了美国东海岸，而这一切的全部动力来自一块高尔夫球大小的铀燃料。如果换成石油燃料，需要整整 90 节车皮的石油。消息一经公布，举世震惊。这就是继原子弹之后再度震惊世界的美国核潜艇“鹦鹉螺”号。

1956 年，彭士禄改学原子能核动力专业。

“从未在晚上 12 点以前就寝过，我们要学的东西太多太多了，一头扎进去，就像沙漠中的行人看见了湖泊那样。当时，那种奋进不息、为祖国夺取知识制高点的心情是难以用语言描述的。”回忆这段时光，彭士禄这样说道。正是这段时光让彭士禄与核动力结下了一生的缘分。

“门外汉”悄无声息地站到了核动力科学研究的前沿

1959 年 10 月，当时的苏共中央总书记赫鲁晓夫率团访华，毛泽东提出了为中国核潜艇研制提供技术支持的请求。赫鲁晓夫傲慢地回答：“你们中国搞不出来，只要我们苏联有了，大家建立联合舰队就可以了。”赫鲁晓夫甚至提出，在中国设立长波电台，建设供苏联的潜艇停靠的基地。

毛主席听后十分愤怒，并表示中国一定要研制出自己的核潜艇。

1962 年 2 月，彭士禄开始主持潜艇核动力装置的论证和主要设备的前期开发。然而，当时“一穷二白”的中国想要造核潜艇，简直比登天还难！无图纸资料，无权威专家，无外来援助，包括彭士禄在内的所有人，谁也没见过核潜艇长什么样，仅有的参考资料，是从报纸上翻拍的两张模糊不清的外国核潜艇照片，和一个从美国商店买回来的儿童核潜艇模型玩具。在这种状况下，搞核潜艇不得不全靠“自教自学”。

“那时候，条件艰苦啊，我们都能够干出来，不容易！”彭士禄深知，仅凭一腔热血是不够的，需要把自己和别人已有的经验和技能进行转化，同时大量吸收新的前沿知识。

彭士禄针对全室大多数人只会俄语不会英语、而外文资料又大多为英文的状况，组织了集体学习英语。大家从早晨 5 点多钟起床就背英语单词，甚至上厕所时也在背，夜深了也要背上几遍新学的单词才去睡。这样边学英语，边看与各自专业有关的英文资料，经过两年的努力，全室基本上过了英语阅读关，并且摸清了国外核电站、核动力装置的基本情况。

“那时候，交通不便，我们吃住都在工地上。那里阴暗潮湿、毒蛇蚊虫肆虐，生活非常艰苦。我们是吃着窝窝头搞科研的，连窝窝头都吃不上时，就挖野菜和白菜根吃。当时没有电脑，仅有一台手摇计算机，大家就拉计算尺、打算盘，那么多的数据都是靠这些工具没日没夜地算出来的。”彭士禄回忆说。

就这样，通过边学习边实践，他们逐渐扎实地掌握了核动力装置的基本原理及各系统、各专业间的内在关系。默默攻关，这些“门外汉”悄无声息地站到了核动力科学研究的前沿。

“我来签字，我负责”

尖端科学讲究精细严谨，但彭士禄偏偏“大胆”。

在潜艇核动力装置的论证和主要设备开发前期，许多人对核动力的了解都几乎为零，他们有学电的、有学化工的、有学仪表的，对某个技术上的问题意见不一致时，甚至会发生激烈的争论。出现这种情况，彭士禄就对研究人员说：“不要吵，做实验，用实验结果说话。根据实验结果，我来签字，我负责！”

1970 年 7 月，反应堆开始缓缓提升功率。每提高一档功率，出现的险情就越多。问题不断增加，反对继续提升功率的意见也越来越多。在这种情况下，彭士禄力排众议，继续提升功率。1970年8月30日，他决定实现主机“满功率”。这一天，实验现场围满了人，负责数据运算的黄士鉴并不知道彭士禄满功率的计划，下午六点多钟，黄士鉴发现，竟然满功率了！他以为自己算错了，继续算第二遍、第三遍，这才确定。

彭士禄的“大胆”，并非有勇无谋，“拍板”也并非胸中无数。有一次，有人问他：“为什么敢于拍板？”他说：“其实，有个秘诀——一定要用数据说话。”牢牢掌握实验数据，是他大胆决策的科学依据。也有人问彭士禄：“在潜艇核动力装置研制过程中，那么多次拍板，有没有拍错的时候？”彭士禄毫不掩饰地说：“有啊，怎么可能没有？错了，我就改过来，再继续前进。只要三七开，有百分之七十的把握就可以干，不然，都准备好了，要我们干什么？”

就在核潜艇进行最后调试工作时，剧烈的胃疼袭来，彭士禄全身都被汗水浸透了。医生诊断为急性胃穿孔，这一次手术，彭士禄的胃被切除了四分之三，那一年，他才49岁！彭士禄说：“我喜欢这个工作，付出的一切都是值得的！”1988年，彭士禄又担任了秦山核电二期工程董事长，成功实现了我国核电由原型堆到商用堆的重大跨越。

彭士禄曾在自述中写道：“也许因是属‘牛’的吧，非常敬仰‘孺子牛’的犟劲精神，不做则已，一做到底。活着能热爱祖国，忠于祖国，为祖国的富强而献身，足矣；群体团结，是合力，至关重要，最怕‘窝里斗’，分力抵消，越使劲越糟糕，最后变成负力，悲矣！尽自己的力气去做正功，没有白活。”

大国重器，以命铸之。彭士禄和同事们在祖国贫弱的年代，创造出了荫护万代的财富，用自己坚挺的脊梁，给了整个民族力量。几十年后，中国大地上已建起了一座座安全、高效、清洁的绿色能源核电站。一代又一代核工业人不驰于空想，不骛于虚声，将青春年华化作深海中前行的潜艇、澎湃动力的核电站，无声，但有无穷的力量。

记者：李慧慧、牟昊琨；通讯员：赵菲菲

原载于：2021年3月22日中国青年网

原标题：《中国人的故事｜彭士禄：中国首任核潜艇总设计师的传奇人生》

青年说

中华民族能够绵延至今，就是因为有一代又一代杰出有才华的他们默默支撑！为他们感到骄傲，他们才是令人尊敬的人！ @贝儿68099

@四月与十一月的挥手 真心觉得，这才是应该大力宣传的明星！

是你们为国家安全打下了坚实的基础，永远致敬和怀念老一辈国防科研工作者！ @醉在风里

@实况神圣 致敬彭老，致敬科学家，祝福祖国更加繁荣富强！

如果没有他们的隐姓埋名，如果没有他们数十年如一日的坚守，中国就不会有如今的繁荣和安定。 @大燕2010

“只要给我一条门缝，我就能蹚出一条大路”

“你们过去做得很好，方兴未艾，希望今后再创佳绩。”2018 年 6 月 12 日，习近平总书记来到威海华夏城考察了华夏集团的生态修复项目，对其工作给予了肯定。

“脱不开缰绳的磨驴，永远围着磨道转。”这一生，从农民到“塔机大王”再到“旅游牛人”，华夏集团董事长夏春亭的身上始终透着一股“轴”劲儿。他说：“只要给我一条门缝，我就能蹚出一条大路。”今天，夏春亭不仅成就了市值百亿的企业，还当选第十届、第十一届全国人大代表，荣获全国五一劳动奖章。

“48 元”起家，“泥腿子”的第一条“掘金路”

“第一批水泥管终于做出来了，沙子是我在河里筛出来的，石子是老婆搞的，手里的钱还剩下两块。在这个三十平方米的小院里，我希望能创造奇迹。”

——摘自夏春亭日记

1985 年，中国改革开放迎来了波涛汹涌的第 7 个年头。出生在山东威海夏家疃村的“泥腿子”夏春亭，嗅着改革的气息，兜里揣着 48 元钱，决心开始干个体户。那年，他 30 岁，正是而立之年。

· 华夏集团董事长夏春亭讲述创业之路（岳军超　供图）

夏春亭的第一次创业是做水泥管。两把铁锨、一套焊接的模具、一辆独轮木手推车、一辆“吱吱呀呀”响的破自行车，就是他创业的所有资本。“那时候日子苦啊！老婆像男人一样和我一起干。创业第一年，买了三斤肉,过了一个年。”

当时,人们对个体户还存有偏见,销售成了夏春亭最头疼的事。“那时候,我就天天骑着个破自行车去推销。哪个企业几点上班,几点下班,我记得一清二楚。”一次次遭到拒绝,一次次被泼冷水。就这样,来回几十趟,终于,有公司答应试试看……过硬的质量,加上铁打的信誉,从几根水泥管到大批量的订单,夏春亭的生意越做越大。

到 1989 年,夏春亭的家庭小作坊摇身一变,成了占地 1.22 万平方米、资产 200 万元、年销售额 300 万元的私营企业。威海,总算有了夏春亭的一片艳阳天。

“塔机大王”诞生,“傻子”并不傻

“聪明人犯傻时,比精明人更聪明。其实我这股傻劲儿,由来已久。”

——摘自夏春亭日记

1995 年,中国的改革开放进入第 17 个年头,民营企业进入新的发展阶段。开拓,超越,夏春亭的思索之弦再次被拨动。

面对掘到的“第一桶金”,夏春亭并没有满足。他的目光铆在了把企业做大做强上,但仅仅做水泥管难成夙愿。1995 年,面对“疲软”甚至亏损的塔机市场,他却决定进军塔机行业。

塔机是个对安全系数要求特别高的建筑机械产品,怎样打赢“质量仗”从而一击制胜呢?夏春亭苦苦思索,“不合格的原材料、不合格的零部件一律不准入厂。从原材料购进到产品出厂,层层把关。”这成了华夏塔机的制胜法宝。夏春亭还借鉴了国内外先进企业的管理模式,摸索出了“扁圆式”管理方法,使得企业管理更加科学。企业要发展,科技须先行。夏春亭带领华夏集团成立省级高新技术研发中心,自主研发了多项技术专利。

终于,多年的辛酸付出,换来了“华夏牌”塔机的名声响彻五湖四海,连续 12 年全国销量第一,销售网络覆盖全国,产品走向世界。从此,一个全国“塔机大王”诞生了!

跟山“较劲儿”,3767 亩矿坑的华丽蝶变

“华夏城明年五一开园,压力特别大,时间短,又面临冬季施工,还有些主题不明确……我仍只有拼命向前冲,否则一误就会误一年。”

——摘自夏春亭日记

2006 年,中国改革开放的第 28 个年头,民营企业进入高速发展的黄金

时期，“塔机大王”的事业也如日中天。就在这时，夏春亭做出了一个让所有人“匪夷所思”的疯狂决定——斥巨资修复生态。

“我做企业之前是个农民，党的十一届三中全会让我走了出来，如果赚了钱一定要回报社会。”威海矿山附近的居民靠山吃山，大规模开山采石，这里山体裸露，渣石成堆。面对这样的“窘况”，夏春亭的“傻劲儿”上来了：向山开战！

修山建“城”，谈何容易？连夏春亭自己也没有想到，这一“整”可是给自己挖了个“大坑”。“我自己也没想到花那么多钱，真掉坑里去了！”当时，不光企业员工不理解，连夏春亭的妻子一度也不支持。顶着重重压力，他一点一点地干，一干就是 12 年。12 年后，一座建在矿山上的环保生态城悄然崛起。

老当益壮，拼了命也要干

“战略投资是今天栽树明天摘果子，战术投资是今天摘不到果子今天就不种树。现在是错的，将来是对的。”

——摘自夏春亭日记

修山填坑，几乎将夏春亭 20 多年的创业积蓄全部投了进去。怎样才能把绿水青山变成“金山银山”？花甲之年，夏春亭仍苦苦思索。

此时，这个山东汉子开始琢磨着从齐鲁大地的传统文化中汲取营养，发展文化旅游产业。为了探索实景演出的路子，夏春亭把全国的演出都看遍了，一年跑了几十个城市。

· 夏春亭在研究实景演出规划图（岳军超　供图）

2014 年春节，“拼命三郎”夏春亭在病床上听到厦门市市长要专题研究“闽南传奇”演艺项目，他硬是坐着轮椅让工作人员把他抬到了赶往厦门的飞机上。那天，他躺在沙发上见了领导，半趴在会议桌上汇报项目。那一幕，感动了所有人。终于，《华夏传奇》和《闽南传奇》360 度实景演出大获全胜。

最优等的心，不必华丽，但必须坚固。在无数的争议与质疑中，夏春亭坚持做的只是自己。他是一个“狂人”,也是改革浪潮中的“幸运儿”。他总说,自己是农民的儿子,没有改革开放,他永远走不出山坳。老骥伏枥,志在千里。花甲之年,夏春亭依旧奋斗不止,手捧赤子之心回报着社会,也回报着孕育着华夏的新时代!

记者:李慧慧、杨月

原载于:2019 年 1 月 3 日中国青年网

原标题:《中国人的故事 |“只要给我一条门缝,我就能蹚出一条大路”》

青年说

中国需要这样的英雄,夏春亭始终怀抱一颗赤子之心回报着社会,也回报着孕育着华夏的新时代! 网友@王晓培

网友@Lucky baby 夏春亭是改革开放见证者中平凡的一员,更是一名努力奋斗的榜样楷模!

这是最好的时代,只要脚踏实地干事创业,就会有成绩!为英雄点赞! 网友@芳香

网友@耿浩 正是这些走出条条大路的人,造就了改革开放的辉煌。

“一带一路”上的青春“建证”——铁轨上的“中国名片”

2013 年 9 月和 10 月，习近平主席先后提出建设“丝绸之路经济带”和“21 世纪海上丝绸之路”的合作倡议，“一带一路”建设正式启动。秉承“共商、共建、共享”原则，政策沟通、设施联通、贸易畅通、资金融通、民心相通，几年来“一带一路”建设取得耀眼成绩，获得国际社会的高度认同与赞赏。今天，我们走近带着“中国品牌”“中国标准”在“一带一路”沿线打造超级工程的青年工程师、青年建造工人，听听他们砥砺奋斗、擦亮“国家名片”的心里话！

“一带一路”建设正式启动以来，中国铁建先后参与建设了土耳其安伊高速铁路、尼日利亚阿卡铁路、沙特南北铁路、格鲁吉亚现代化铁路、亚吉铁路等一大批助力所在国经济发展的标志性工程。

土耳其安伊高速铁路——我国在海外建成的首条高速铁路，“新丝绸之路”的重要成果

【讲述人：杨俊明】

我叫杨俊明，是中国铁建的一名高速铁路设计师。我们技术人员心中有一个信念：让中国铁路“走出去”，让中国标准“走出去”！

· 土耳其安伊高速铁路二期工程（中国铁建　供图）

土耳其安伊高速铁路的二期工程由中国铁建承建，路段全长 158 千米，设计时速 250 千米。在设置安伊高速铁路隧道接触网吊柱位置时，因这条高铁运行速度快，我们根据实际情

况，建议在隧道口 3～5 米的位置设置接触网第一根吊柱，这样可提高接触网系统的可靠性。但土耳其没有这样的先例，所以对方回绝了我们的建议。

回去之后，他们开会分析，发现了其中的问题，马上给我们打电话说："一定要把支柱放在你们说的位置上，我们认为你们说得很有道理。"后来项目完成通车测试，我们准备回国时，他们一直说："跟你们合作非常愉快，尤其佩服你们精益求精的态度！希望今后还会与中国工程师们合作！"

格鲁吉亚现代化铁路——国际铁路联运大通道的必经之路

【讲述人：李松】

我是格鲁吉亚现代化铁路项目总工程师李松。

格鲁吉亚现代化铁路 T9 隧道全长 8.5 千米，既是格鲁吉亚历史上最长的隧道，也是格鲁吉亚重要的基础设施改建工程，是"一带一路""渝新欧"国际铁路联运大通道的必经之路。

· 李松（右）和监理工程师勘查研究凿除既有墩台方案（中国铁建　供图）

在进行新线 T9 隧道出口爆破时，考虑到出口端居民的生活，我们想尽办法，找寻最优方案。那几天晚上我几乎没睡，脑袋里想的都是怎样解决这些问题。我们对洞顶住房的裂缝进行监控，在洞内悬挂土工布做的"门帘"，想尽办法将震动和噪音降至最低。

一天天相处下来，我们跟当地人结下了深深的情谊。当地人常说："你们到来后，我们的生活质量提升了很多，你们辛苦了，谢谢你们！"

沙特阿拉伯南北铁路——沙特阿拉伯王国修建的第一条现代化重载铁路

【讲述人：孙太东】

我是孙太东，参与修建了沙特阿拉伯南北铁路。沙特阿拉伯南北铁路全长 2400 千米，线路穿越阿拉伯半岛第二大沙漠——纳夫得沙漠，是沙特阿拉伯王国修建的第一条现代化重载铁路。这条铁路北起北部重镇杰拉米德，经哈伊勒、卡西姆两个地区向南至沙特阿拉伯首都利雅得，再往东通过现有线路到东部港口达曼，是沙特阿拉伯王国矿产资源运输的主要通道。

· 沙特阿拉伯南北铁路（中国铁建　供图）

沙漠的紫外线很强烈，需要戴墨镜，没过多久，我就变成了“熊猫眼”。我最难忘的事是在风沙口地段铺轨。有时刚铺好不久，风沙就掩埋了道砟，只得重新清理。炽热的阳光、“溜”进眼眶的汗……我只能大吼一声“酸爽”，然后低头继续干！

当我们用六十天就完成了当地需要一年才能完成的 Brman 桥时，当地媒体报道说：“沙特阿拉伯工程建筑史上，还没有一个规模如此巨大的项目能在两个月里完成，只有中国公司才能做到！”

尼日利亚阿卡铁路——非洲大陆首条“中国制造”“中国标准”的铁路

【讲述人：张省身】

我叫张省身，是尼日利亚阿卡铁路上的文职人员。

阿卡铁路是西非人口大国尼日利亚的第一条现代化铁路，也是非洲大陆首条“中国制造”“中国标准”的铁路。

第一次来到距离中国一万三千多千米的尼日利亚时，闷热的海风扑面而来，潮湿中混着大西洋特有的咸。

有次我发高烧，浑身如有千万只蚂蚁在爬。医生告诉我，我得了疟疾。尼日利亚的同事戏谑道：“没打过摆子就白来了尼日利亚。”那一刻，我对这里有了更深的理解。

· 开启尼日利亚铁路现代化序幕的阿卡铁路（中国铁建　供图）

之后，我们在尼日利亚的业务不断扩大，高楼，我们建的；道路，我们建的；桥梁，我们建的！随着援非医疗队的到来，当地的医疗水平有了很大的进步。现在当地人看到中国建造者，都对我们竖大拇指：“中国人真棒！”每每看到这些，强烈的民族自豪感油然而生！

亚吉铁路——非洲第一条跨国电气化铁路

【讲述人：陆海强】

我是陆海强，参与建设了亚吉铁路。

作为非洲第一条跨国电气化铁路，亚吉铁路全部采用“中国标准”和中国装备建设而成。

· 亚吉铁路的开通，开创了“建设一条铁路，拉动一条经济带”的“亚吉模式”（中国铁建　供图）

亚吉铁路附近有当地人种植的果树，铁路修建起来会切断地面水源。为了不影响村民的生活，我们决定修建灌溉系统。但当地人不懂，我就用 U 型管演示其中的原理，最终使大家信服。

为了让铁路修筑更加高效，我们拜访了沿线各部族的长老，请他们鼓励大家参与其中。后来，在铁路修筑高峰期，我们雇佣当地员工在 1 万人以上。在亚吉铁路沿线，埃塞俄比亚政府规划了 14 个工业园，这样既可以依托亚吉铁路提升物流效率，又可以在未来为亚吉铁路提供大量的货运来源，实现铁路和工业园区的相互促进、共同提升。

回想当时铁路建成后的场景，说实话，我很高兴自己可以为铁路建设做出贡献！

自“走出去”以来，中国铁建在境外累计设计、建设铁路及城市轨道总里程超过 21000 千米，公路里程超过 6500 千米，参与运营、维护铁路总里程超过 2800 千米，累计带动就业人数超过 47 万人次。

习近平主席指出，民心相通是“一带一路”建设的“关键基础”。“我们要建设的互联互通，不仅是修路架桥，不光是平面化和单线条的联通，而更应该是基础设施、制度规章、人员交流三位一体，应该是政策沟通、设施联通、贸易畅通、资金融通、民心相通五大领域齐头并进。”

“关系亲不亲，关键在民心。”沿线国家人民心灵距离的拉近将成为“一带一路”建设最为坚实的基础。

记者：张瑞玲、杨月、任光建（实习）

原载于：2019 年 4 月 23 日中国青年网

原标题：《中国人的故事｜“一带一路”上的青春“建证”：铁轨上的“中国名片”》

青年说

只有我们的基础设施建设真正为当地百姓带来益处，得到当地人的认可，我们建设者的工作才算做得到位。很显然，我们做到了。——网友@蕾

网友@且听风吟：古有丝绸之路，今有“一带一路”，青春在这里绽放，热血在这里澎湃，这真是一个浪漫的过程。

你们辛苦了——为铁路做出贡献的铁建人，你们是中国的骄傲！——网友@紫

网友@飘：一直都知道中国高铁走向世界，但对此并没有太多的概念，不知道它到底有多厉害，看完这篇文章才知道这背后的不易。中国很赞！不愧是“基建狂魔”！

中国建造者一直在路上，为你们点赞！——网友@金晓鲤

“我们改不了天，但可以换地”

辽宁省凤城市大梨树村，七沟八梁瓜果满枝。每年大梨树村村党委书记毛正新都要沿着盘桓的山路走一走，看一看。

六年前，他的父亲，也就是大梨树村的老书记毛丰美去世前的第 13 天，无法行走的毛丰美，坐着轮椅，眷恋的仍是这片土地。

如今，毛正新站在高处，放眼整个大梨树村，来往的车流、人流点缀在青山绿水间，心旷神怡。“让村民过上城里人羡慕的生活！”这是父亲临终前的嘱托，毛正新不敢忘记。父亲在他眼中就像一座碑，他害怕辜负了父亲。

“我们改不了天，但可以换地”

曾经的大梨树村，村民人均年收入不足百元，穷得叮当响。

“八山半水一分田”，大梨树村拥有山地 54000 亩、耕地 7440 亩。山的比重最大，而山却是荒山。

· 毛丰美带领大梨树村的乡亲们开垦荒山（大梨树村　供图）

“大头在哪儿，我们的希望就在哪儿。我们改不了天，但可以换地！”1989 年，老书记毛丰美带领全村人开始开垦荒山、建万亩果园、修梯田……没有机械化设备，他们就用铁锹、铁镐、扁担、土篮子和手推车，肩挑背扛。

毛丰美扁桃体发炎，白天要带头上山干，晚上还要开会研究第二天的活，根本没时间打点滴。炎症严重了，嗓子就化脓了，大夫不得不用针管子往外抽脓。“这病就是欺软怕硬的东西，你强它就弱！”毛丰美说。别人问他：“你图什么呀？”毛丰美说：“要想干出一番事业，不豁上一头就不好使，就得干！”

“喊破嗓子，不如做出样子！”衣裳湿了又干，干了又湿，背上的汗碱一圈套着一圈。村民心疼他，劝他去干一点轻快活，毛丰美瞪着眼睛说：“我干轻快活，重活留给谁？”

大梨树村的今天是干出来的。从 1989 年起的 10 年间，大梨树村组织出工 10 万多人次，治理荒山 20 多座，修整梯田 10600 亩，栽种梨、桃、杏、李子、苹果等各种果树 100 多万株，开辟山间作业道 87 千米……昔日的荒山秃岭，变成了“流金淌银”的花果山。2008 年 7 月，全国人大常委会委员、大寨党支部书记郭凤莲来到大梨树村参观时，连声赞叹：“你们大梨树村造地的规模是我们大寨的 10 倍，我向农民实干家致敬！”

“干不好，就全砸了，我豁出去了”

改革开放的浪潮，让毛丰美嗅到了商机。他发现车站人流量大，但却缺少住宿的地方。毛丰美带领村民在凤城火车站旁“连租带买”了 6 间民房，开起了小旅店，赚得了“第一桶金”。

· 大梨树村老书记毛丰美（中）（大梨树村　供图）

1985 年，中央出台了进一步活跃农村经济的十项政策。有了开小旅店的经验，毛丰美决定建宾馆。但是，建宾馆不但要花掉前些年村里辛辛苦苦攒下的 20 多万元家底，还得贷款 100 多万元。村民能同意吗？

为了打消村干部和村民的顾虑，毛丰美带领村两委班子成员到广东、浙江等省考察学习，然后挨家挨户做村民的思想工作。工商局不敢办手续，毛丰美就闯进县委书记的办公室“求评理”。建楼期间，毛丰美常常吃住在工地上，一干就是 300 多天。毛丰美说：“干好了，咱村就起来了，干不好，就全砸了，我豁出去了。”工程竣工后，毛丰美瘦了 20 多斤。有一次傍晚回家，孩子都认不出毛丰美了，老伴心痛得直流眼泪：“这是图啥啊！”10 个月后，龙凤宾馆开张营业，这是凤城第一家宾馆。宾馆经营初期，生意并不好，大伙都急坏了。毛丰美绞尽脑汁，想到了在沈阳到丹东的火车上做广告，乘坐这趟列车的乘客，会反复听到介绍龙凤宾馆的信息。只要到凤城想住宿，就会有意无意地选择龙凤宾馆。每天晚上，毛丰美让服务员把房间的灯全部点亮，十点钟后陆续关闭，给人感觉宾馆生意十分兴隆。办法看似简单，却很有成效，龙凤宾馆渐渐火了起来，大梨树村迈出了商贸兴村的一大步。

几年间，村子里相继办起了铸造厂、缫丝厂、服装厂等十几个企业，全村900多名劳动力进城、进厂，成了人人都羡慕的“工人”。30多年过去，大梨树村富裕了，集体总资产超过6亿元，年人均收入超过2万元。

· 大梨树村景区“干”字文化广场（曲俊燕　摄）

“我们就是要干，只想不干就是扯淡。不说别的，连总结教训的机会都没有。干要苦干，弯大腰，流大汗；干要实干，重规律，求实效；干要巧干，讲科学，闯市场。”在大梨树万亩果园的最高峰，矗立着一座9.9米高的“干”字碑。“干”是毛丰美提出的口号，也是大梨树村精神的精髓。

“我是农民，就要替农民兄弟说话”

2009年全国两会上，央视正在对一位全国人大代表的采访进行直播。突然镜头一黑，一个人无意中从镜头前直接走了过去，在一屋子的人还没回过神来的时候，他又“昂首阔步”地从镜头前返了回去，手里还拿着一根玉米，这个人就是毛丰美。

在这一年全国两会上，毛丰美手里拿着一根玉米到处呼吁涨粮价，成了一个新闻热点。“这么大一根玉米，只能卖三四毛钱，农民太吃亏了，我一定要把玉米带来，让大家摸一摸这根黄澄澄的大根玉米有多金贵。”为了给农民争取利益，他还和另一位代表在电视直播里吵了起来，最后达成了一个基本共识——粮价一定要涨，“小步快走”。在毛丰美等代表的呼吁下，当年粮价要“小步快涨”被写进了中央文件。那年秋天，粮食涨价两毛多。毛丰美接到很多电话，说他把农民的话给说出去了。

“我是农民，就要替农民兄弟说话。”毛丰美还曾连续多年呼吁取消农业税，为农民说话，这不是第一次。2007年，毛丰美将两瓶黄黑色的污水带到了全国两会现场，这些水来自辽宁省昌图县条子河流域，当地有十多万老百姓饮用这样的污水长达 10 年。毛丰美把污水摆在桌子上，激动地说："老百姓也太苦了，整天就喝这样的水，今天我就问问在座的各位代表，这水，谁能够喝一口？谁敢喝一口？当地的老百姓已经喝了十多年了。"会场鸦雀无声。三天后，国家环保部（今生态环境部）紧急派人在污染区域打了五十眼深井，解决老百姓用水问题。三年之后，这里的水污染问题彻底得到了解决。

2014 年初，毛丰美病情恶化，癌细胞扩散到了肝部胆管，他仍然执意要参加三月召开的全国两会。晚上实在忍受不了瘙痒，毛丰美就在嘴里咬着一个牙刷，反复修改他准备的建议和议案。这一年，他带来了 8 份议案。每一个字，都是他在这样的身体条件下反复修改斟酌出来的。

当全国人大代表的二十多年，毛丰美的调研笔记记了 16 本，提出了 232 件议案，件件事关农业、农村、农民。毛丰美说："来自农村基层的代表本来就少，我要珍惜替农民说话的机会。"

"绝不能凉了老百姓的心"

"正新啊，我岁数大了，大梨树村更需要你们这样的年轻人，回来吧。再说了，城里不缺你一个公务员，可咱们村需要大学生啊。正新，你怪没怪我让你回来？"为了让大梨树村能更持续、更科学地发展，毛丰美做了一次"自私"的父亲，让正在凤城市国土资源局当公务员的儿子毛正新回到村里工作。

为了说服儿子，毛丰美说了很多语重心长的话。他说："一个人的价值，不在于他是干什么的，而在于他干了什么。"又说，"你要在村里干，绝不能凉了老百姓的心，老百姓心里最有数。"毛正新一直静静地听父亲说话，在灯光下看着父亲花白的头发、苍老的面庞，毛正新含泪点了点头。

"一开始我并不理解父亲，当自己真正走上这个岗位的时候，才明白责任之重。"这种紧迫感和压力感，在父亲去世后，变得更加强烈。毛正新彻夜难眠，要想在现有基础上进一步提高村民的生活水平，必须有新招儿，大梨树村下一步该怎么办？他苦苦思索，决定"二次创业"。

"二次创业"的大梨树村紧扣时代脉搏，转变发展方式，推进产业结构优化升级。毛正新提出：一产求新、二产做深、三产提质，以旅游为核心，三产融合发展是新的方向。近两年，在原有的旅游资源基础上，他们新建了毛丰美纪念馆，逐步丰富旅游内容，以红色旅游、红色教育为大梨树村旅游赋予了新动能。

东北的冬季漫长寒冷，旅游"半年闲"的难题一直是制约大梨树发展的瓶颈。怎样才能突破瓶颈？这两年，毛正新不断实践，他带着村民做“七彩田园”农业现代化温室大棚展示馆，新栽植果树 1.3 万株、新建改建葡萄大棚 54 栋，打造了占地超过 46 公顷的“四季花海”……

30 年前的大梨树人艰苦创业是在苦干实干“换地”，而今的“二次创业”，大梨树人正在巧干改“天”。

现代观光农业拥有不凡魅力，但做大做强并不容易。使其发挥出最佳效益，尤其需要一批有知识、懂技术、会管理的年轻人才。怎样破解人才之困？怎样吸引大批高素质人才到农村“筑巢安家”？毛正新不断思忖。

渴求人才，打破常规！哪个产业项目需要用人就随时招聘，毛正新向包括大学毕业生在内的各类人才伸出“橄榄枝”。如今，看准了农村发展的大好前景，村里的年轻人越来越多，大梨树村的现代观光农业风生水起！

“二次创业”过程中也遇到过很多迷惘和挣扎，每每这个时候，毛正新都要到父亲带领乡亲们艰辛打造的万亩梯田去看看，然后继续前行。

2014 年 9 月，老书记毛丰美与世长辞，终年 65 岁。3 天后，按照老书记的遗愿，灵车从家驶出，缓缓驶过大梨树村、桓盖公路和凤泽大市场这些让他牵肠挂肚、奋斗一生的地方。

在毛丰美去世前的 13 天，不能走路的他坐着轮椅也要到花果山和新建的村史馆去转一转、看一看。毛丰美不时叮嘱身边的工作人员，要做好山路的改造、鲜花观赏带的种植、停车场的使用以及景区的长远规划。直到生命的最后一刻，他还是放不下村里的工作，牵挂的还是这片他深爱的土地和父老乡亲。

如今，大梨树村村民富起来了，小康生活天天有奔头。为把“贫穷”这两个字从乡村“搬”走，从大地上“抹”去，毛丰美竭尽一生力量，带领大梨树人用自己的双手变荒山为“金山”，变贫穷为富裕，化不利为有利。苦干、实干、巧干，干出一个风生水起，强村富民！

记者：李慧慧、曲俊燕

原载于：2020 年 8 月 5 日中国青年网

原标题：《中国人的故事｜毛丰美：“我们改不了天，但可以换地”》

青年说

现在政策越来越好，生活也越来越好。以前我的老家还是土坯房，现在都是白漆黑瓦的二层小楼啦。

网友@月桂小鹿

网友@念

要想干出一番事业，不豁出去就不好使，就得干！我真心觉得这才是“干”字精神！

实干出真章，如今的大梨树干出了“新天地”！

网友@Suey0524

网友@fly

即使长眠，毛丰美也是一个守望者，成为年年满枝的梨花雪，寸寸抽枝的梨树根，守护着他挚爱的土地。

希望我们国家能有更多的如毛丰美一样的村支书，能带领村民们走向小康，走向富裕。

网友@皮皮皮皮

我在改革开放时代长大
——就业观透视变与不变

大学毕业，一些人进入机关工作，一些人进入企业，还有人自主创业赚得第一桶金。对“90 后”来说，就业选择丰富多样。国家统计局发布的《就业总量持续增长　就业结构调整优化——改革开放 40 年经济社会发展成就系列报告之十四》分析，改革开放 40 年以来，我国的劳动力市场逐步建立和完善，劳动力市场的决定性作用不断加强，就业渠道、形式、观念都发生了很大的变化。

· 刘润琪、陈一奔　制图

这种变化，我们都有切身感受。

就业渠道越来越多元。比如，当“60 后”的爸爸跟“90 后”们讲起“农业”“非农业”的区别时，孩子往往一头雾水。改革开放前，我国实行的是统包统配、城乡分割的劳动就业制度。随着市场经济的发展，越来越多的人选择私营企业、股份制企业、外资企业或通过从事个体经营实现就业，分配不再是就业的唯一选择；城乡身份不再是就业选择的障碍，大量农村劳动力进城就业，农民有了脱离农业和农村的新选择，能够进入更广阔的就业领域，劳动力可以在城乡自由流动。海阔凭鱼跃，天高任鸟飞，无限天地等待着年轻的劳动者。

就业形式越来越多样。有一间工作室、一台电脑，甚至一部手机，就能完成一天的工作，这在40年前是不可想象的。传统就业是以工作单位为核心的劳动雇佣关系。随着时代的进步和劳动力市场的发展，许多新就业形式以工作任务为导向，不再有硬性的时间、地点的限制。兼职就业、自由职业、网络平台就业等不断出现，适应了企业灵活用工和劳动者灵活就业的需要，提高了劳动力资源的配置效率，为劳动者提供了平衡工作和生活的新选择。

人们的就业观念越来越市场化。老话讲“男怕入错行，女怕嫁错郎”，之所以“入行”被如此看重，是因为改革开放前，一次分配定终身的“固定工”制度让人的选择余地非常有限。改革开放打破“铁饭碗”，搬掉“铁交椅”，如今通过劳动力市场进行双向选择已经成为最主要的择业方式。根据自身发展的需要，劳动者愿意在各类用人单位之间流动，打破了城乡、地区、行业、所有制的界限。这种变化表明，通过市场就业的观念逐步深入人心。

当阳光洒落在创客们的写字楼房顶上、洒落在大学生村官“一村一品”仓储间里、洒落在青年技术工人们的生产线上，他们正在用自信而充满朝气的笑脸告诉未来：在“大众创业、万众创新”的新时代，每一种就业选择，都会得到充分的尊重，每一种就业方式，都会得到应有的保护，人才的活力正在竞相迸发，一颗颗创造的种子正破土而出，抽穗发芽，迎来属于奋斗者的春天！

记者：杨月

原载于：2018年10月2日中国青年网

原标题：《我在改革开放时代长大｜就业观》

青年说

改革开放打破“铁饭碗”，搬掉“铁交椅”，给了人们更多择业空间，真好！

网友@俊明

网友@珑飞

就业关乎生命的质量，选择适合自己的、自己喜欢的，一辈子干下去，才能充实人生，提高幸福感。

看电视剧《大江大河》就有这种感觉，那时候就业渠道好少，选择面好窄。如今，就业渠道增加，社会更加开放包容了。我们是该感恩的一代人。

网友@灵动的雨

网友@看不见的风

每一种就业选择或方式都该得到尊重和保护！

现在是最好的时代，充满了机会和挑战，让我们能够充分绽放。

网友@幸福生活

我在改革开放时代长大
——消费观背后是民生

· 刘润琪、陈一奔　制图

国家统计局发布的《居民生活水平不断提高消费质量明显改善——改革开放40年经济社会发展成就系列报告之四》公布的数据显示，2017年，全国居民人均可支配收入25974元，扣除价格因素，比1978年实际增长22.8倍，年均实际增长8.5%。

22.8倍、8.5%……在我们的生活中，这些数据意味着什么？

这意味着，凭票供应永远地成为历史。当“60后”的爸爸给“90后”们讲述那个年代的账单故事，粮票、布票等各种票据是一个绕不过去的话题。在物资紧缺的年代，一些商品想买都买不到，而如今，敲敲键盘，浏览商品目录，不少人会因选择太多而患上“选择恐惧症”。票据进了纪念馆，商品的极大丰富，成了时代进步的鲜明注脚。

这意味着，耐用消费品在逐渐升级换代。改革开放初期，手表、自行车和缝纫机是部分居民家庭婚嫁必备的“三大件”。当时，电视机还属稀缺消费品。而仅仅到了20世纪八九十年代，随着改革开放的深入推进，家庭耐用消费品开始向电气化迈进，家庭青睐的“三大件”变成了冰箱、洗衣机、彩电。如今电器已经成了中国家庭中司空见惯的物件。进入高科技迅速发展的21世纪，家庭消费向现代化、科技化迈进，移动电话、计算机、汽车走入寻常百姓家。一个家庭中摆设的变化、耐用消费品的变迁，折射着时代进步的铿锵步伐。

这还意味着，消费品位日益提升和消费目的日趋多元。改革开放初期，居民文化娱乐生活较为单调，相应支出较少。改革开放以来，随着物质生活水平的提高和居民休闲时间的增多，城乡居民对教育、文化、娱乐等发展性消费的投入不断加大。1979年至2017年，城镇居民人均教育文化娱乐支出年均增长13.1%，人均教育文化娱乐支出占比为11.6%，比1978年提高了4.2个百分点。今天，越来越多的国人走出家门，走向健身房、博物馆，出国旅游也成了寻常百姓可以选择的消费方式。

在改革开放时代长大，生活中这些可触摸、可感知的点滴变化，总让人充满获得感，总让人心怀感激。每一点进步背后，都是无数劳动者的奋斗。每一点变化的背后，都是无数奉献者的付出。今天，我们自信而笃定，为新时代喝彩，为每一个奋斗中的你喝彩！

记者：杨月

原载于：2018年10月1日中国青年网

原标题：《我在改革开放时代长大｜消费观》

青年说

“95后”表示没有见过粮票，看一些电视剧的时候感觉用粮票挺不方便的。还是现在好！ 网友@Redamancy

网友@小喇ber 消费促进了经济发展，消费背后是民生，发展是硬道理。庆幸生在一个很好的年代。

感恩无数劳动者的辛勤付出，为新时代喝彩，为奋斗中的你我喝彩！ 网友@亮亮

网友@WanC 感谢劳动者的付出，为每一个奋斗者加油！

我在改革开放时代长大
——婚恋观折射大变革

· 刘润琪、陈一奔　制图

“三大件”这个词在今天已经很少提及了，但在改革开放之初，从手表、缝纫机、自行车，到冰箱、洗衣机、彩电，“三大件”曾是结婚时检验男方财力的重要标准。

从这一变化的背后，我们似乎能触摸到时代发展的脉搏。而发生在你我家庭里的变化，还不止于此。

变化，发生在恋爱自主性上。从时兴单位领导介绍认识，到时兴年轻人一起看电影、唱卡拉 OK，再到如今的“网恋”……经济社会发展迅速，人们的社交面越来越宽，接触异性的机会越来越多，选择范围也越来越大。男性和女性在职场平等竞争而产生的自信和底气，使今天的年轻人在恋爱时少了束缚和牵绊，多了自主和自由。

变化，发生在恋爱对象选择上。改革开放后，“时间就是金钱，效率就是生命”的观念深入人心，人们充满了探索未知的热情和干事创业的激情。曾经的“兵哥哥”和国有工厂职工已不再是婚恋中的热门人选，民营企业家和高学历知识分子成为婚恋舞台上的新“明星”。从恋爱对象的选择上，我们可以管窥中国改革开放大潮如何催生了新一批时代弄潮儿。

变化，发生在对女性权益的保护上。过去，离婚曾被视为“道德败坏”。1980年，第五届全国人民代表大会第三次会议通过了新婚姻法，修改了法定结婚年龄，并对离婚的法定理由做了实体性的规定：如果夫妻感情破裂，调解无效，应准予离婚。更多人不再在错误的感情里将就，选择勇敢地走出来。2016年开始施行的《中华人民共和国反家庭暴力法》，则从法律层面保护了家暴受害者尤其是女性的权益。

点滴变化，记录时代进步。汇集每一滴变化的涓涓细流，婚姻中相互尊重、相互扶持的情意，滋养和保护着神州大地上每一扇窗、每一盏灯火、每一缕炊烟背后的小家。

记者：杨月

原载于：2018年10月4日中国青年网

原标题：《我在改革开放时代长大｜婚恋观》

青年说

相互尊重、相互扶持；尊重对方，尊重婚姻；婚恋观念的转变背后，是时代的进步。——网友@蓑衣淋雨

网友@阿萨姆：现在跟孩子聊到“三大件”，孩子往往一头雾水，感觉是很遥远的事情了。经济的迅速发展和社会风气的自由度提高，使人们的婚恋观与时俱进！

时代在进步，社会在进步，人们的婚恋观也在一点点发生变化，在新时代，只要我们足够努力和拼搏，房子和爱人都会有的。——网友@L&R

网友@甜啦啦：在宏大的时代里，每一个个体都在推动着社会的发展，家庭的变化也在记录着时代的变化。

不管是爱情还是家庭，都需要相爱的两个人共同努力，在爱的滋润下，互相扶持，一起成长。——网友@顿号

我在改革开放时代长大
——学习观与大时代

· 刘润琪、陈一奔　制图

前段时间，一个“爸爸妈妈是学霸”的话题招来不少讨论，还有不少网友晒出了“60后”爸妈当年的大学毕业证——虽然纸张已经泛黄，但依稀可见当年的骄傲，有网友留言说：“那时候能出几个大专生、大学生，真的很难得了！”

相比之下，如今义务教育免除学费，高等教育逐渐普及，受过大专及以上教育的人比比皆是。国家统计局发布的《统筹人口发展战略实现人口均衡发展——改革开放40年经济社会发展成就系列报告之二十一》显示，1982年全国15岁及以上人口中，受过高中及以上教育的比重为10.9%，2017年，这一占比提高到35.0%，并呈现稳步提升趋势。

如果时光倒流，当年的“学霸”爸爸妈妈来到今天，有什么是他们想象不到的？

他们可能想象不到，学习的时空限制会不复存在。改革开放40年，从传统的面对面教育方式，到如今足不出户就可从网上知天下事，互联网的发展使学习的时空界限被打破，学习资源得以共享，偏远地区的孩子也可以像城里的孩子一样享受一流的学习资源，在线学习让学习效率极大地提高。

他们可能想象不到，今天的学习内容会如此多元和丰富。从单一的岗位培训，到创新性的学习提升，无论想丰富哪方面的知识，都能很便捷地获取相关内容。改革开放后，国门逐渐打开，人们的视野日益开阔，跨界创新的种子在技能的拓展中生根发芽。

他们可能想象不到，终生教育会成为社会共识。《百岁人生》让不少人开始思考，如果科学技术真的能让人们的寿命延长到百岁，现在的知识结构是否能适合未来的需要？“活到老，学到老”成为现代人学习生活的理念。

国势之强由于人，人材之成出于学。曾经，父母用青春和智慧立足岗位，求学报国，今天，无数青年正在用自己的方式吮吸着新知的甘霖，如初春，如朝日，如百卉之萌动，如利刃之新发于硎，求知的青年们迸发出的活力和朝气，将给这片土地带来无限惊喜。

记者：杨月

原载于：2018 年 10 月 5 日中国青年网

原标题：《我在改革开放时代长大 | 学习观》

青年说

时不待我，学不止步！ 网友@小刘

网友@大金刚 我父亲当年就是“学霸”，他一直是我的骄傲，在现今方便快捷的新时代，我感觉自己今天的学习条件比他那会儿好太多了。

现在的生活中处处都充满了便捷，在电脑上学习是我们那个年代想都不敢想的事，现在的“网生一代”孩子们真幸福！ 网友@幸福安康

网友@马立克 偏远地区的孩子也可以像城里的孩子一样享受一流的学习资源，特别是新冠肺炎疫情期间在线学习的普及程度真让人吃惊啊。

第五编

青春是直抵人心的善意

妈妈的口头禅，触动心弦

母亲的叮嘱、唠叨、关爱……形成你我的童年初印象。“一定要按时吃饭”“早睡早起，少用眼睛”“少穿高跟鞋”……在这些妈妈的口头禅里，蕴含着许多没有说出口的爱意和期许。经过岁月的沉淀与洗礼，长大后的你我更能懂得这份爱的珍贵。

徐斌妈妈：“早睡早起，少用眼睛。”

徐斌是首都医科大学附属北京佑安医院肝病内分泌科主任，也是2020年“北京市三八红旗奖章”获得者。在新冠肺炎疫情发生后，她主动带队进入定点医院战“疫”一线，早出晚归，披星戴月，和其他重症专家一起，反复讨论危重症患者病情，每天都要工作15至18个小时。每次和家里打电话，母亲都要唠叨她几句“早睡早起，少用眼睛”。

· 石雪洁、陈孔鸿　制图

在战“疫”一线，听到母亲的这几句话，徐斌的内心有了不一样的感触。那些简单话语的背后，是无尽的爱与担心。察觉到这一点后，徐斌对工作也有了新的理解。

许多新冠肺炎患者都是家庭聚集性发病的，这些患者的家人被隔离或者收治在不同地方，往往缺少有效的沟通手段，焦虑的情绪在患者中间不断“发酵”。徐斌注意到了这一点，于是在常规治疗外，她特别重视对患者及家属的人文关怀。徐斌指定一名医生专门负责每日与危重症患者家属沟通，细致耐心地介绍患者每天的细微变化以及医院的治疗计划，并将家属想对患者说的话通过微信语音播放给患者听。经过她和全体医护人员的共同努力，很多新冠肺炎重症患者转危为安，康复出院。

忙碌的工作让徐斌觉得自己不是一个称职的女儿和母亲。“疫情发生以来，我每天想的除了工作还是工作，母亲帮我照顾孩子、料理家事，付出了很多。”每次工作一段时间后再见到母亲时，徐斌总能感受到母亲正在快速变老。

如今，徐斌有了更多的时间去跟母亲聊天，再听母亲的“口头禅”，她感到那样温暖和熨帖。母亲的话虽然朴实，却和黑暗里的明灯、冬日里的暖阳一样，在徐斌追梦前进、白衣执甲的时候，不断鼓舞、温暖着她，给她力量，去守护更多的生命。

李倩妈妈：“踏踏实实做人，诚诚恳恳做事。”

李倩是首都医科大学附属北京中医院内科总护士长，从事医护工作 22 年间，母亲总提醒她：“要踏踏实实做人，诚诚恳恳做事。”

母亲是李倩的榜样。李倩的母亲小时候家庭并不富裕，每天要走 5 千米才能到校上学，但是这并没有影响她求学的心。在那个物资匮乏的年代，李倩的母亲靠自己的勤奋踏实，考上了重点院校，又一路拉扯着孩子把生活越过越好。“在我妈的字典里，好像没有‘困难’二字，兵来将挡，水来土掩，她就像个‘女汉子’，永远脚踏实地，永远斗志满满。”

作为第一批进驻小汤山医院战“疫”一线的医护人员，李倩其实挺害怕的。在病房里，她常常一干就是“连轴转”十几个小时，她照顾的患者中，年龄最小的只有一岁。在接收这名患者的时候，李倩发现，患儿传染性强、护理风险非常大，她意识到，新冠肺炎确诊病区缺乏儿科专业的医疗、护理人员。怎么办？李倩陷入了深深的焦虑中。处于低谷时，妈妈的“女汉子”形象突然出现在她眼前——对！不能辜负生命相托的信任！有问题就脚踏实地地解决！

李倩立即向专业的儿科医生请教，查阅儿科护理资料，解决孩子出现的烦躁不安、溃疡、喂养困难等问题。在李倩和团队的悉心照料下，患儿们都得以康复，康复患儿的笑脸、家长们送来的感谢信和锦旗，成为对李倩和她的同事们辛苦付出的最好奖励。

· 石雪洁、陈孔鸿　制图

“踏踏实实做人，诚诚恳恳做事。”这句话时刻提醒李倩对待工作要踏实，对待患者要诚恳，学会在给予中收获快乐，督促着李倩在医护道路上越走越远。如今，李倩被评选为第一批国家中医药管理局中医护理骨干人才，也获得了 2020 年“北京市三八红旗奖章”、首都杰出护理工作者等荣誉。“当护士的，就要背着患者渡过那条疾病的湍急河流，永远脚踏实地，永远心向光明。”李倩说。

万财龙妈妈：“家风就是一代人做给一代人看。”

在上海市浦东新区书院镇，有一个 47 口人组成的大家庭。“四世同堂，母慈子孝，夫妻恩爱，兄弟相亲”是别人对这个全国“最美家庭”的评价。刚刚从上海市浦东新区书院镇社区事务受理服务中心退休的万财龙是这个大家庭中的“老五”，如今“万家门”的“大家长”。

万家并没有太多的特别之处，却把柴米油盐的日子过出了平淡中的幸福和热烈。“母亲常说的一句话就是：尊老爱幼，家庭团结，踏踏实实做事，老老实实做人，家风就是一代人做给一代人看。”

为了完成母亲去北京的心愿，万财龙号召一家人分好工，带上母亲去一趟北京。一路上万家穿戴着家族订制的服装、帽子，举着特别订制的“万家

· 石雪洁、陈孔鸿 制图

旗”，走到哪儿都像一个欢乐的家庭旅行团。90多岁的万家老奶奶一路上基本“脚不落地”，大家轮流抬着轮椅带奶奶领略首都的风景。小辈们看在眼里，学在心里。

万财龙退休前两天，女儿万礼被拉进了一个微信“小群”，原来是其余五家的小辈想为万财龙准备一个生日会庆祝“光荣退休”。“当时大家还特地提前到现场彩排，生日会的时候爸爸当场就哭了。”万礼回忆说。

每两周一次家庭游已成为万家的传统。受新冠肺炎疫情影响，计划去苏州的行程泡汤，万财龙提起这件事的时候却没有一点不开心：“今年我们八成是去不了了，弟弟家生了孩子，我的隔辈人也马上要出生了，万家马上就要五代同堂了！”

万财龙总会挨家打打电话，问问各家孩子们的近况，没事还会叮嘱几句。在这些看似“无用”的话语中，就藏着万家和睦幸福的秘密。

龚琼妈妈：“你在干，孩子在看。”

龚琼是中建装饰所属海外装饰展陈分公司办公室主任、襄阳三江五岸亮化工程项目党支部书记，也是雷神山医院工程后勤工作的负责人之一。雷神山项目进行期间，龚琼主要负责收发疫情防控物资。“那时工作很忙，经常下午两三点才吃中午饭，有时候晚上十一点多了都还没有吃晚饭。”繁重的工作让本就患有强直性脊柱炎的龚琼非常煎熬。“这个病早晚腰会很僵硬，我又经常搬重物，有时候第二天腰就动不了了。”但她在和母亲、儿子视频通话时只说：“我这儿都挺好的，我今天做了好多好吃的，这里还有好多大家送过来的零食，饿不着！”

不说，只是不想让家人担心。

龚琼小时候，妈妈就教育她要有一颗感恩之心，以诚待人。小的时候家里不富裕，龚琼妈妈还会经常把家里的一些东西送给比较贫困的家庭，年幼的龚琼不理解妈妈这样做的意义，还会怪妈妈把好吃的都送给了别人，妈妈告诉她：“学会帮助别人，学会分享，你自己也会收获一份快乐。”

龚琼有了孩子后，龚琼妈妈常说的是：“你在干，孩子在看。有样学样啊！”妈妈的话成了龚琼的座右铭，不论是忍着病痛参与雷神山项目，还是项目结束后积极投身社区志愿服务，龚琼所做的，都是妈妈一直以来的要求，也是龚琼自己的愿望——她想给儿子树立一个榜样！

· 石雪洁、陈孔鸿　制图

“妈妈你一定要做好防护啊！你放心，我给自己做了个时间表，我能照顾好爷爷奶奶！”每每看到视频里的儿子认真叮嘱她，龚琼的心就软成一团，同时也更有了坚持下去的勇气。

后来，龚琼儿子还主动联系学校老师，参与录制抗疫专题歌曲：“妈妈是我的榜样，我为妈妈感到骄傲！”

因为爱你，所以努力成长为你的骄傲！

从咿呀学语到独当一面，母亲一直陪伴在我们成长的每一个瞬间，当有一天你突然发现妈妈的“口头禅”不再显得啰嗦，你也会发现妈妈的青丝上多了几缕白发。“唠叨”是妈妈爱的表达，趁母亲节，坐下来好好听一听妈妈说的话，然后告诉她——妈妈，我爱你！

记者：张瑞玲、杨月、李晴（实习）、陈孔鸿（实习）；策划：周伟、王岑子、杨月；设计：陈孔鸿（实习）、石雪洁（实习）；编辑：梁明子（实习）

中国青年报·中国青年网、中国青年作家报、中国社会科学院大学新闻传播学院建设性新闻工作坊、中国人民大学新闻学院、浙江传媒学院新闻与传播学院、广东财经大学人文与传播学院联合出品

原载于：2020 年 5 月 10 日中国青年网

原标题：《中国人的故事｜妈妈的口头禅，触动心弦》

青年说

母亲是我们成长路上最温暖的港湾，妈妈，您是我的铠甲！ 网友@卡佛饿了

网友@菜田 感谢每一位伟大的母亲，你们的唠叨实际上是这世界上最美的语言。

以后一定要多表达自己对父母的爱，要让他们知道爱是双向的。 网友@蜜桃

网友@一只小懒羊 家人的支持是我们最大的动力！有了家人的陪伴和精神上的支持，我们无论面对什么都能变得勇敢起来！

感谢母亲简单的陪伴和温暖的叮嘱，感谢医护人员，是你们带来了平安喜乐。 网友@玫瑰

父亲，教会了我们什么？

父爱如山，静默而辽远。

“我的启蒙老师是我的父亲，虽然懦弱，但很会劳动，种地时，把什么都准备得尽善尽美。”作家路遥回忆父亲时，曾这样说过。“如果没有父亲的严厉，我会成为一个什么样子的人，还真是不好说。”莫言在《父亲的严厉》里说过这样一段话。

终其一生，父亲都在影响着我们。

“‘吃苦’，其实是一剂良药”

2017 年，徐朝伟大学毕业，成为一名武警战士。初到部队，甘南高原高寒枯燥的生活让他有些不适应，思家的情绪经常情不自禁地冒出来。父亲似乎读懂了他的心思，写信告诉徐朝伟：“‘吃苦’其实是一剂良药。你现在待的地方环境确实有些艰苦，但是，这样恰恰能将你磨炼出来，只要你肯吃苦，我坚信你会成为你想成为的样子。”

徐朝伟的父亲是一名退伍老兵，他曾一身戎装，英姿飒爽，是徐朝伟崇拜的英雄。小时候，徐朝伟曾听父亲讲起

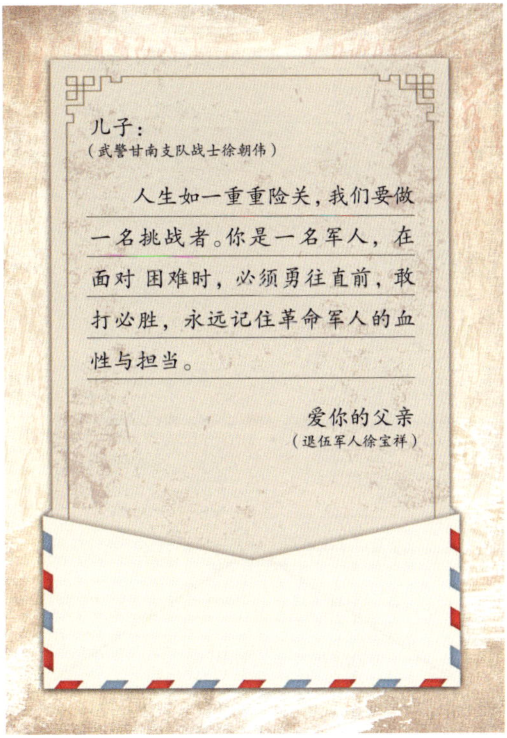
儿子：
（武警甘南支队战士徐朝伟）

人生如一重重险关，我们要做一名挑战者。你是一名军人，在面对困难时，必须勇往直前，敢打必胜，永远记住革命军人的血性与担当。

爱你的父亲
（退伍军人徐宝祥）

· 蒙晓　制图

在西藏服役的经历。青藏高原工作生活条件非常艰苦：夏天强烈的紫外线灼伤皮肤，冬天大雪封山，新鲜蔬菜送不进来，他们就只能吃咸菜。那时候虽然日子苦，但是父亲从未抱怨过，也从未退缩过。保家卫国，是中国军人应有的忠诚和担当。

提干的失利对徐朝伟的打击很大，父亲反复给徐朝伟写信，鼓励他说："今年提不上，明年咱继续，我相信我儿子，一定能努力实现自己的梦想……"每当徐朝伟身处困境，总会想起父亲。父亲如黑夜的灯火，照亮徐朝伟前行的道路。如今，徐朝伟正向着父亲的背影追去，紧握着手中的钢枪，努力完成一名军人的使命。

"一直做个好老师，把教育当作事业，把学生当作自己的孩子"

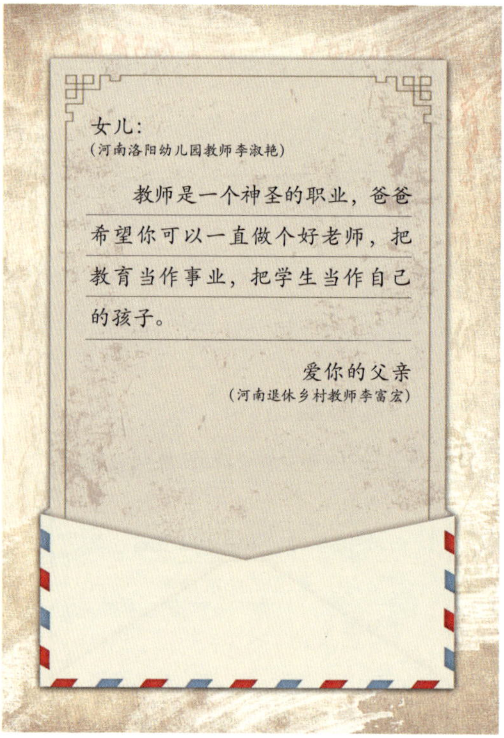

女儿：
（河南洛阳幼儿园教师李淑艳）

教师是一个神圣的职业，爸爸希望你可以一直做个好老师，把教育当作事业，把学生当作自己的孩子。

爱你的父亲
（河南退休乡村教师李富宏）

· 蒙晓　制图

在河南洛阳幼儿园教师李淑艳的记忆中，父亲一直很严厉——他不仅是位严厉的父亲，更是一位严厉的老师。父亲教学的学校位于河南的一个贫困山区，大山连绵，交通闭塞，十里八村只有一所学校。那时候，学校的条件很艰苦，校舍简陋，工资也不高，很多人都不愿意来这穷乡僻壤。但父亲来了，成了一名乡村教师，一待就是几十年。他的梦想，就是用自己所学，让这些大山深处的孩子走出去、考大学。

李淑艳的父亲是学校里出了名的严师，就算最调皮的孩子也怕他，他的教学成绩也是全校最好的。李淑艳的父亲教学有自己的方法，从不教学生们死记硬背，而是教他们解题思路和方法，培养他们的学习兴趣。农村教育资源相对匮乏，李淑艳的父亲用学校仅有的一台老式电子琴教孩子唱歌，让贫瘠的生活多了几分希望。

多年以后，李淑艳大学毕业，也成了一名教师。李淑艳一直记得，父亲到学校的路隔着一条河，每逢大雨，河水就会上涨。因为担心学生们会遇到危险，一大早，父亲就会和学校的几位老师早早地等在河对岸，背着学生过河。无数次，李淑艳都能看到父亲在微弱的灯光下批改作业、备课、写教案。

善良、乐观、坚毅、敬业……这是父亲教会李淑艳的品格。而今，李淑艳的父亲已经退休了，李淑艳要接替父亲守护孩子们的梦想，看着孩子们健康成长。

“守护好万家灯火，就是我们的幸福”

在袁飞的记忆中，身为电力人的父亲一直都很忙。妈妈告诉袁飞，父亲和他的同事们到各个地方建电厂，给更多的人送去光明。“点亮万家灯火”这句话成为幼小的袁飞对父亲职业的印象。随着我国电力事业的腾飞，不断延伸的电力线路打通城市发展的能源动脉，父亲的形象在袁飞的心里愈发高大。

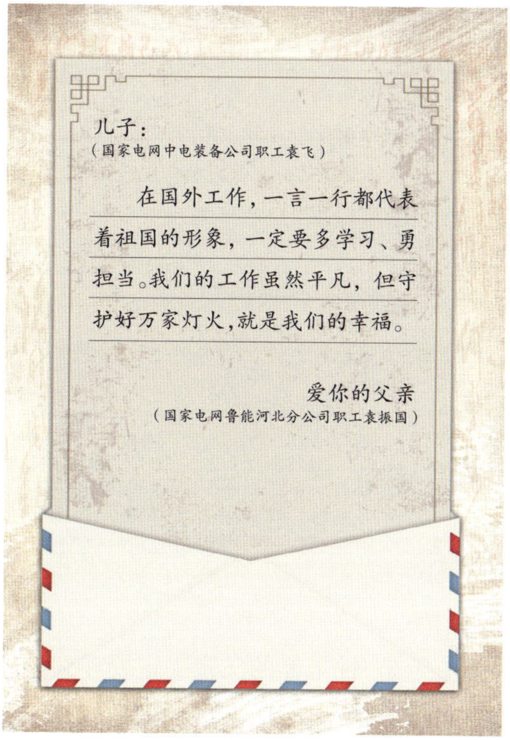

· 蒙晓　制图

高考填报志愿的时候，袁飞毫不犹豫地报了电气工程专业。大学毕业后，袁飞加入国家电网中国电力技术装备有限公司，投身于自己向往已久的电力行业。入职的前一天，父亲语重心长地嘱咐袁飞“好好干”。

2019年12月，国家电网中国电力技术装备有限公司中标沙特阿拉伯智能电表项目，袁飞被派到沙特阿拉伯推进项目执行。这是世界上单次部署规模最大的智能电表项目，是中国国家电网“用电信息采集系统”业务首次大规模进入海外市场，也是袁飞第一次赴海外执行项目。袁飞的父亲说：“你比老爸走得更远，已经可以到海外执行项目了。”言语中，难掩自豪。

到了沙特阿拉伯，随着项目推进，袁飞的工作越来越忙。受新冠肺炎疫情影响，原计划前来的管理人员和技术人员无法入境，袁飞和现场很多同事临时承担起数倍于平时的工作量，放弃了所有假日，每天睡眠不足 5 小时，保障项目按计划推进。虽然辛苦，但袁飞时常会想起父亲的话：“把平凡的工作做好，就是不平凡。守护好万家灯火，就是我们的幸福。”

“医者仁心，什么时候都不能忘记”

广东五华县中医院护士钟艳萍的父亲是五华县转水镇黄龙村的一名乡村医生，三十余年来，他接诊过的病人数不胜数。从青丝到白发，钟艳萍深知父亲吃过多少苦，受过多少累，但他从没有过半分抱怨。

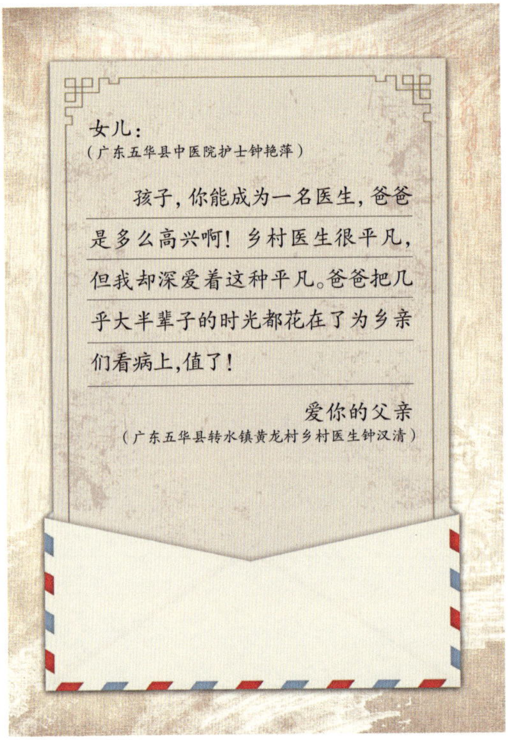

女儿：
（广东五华县中医院护士钟艳萍）

孩子，你能成为一名医生，爸爸是多么高兴啊！乡村医生很平凡，但我却深爱着这种平凡。爸爸把几乎大半辈子的时光都花在了为乡亲们看病上，值了！

爱你的父亲
（广东五华县转水镇黄龙村乡村医生钟汉清）

· 蒙晓　制图

钟艳萍的家乡交通极度不便，乡亲们看病非常难。看病时大家要自己撑着竹排，渡过五华河，到对岸的镇卫生院，或者再坐车到县医院。闭塞的交通，导致很多人的小病拖成了大病。1984 年，钟艳萍的父亲从部队退伍，回到了这个小山村。他曾目睹一位乡亲因抢救不及时而去世，深知家乡父老身患疾病时的无助和绝望。于是，钟艳萍的父亲决定放弃到县医疗卫生单位工作的机会，回到了缺医少药的村里当起了村医。这么多年，钟艳萍的父亲几乎走遍了村里的家家户户。只要乡亲们需要，不管刮风下雨，无论白天黑夜，他随叫随到。钟艳萍的父亲还一直坚持为特困户、低保户、残疾人免费治疗。

钟艳萍的父亲有很多次离开村子的机会，但是他不肯。他总说：“我不能走，乡亲们需要我。”父亲为乡亲们看病的执着，让钟艳萍从小就有了救死扶伤的梦想。毕业后，钟艳萍来到了五华县中医院，成了一名护士。空闲时间里，钟艳萍会回到黄龙村卫生站，给父亲打打下手。虽然来回奔波有点辛苦，但钟艳萍的内心却非常充实快乐。父亲用行动教会了钟艳萍仁心仁术，这是她一辈子的财富。“医者仁心，什么时候都不能忘记。”

男人本刚，为父则柔。再累，他们也常常会说一句“爸爸不累”。我们无法拦住催他们变老的时光，但我们知道，无论何时，爸爸对我们的爱，深沉如初，浩瀚不改。

爸爸，您辛苦了！您陪我长大，我陪您变老！

记者：李慧慧、苏思怡（实习）；策划：周伟、王岑予、杨月；通讯员：刘亚斌、陈春梅、张娜；设计、排版：钟艾霖（实习）、董怡梁（实习）

中国青年报·中国青年网、中国青年作家报、中国社会科学院大学新闻传播学院建设性新闻工作坊、浙江传媒学院设计艺术学院联合出品

原载于：2020 年 6 月 21 日中国青年网

原标题：《中国人的故事 | 父亲，教会了我们什么？》

青年说

啥也不说啦，回去给老爸买点酒喝！ 网友@xbaobeix

网友@天天 父亲给了我启示，给了我教训，给了我一种当时无法全部理解却受益终生的爱。

父亲，您是一棵大树，春天倚着您幻想，夏天倚着您繁茂，秋天倚着您成熟，冬天倚着您沉思。 网友@桃李不言

网友@11456 父亲宽厚的肩背挡住寒流，冬天已逝。

父爱是太阳，即使在乌云密布的日子里，我也能感受到您的光芒。 网友@平凡

把“后勤”做到“前线”，平凡亦英雄

郑州圆方集团全体职工：

你们好！新冠肺炎疫情发生后，你们在集团党委带领下，一直坚守保洁、物业等岗位，不少同志主动请战驰援武汉等地的医院，以实际行动为抗击疫情做出了贡献。大家辛苦了！

伟大出自平凡，英雄来自人民。面对这次突如其来的疫情，从一线医务人员到各个方面参与防控的人员，从环卫工人、快递小哥到生产防疫物资的工人，千千万万劳动群众在各自岗位上埋头苦干、默默奉献，汇聚起了战胜疫情的强大力量。希望广大劳动群众坚定信心、保持干劲，弘扬劳动精神，克服艰难险阻，在平凡岗位上续写不平凡的故事，用自己的辛勤劳动为疫情防控和经济社会发展贡献更多力量。

值此“五一”国际劳动节之际，我向你们、向全国各族劳动群众致以节日的问候！

习近平

2020 年 4 月 30 日 [1]

4 月 30 日，郑州圆方集团全体员工收到了习近平总书记的回信。

2000 多份按满红指印的“请战书”，仅一天时间，圆方党员突击队 500 人的接龙报名刷爆微信群。从大年初二开始，圆方集团下属的物业、家政、清洁、人力等多个公司的 16000 名员工坚守岗位，服务于全国 126 家医院；更有累计四千多人次战斗在湖北武汉、十堰、北京 301 医院、河南信阳等众多新冠肺炎定点医院的高风险岗位。甘做幕后“英雄”，他们把“后勤”做到

[1]《习近平给郑州圆方集团职工回信勉励广大劳动群众　弘扬劳动精神　克服艰难险阻　在平凡岗位上续写不平凡的故事　向全国各族劳动群众致以节日的问候》，《人民日报》，2020 年 5 月 1 日第一版。

了“前线”!

“我虽然就这么一个儿子,但他没有理由不往前冲”

“得知隔离区需要保洁员,作为共产党员,我坚决要求进入……我一定不辱使命,陪同医护人员努力打赢这场战‘疫’。”新冠肺炎疫情暴发,63岁的郑州圆方集团党委书记、总裁薛荣瞒着家人写下了请战书,要求进入郑州大学第一附属医院支援保洁工作。

新冠肺炎疫情发生后,保洁员除了要承担路面清扫、垃圾清理及转运等日常工作,还要承担医疗单位、隔离点、观察点及其他重点场所的消杀与清洁作业。尤其是医疗垃圾清理,常让他们处于危险中。

薛荣和她的员工们,不怕吗?

当然怕!但经历过九次创业、九次失败的薛荣知道,这是圆方人的骨气,一定要上!

薛荣始终记得,2003年,很多家政公司闻“非典”色变,不愿承接医院的保洁工作,但圆方的职工毅然决然地走进了医院的病房,奋战了近一个月。“我们有一个保洁员叫孟德琴,她在请战书上是这么写的:如果我不幸被感染,献出生命,请人们记得,在全人类抗击‘非典’的战斗中,不但有医学专家、白衣天使,还有我们这些最平凡的人,最平凡的共产党员。”正是这份“匹夫有责、舍我其谁”的骨气,使得薛荣带领的圆方集团越做越强。17年后,为抗击新冠肺炎疫情,她本想再次“披挂上阵”,但因为年龄原因没能如愿。大年初二,薛荣“85后”的儿子李圆方“替母参战”,进入郑州大学第一附属医院隔离病区。

“我已经60多岁了,就算不幸被感染,也不后悔!但儿子还年轻,我就这么一个儿子,万一他有个三长两短,我怎么向家人交代?所以我是瞒着家人写下的请战书,但后来还是被儿子知道了,他坚决反对我到抗疫前线,理由有三:作为一名党员,危急时刻他必须站出来;作为儿子,他必须上;作为集团总经理,带着员工冲锋陷阵,这是他的使命。就这样,最终儿子替我上了‘前线’。我虽然就这么一个儿子,但他没有理由不往前冲。”当薛荣把儿子送到隔离病区时,她心里五味杂陈,当儿子转身离开的那一刻,她的眼泪就唰唰地往下掉。她说:“我是母亲,我不舍得,然而我的儿子是儿子,别人的儿子也是儿子。”

薛荣的身后还有6万多名员工,她没有时间难过。当她把儿子送进隔离病区后，就马不停蹄地奔赴一线。她10天奔波5800千米，到36家疫情定点医院探望奋战在抗疫一线的员工。“新冠肺炎疫情期间，很多酒店不能入住，我们就睡在车上，饿了就吃方便面。每天早上6点多到项目部卫生间洗把脸，就要去给员工们送物资。”越跑越激动，越跑越感动。那段时间，薛荣感觉自己浑身有用不完的劲儿。

在湖北十堰市人民医院结束抗疫工作、回到郑州后的那天晚上，薛荣浑身疼得动不了。想起在湖北的那些刻骨铭心的经历，她接连几天睡不着觉。“抗疫期间，我们奋战在一线的员工平均瘦了十来斤，但大家不怕苦不怕累，咬牙坚持，真的让我很感动。”薛荣动情地说，“疫情面前，没有人是旁观者。”

“如有不幸，你一定要找个更好的女孩”

“我走了，如果我不幸被感染，我会悄悄地给你写份遗书，你一定要查收，那里有我想对你说的话。如有不幸，你一定要找个更好的女孩……”

“你就是最好的，我谁都不要，我就要你平平安安地回来……”这是圆方集团“90后”员工王花和爱人的家书对白。

新冠肺炎疫情来势汹汹，很多同事都奔赴武汉支援，王花坐不住了。“我年轻，让我去吧！”王花刚刚结婚一年多，平时由于工作原因，本来就和爱人聚少离多。丈夫听说后，非常反对王花的决定，但是王花很坚持：“疫情当前，国家有难，每一个人都应该站出来。”2020年2月12日，王花瞒着父母公婆，告别丈夫，跟着圆方集团第三支党员突击队一起支援湖北十堰。

每天早晨6点起床，8点进隔离区，消杀、拖地、擦桌子、清理医疗垃圾和病人呕吐物……虽然辛苦，但王花觉得感动比辛苦多。在到十堰市人民医院的第五天，确诊病例危重病房需要一名保洁员，王花再次写下了请战书。“大家都争着要去，争来争去，让谁去真的很难决定。最后我们决定投票，谁的票多谁去。最后，我们每个人都投了自己。我们都知道走进危重病房的危险性有多大，但我们都争着去！”经过十几天的同吃同住，她早已和队友们成了战友，他们相互鼓励，相互温暖。“这段经历，将成为我人生道路上宝贵的财富。”

“一方有难，八方支援。这就是中国！”

“我写了三次请战书，这次能被组织批准，有机会支援前线，我可以说是如愿以偿。我激动、紧张又兴奋，一夜都没睡好。”这是司贤义跟随圆方党员突击队支援湖北十堰市人民医院出发前说的一句话。在11名突击队员中，他是年龄较大的一个。

在抵达十堰市人民医院项目部后，按照分工，他主要负责医院外围的机器喷洒消毒工作。但原定进入疫区隔离病房的同事因为防护服太小，穿不上，需要有人顶替。“我是圆方的老党员，退役军人，我上！”得知消息，司贤义第一个冲了上去：“我一直有个英雄梦。脱了军装，我曾经有一阵子觉得特别遗憾，再也没有机会保家卫国了，这可是军人的光荣啊！但这回，我有机会了，必须抓住！”

“我和另一位班长共负责 23 个隔离病房、60 多个床位的清洁消毒工作。每个房间的病床、地面、卫生间、门把手、电源开关和医疗器械的插座都要擦拭消毒，每天重复喷雾消毒三次。”除此之外，他们还负责各房间的生活、医疗垃圾的收集分类工作。司贤义平时工作效率高、速度快、细心且认真，在隔离病房中，责任更大，任务也更重。“穿上不透气的隔离服，戴上防护面罩，就算站着不动都会出汗。干活时防护屏上全是雾水，有时候闷得我喘不过气。但我时刻提醒自己做事不能急躁，一定要慢下来、静下心去做。”

疫情缓解后，司贤义和队友们一起回到郑州。“母亲是老党员了，她说我们整个大家庭都为我感到骄傲。经过这一次，我感觉自己在家里腰杆都挺得更直了！一方有难，八方支援。这就是中国！”

“我们要对得起这份信任”

“我年轻，身体好，我申请进入隔离病区，你们谁也别跟我争！”圆方物业医疗事业部三部保洁班长刘倩听说郑州大学附属医院隔离病区急需保洁员后，三次递交请战书，要求支援战“疫”一线。2020 年 2 月 3 日，刘倩告别了丈夫和 4 岁的孩子，进入了隔离病区。为了不让家人担心，她不敢交代太多，临行前只有轻轻一句：“等我回来！”

进入隔离病区后，刘倩每天 6 点半就要起床。长时间穿着厚重的防护服，她的衣服和头发常常都是湿的，脱下防护服，脸上全是一道道勒得通红的印痕。为了节省防护服，她穿上了尿不湿，6 个小时不吃、不喝、不上厕所。为了严格按照标准进行清洁、消杀，她不停地对区域内的所有物品和地面进行擦、抹、拖、洗，因频繁接触消毒液，且一直戴着不透气的橡胶手套，她的手都脱皮了。

作为保洁班长，刘倩除了要做好每日的消毒工作，还要照顾好几十位队员，每当有人情绪不好的时候，她都会悉心安慰。“在发热门诊，我们就像家人一样。看到有的人对口罩过敏,脸上有血印,大家都帮着上药,真的很温暖。"

"我虽然只是一名保洁员,但我也是中国人,虽然没法治病救人,但我也想出一份力。"刘倩说,自己和同事们都有种朴素的认同感:"我们不单单是代表自己,更代表三大行业:中国物业行业、中国家政行业、中国清洁行业。这三个行业有几千万从业人员。也许我们企业不那么'高大上',但是我们这个劳动密集型企业,为就业、为国家稳定做出了巨大贡献。能够得到习近平总书记的回信,说明我们党,我们国家,对我们行业的重视和认可!我们要对得起这份信任!"

"我们的家政服务员,一个姐妹上岗,家庭脱贫致富,影响一个村,带动一个乡。"薛荣说,习近平总书记回信后,很多员工都自豪地给家里打电话,带动家乡很多人来圆方集团报名求职,带动了就业,从而转化成复工复产、精准扶贫的力量。

伟大出自平凡,英雄来自人民。他们是父亲,是丈夫,是儿子;她们是母亲,是妻子,是女儿,他们都是最平凡的人。在这场疫情中,我们看到的是患难与共的温情与担当。他们是保洁员,更是兄弟姐妹,是普通的你我他,更是真英雄!

记者:李慧慧、王文坛、杨月、臧秀儿(实习)、张斌(实习)、谢佳妮(实习);设计:蒙晓(实习)、王馨宁(实习)

中国青年报·中国青年网、中国青年作家报、中国社会科学院大学新闻传播学院建设性新闻工作坊、广东财经大学人文与传播学院、浙江传媒学院设计艺术学院联合出品

原载于:2020年6月5日中国青年网

原标题:《中国人的故事|把"后勤"做到"前线",平凡亦英雄》

青年说

哪有什么岁月静好,只不过有人替你负重前行。他们虽然平凡,但是关键时刻勇敢冲在第一线,他们并不普通。——网友@小豆子

网友@快乐星球

家政服务员在疫情期间也成为勇敢的战士，每个人都了不起！

我们身边的平凡人，用他们的爱和奉献生动诠释了什么是大爱，平凡亦英雄！

网友@沐阳

网友@图图

谢谢你们舍小家为大家，一直坚守一线保护我们，你们辛苦了！

这就是我们的人民，这就是不平凡的中国力量！每个人都了不起！

网友@静看花开

三代“麻风病”医生的守护

中华人民共和国成立以来，我国高度重视麻风病防治工作，麻风病在绝大部分省份已被基本消灭，全国现症麻风病患者从 1949 年的 50 万余人减少至 3000 余人。

无数医务工作者不辞辛苦、默默奉献，用青春和生命守护着病患们。从 1953 年开始，爷爷张光禄、儿子张焕波和孙女张丽娇，一家三代医生坚守麻风病防治一线，为无数患者带来新生。

“放心，我不会丢下你们不管的”

麻风病曾被称作“绝症”。很多麻风病人被亲人和乡邻排挤，连村里的水井都不能靠近。有些麻风病患者走投无路，只能跑到深山或洞穴里居住生活。囿于医疗技术的限制，麻风病的致残率极高。张光禄是参加过抗美援朝的卫生兵，复员回到老家后，看到麻风病人在痛苦中挣扎，张光禄感到心中刺痛。

“当时的兴仁县，麻风病人多，但医生太少了！我的父亲是一名党员，也是一名卫生兵，只要需要，再苦他都会去。”张光禄的儿子张焕波回忆道。1953 年，张光禄从部队转业，主动参与麻风病的防治工作。他跋山涉水地将在深山或洞穴里生活的病人找到，接回村子，建立了兴仁麻风村。

在那个年代，不光是麻风病人，就连从事麻风病防治工作的医生、护士、家属都很受歧视，很多人对张光禄避而远之。即便这样，他也从未想过放弃。张光禄与 40 多个麻风病人一起种玉米、养牲畜，同吃同住。

20 世纪 50 年代初，国家开始有组织、有计划、大规模地开展麻风病防治工作。从中央到省（市、区）、地、县组成了万余人的防治、科研队伍，建立了千余所麻风院、村、所、站，制定并及时调整了防治方针。1959 年，按照当时省民政厅和卫生厅的要求，兴仁麻风村迁入了安龙大海子麻风村，合并成安龙麻风院。张光禄带着几十名麻风病患者，翻山越岭，来到安龙麻风院，继续守护着这些麻风病人，直到退休。

很多麻风病人会出现足底溃疡、肌肉腐烂的症状，为了防止进一步感染，张光禄坚持定期为他们清理伤口。“他会把病人的脚抬起来放在自己的膝盖上，用小刀刮掉死皮，有时脓血会喷到他的胳膊上、衣服上，但他从来不嫌弃。”回忆起当时的场景，张焕波的眼睛红红的。

“放心，我不会丢下你们不管的！”这是张光禄对病人的承诺，倾尽一生，他都在践行着这个承诺，为上千名麻风患者撑起了一片蓝天。

“他们的痛我感同身受，我只想帮他们”

时隔多年，张焕波始终无法忘记父亲离开安龙麻风院那天的场景。全院200多名病人，把他们一直送到了县城，足足送了五千米。“病人们没有钱，他们就自己做鞋子和鞋垫，包了一大包送给父亲。”那一幕，深深触动了张焕波。“麻风病人太需要医生了，我一定要帮助他们！”

1983年，张焕波从卫校毕业后回到了安龙麻风院，继续从事麻风病防治工作。“医者，父母心！对病人要关爱，业务上要精益求精。”这是工作第一天，父亲对他的嘱托。这句话，张焕波记了一辈子。

· 张焕波和麻风病人在一起（张焕波　供图）

安龙县有187个村，每个村里都有麻风病人。很多病人因病行动不便，没有办法就医。张焕波利用周末，到病人家中给他们送药、检查、治疗。以前安龙县经济落后，很多乡村不通路，甚至连摩托车都没办法进入。这种情况下就只能步行，有时候，张焕波要走上大半天才能把药送到。遇到下雨天，坑坑洼洼的山路就更难走了，滑倒、摔倒都是常事。即便这样，在这条路上张焕波一走就是30多年。

“从事麻风病防治工作30多年，我从来没有后悔过，也从来不觉得苦。他们的痛我感同身受，我只想帮他们。现在麻风病的发病率大大降低，治疗手段也从单一的药物治疗转为‘三联疗法’，致残致死率大大降低，我打心眼儿里高兴！”据初步统计，张焕波确诊、治愈的患者达400多例，他帮助患者们回归家庭、回归社会。如今,60 岁的张焕波还奔波在防治一线,守护着人们的健康。

“我们需要给予他们更多的理解、支持和爱”

张焕波进村送药的摩托车上,还带着他的女儿张丽娇。张丽娇清楚地记得,有一次,下着大雨,山路特别难走,就在快要到病人家的时候,父亲的摩托车摔倒在了泥坑里,怎么也打不着火。而那时,病人还在家里焦急地等待着。

就在这时,雨里出现了一个身影。“走近了我才看清楚,原来是等药的病人!他知道我们要来,就一直站在家门口等着。一直等不到,就着急了,顺着山路来找我们。”这位麻风病人手脚都有残疾,行动很不方便。“一定要把他们都治好!”看到病人艰难地走来的那一刻,张丽娇心里就再也放不下这群病人。

2016 年,张丽娇放弃了在县医院的工作,考入安龙疗养院(原安龙麻风院),从事麻风病防治和护理工作。张丽娇进入疗养院工作的前一天晚上,“医者,父母心!”就像当年父亲对张焕波说的一样,张焕波也对女儿说出了同样的话。

· 张丽娇和麻风病人在一起(张丽娇　供图)

现在,安龙疗养院中还生活着 98 名麻风病患者。他们平均年龄都在 60 岁以上,很多患者都是因未及时得到治疗,导致身体畸残,基本的生活都不能自理。张丽娇作为护理人员,除了帮助他们做治疗,还要照顾他们的生活起居。张丽娇说:“在安龙疗养院,我与病人既是医患关系,也是陪护关系。我早已把这群麻风病患者当成了自己的亲人。”

“现在,医疗条件已经非常好了,很多病人可以被治愈,回归社会,正常生活。但我们需要给予他们更多的理解、支持和爱。”她说。很多麻风病人住进疗养院的时间长,不愿出去,几乎与世隔绝。为了增加他们的生活乐趣,张丽娇和同事们就教他们下棋、打牌、打乒乓球……只要一有空,她就会和麻风病人谈心,陪他们看电视。“我不光要给麻风病人治病,还要为他们创造一片快乐蓝天。”

按照世界卫生组织的要求，以人口为基数，麻风病人在万分之一以下时，就达到了“基本消灭”的水平，中国的麻风病人早已远远低于这个标准。目前，全国麻风病新发病人呈逐渐下降的态势，连续年均不超过 1000 例。

2016 年 9 月，习近平主席为第 19 届国际麻风大会致贺信写道：“‘创造一个没有麻风的世界’是全球麻风控制的终极目标。”“中国将加大投入力度和保障措施，继续同世界各国一道，积极推动麻风学进步和创新，促进消灭麻风目标早日在中国实现，为全球消灭麻风做出贡献。”

记者：李慧慧、杨月

原载于：2019 年 8 月 31 日中国青年网

原标题：《中国人的故事 |70 年“战斗”，三代“麻风病”医生的守护》

青年说

这才是最可爱的人，言教不如身教，父母永远是我们的第一位老师。一代又一代的传承，给一个又一个家庭带来希望，他们用爱守护每一位患者，以实际行动书写了什么叫作医者仁心。

网友@我爱我家

网友@心中有丘壑

医者仁心，心里铭记当初的誓言。作为一名医学生，其实之前对麻风病的认识仅停留在理论知识上。直到去到麻风病康复村，在村子里和那些老人一起生活，才真切地感受到自己肩上的责任。我们应该尽我们所能，改善他们的生活，但我们收获的比付出的多得多……回想起阿公阿婆的模样，我又想回去看看他们了。

医者父母心，感谢这些用青春和生命守护着病患们的医生，大爱无言，为这份传承精神动容，为坚守三代的医生点赞。

网友@Lois Lane

生命禁区的"光明"使者

绵延的雪山、圣洁的湖水、碧绿的青草、奔跑的藏羚羊……这是壮美的西藏给人的第一印象。但人们不知道的是，长期以来西藏电网处于孤网运行状态，电网结构薄弱、调节能力差，遇到枯水季节便会面临严重缺电的问题，停电是常有的事，个别地区甚至无电可用。

藏中联网工程是迄今为止世界上最复杂、最具建设挑战性的高原输变电工程。世界海拔最高的 500 千伏输电塔——被称作"塔王"的 8L196 号铁塔，是该工程中体积最大、力量最强的"大哥大"，它把周围 3410 座铁塔连在一起。8L196 号铁塔的塔基位于西藏南部的东达山上，海拔 5295 米，比珠穆朗玛峰大本营还高近 100 米。这个"中国高度"，堪称世界电力建设巅峰。

这个巅峰背后的故事，令人动容。

忍受着高原反应，他们负重工作 500 多个日夜

由于自然环境、经济社会发展状况、电力建设成本等多方面制约，到 21 世纪初，西藏自治区还有很多地方一直沿用传统的松明灯或酥油灯照明。刚进入西藏，时任甘肃送变电工程有限公司输电施工四分公司副经理、藏中联网工程包 5 项目常务副经理的张博就在想，一定要做好这个工程，让牧民们过上有电的生活。

· 张博在施工现场（张博　供图）

"我们遇到的第一个挑战就是高原反应。8L196 号铁塔施工现场距离

项目部 50 多千米，车辆每行驶 1 千米，海拔压差的平均变化就达到 50 米，整体海拔压差变化足足达到 2500 米。”张博永生难忘车队第一次在觉巴山“魔鬼公路”陡升陡降时的感受：后脑胀痛，胸口发闷，心脏受到强烈的挤压，嘴唇发紫，豆大的汗珠顺着脸颊流淌……尽管不断地吸氧，但还是喘不过气来，“嗡嗡”的轰鸣声在双耳间环绕式响起，即使面对面说话，也很难听到对方的声音。

如果只待几天，还可以忍受。但 5 万多名国电建设者，在这里负重工作了 500 多个日夜！

每天一早，青年突击队员就背上干粮和重约 10 公斤的仪器，赶往东达山垭口的施工现场，勘查一座座在建的塔基。为了多吸到一点氧气，他们忍着嘴唇干裂、喉咙疼痛，采取口鼻并用的呼吸方式。为了节省体力，他们手脚并用地向上攀爬，手臂和膝盖处都有损伤。张博打趣说：“咱们这是四轮驱动啊！”

越往上爬，坡越陡，有些地方坡度甚至接近 90 度，脚下是不断滚落的碎石，稍微大一点的动作都会使人产生强烈的身体不适。安全员师小雷回忆了因高原反应缺氧的惊险一幕。有一次，东达山气温低至零下几十度，一个战友正在塔上作业，突然感到头晕且双手失去知觉，就准备赶快下来。然而在下塔过程中，他因为缺氧一下子没抓住，距离地面还有 2 米时，人就晕厥摔了下来！“当时我正在塔前，一下子把他抱住了，赶快给他吸氧。受冻的双手不能用火烤，只能用棉衣把他的手包上先暖和一下。十几分钟后人清醒了，才慢慢把手套褪下来，搓了搓手指才有知觉。”

· 师小雷在施工现场（师小雷　供图）

安全帽上冰雹“铛铛”作响，手中紧固住每颗螺栓

如果说高原反应还能慢慢适应，那么极端恶劣的天气和脆弱的生态环境，就是阻挠工程进展的一只更大的“拦路虎”。

“一山有四季，十里不同天。”藏中联网工程沿线地形地貌复杂多样，气候多变，年有效工期仅有 6 个月。工程穿越横断山脉核心地带和青藏高原腹地，地处世界上地质结构最复杂、地质灾害分布最广的“三江”断裂带。其中，东达山位于澜沧江、怒江的分水岭，气压很不稳定，暴风雪、冰雹和狂风常毫无征兆地光临。

“与在平原地区不一样，这里一会儿下雨，一会儿下冰雹。平常挖坑子一干就是一上午，在东达山半小时就得换人，干活效率太低了。”张博说。

出发前项目组曾召开会议，针对藏中联网工程高海拔的特殊情况准备了定制版的《单基施工方案》。但他们真正到了施工现场才发现，工程难度比想象中要大得多。东达山植被下是坚硬的花岗岩，为了避免破坏植被，他们只能放弃先进的机械设备，采用原始的人工挖掘方式开挖基坑。起初他们每天能挖 0.5 米，但挖到 3 米多时，以弱风化岩层、花岗岩为主的基坑内涌出大量的水，加之岩石层愈发坚硬，每天便只能挖 10 厘米了。

一个 10 厘米，再一个 10 厘米……项目部不断组织召开专项讨论会，调整施工方案，在这个“制高点”上，他们硬是加班加点挖了 4 个 10 多米深的基坑！

2017 年 5 月 7 日夜晚，当大家完成基础浇筑之后满怀欣喜地回到驻地进行补给时，一场暴雪突然来袭，气温骤降到零下 17℃。突如其来的降温会影响现浇钢筋混凝土的强度，塔基保温工作刻不容缓！

狂风带着冰雹顷刻间席卷而来，鸽子蛋大小的冰雹砸在安全帽上“铛铛”作响，棉衣瞬间被浸透。天空中的冰雹变成了密密匝匝的大片雪花，雾气、雪花、寒风混合在一起，变成黑夜中白茫茫的一片。青年突击队在这伸手不见五指的夜里，脚下踩着被积雪掩盖的暗坑滑石，艰难地爬上暴雪纷飞的东达山顶施工点。冻得瑟瑟发抖的队员们给塔基搭起保温帐篷，升起了煤炉，帐篷里的温度慢慢升了起来，大伙像呵护自己的孩子一样，养护着塔基，守着它一直到天亮。

虽然一个个精疲力竭，但看到太阳升起的那一刻，大家实实在在地感受到了阳光的温暖和幸福的味道。事后，项目总工张毅军在“青木石”上写下：“再回首，海拔 5295 米的东达山上，雪夜里的深深脚印，竟是我们最酷的自拍和完美的人生！”

为了让群众用上电，“亏本生意”也要做

因为施工环境复杂，藏中联网工程的每一基铁塔材料都是特殊定制的，需要从千里之外的山东、广东、湖北、浙江等地运送过来。

为了保证车辆和人员的安全,藏中联网工程部在沿途设立了4处检查站和医疗点,确定车辆、人员状态都正常后才会放行。如美检查站是其中最繁忙的一个,从这里出发没多久,就到了海拔3940米的觉巴山公路。公路沿途上面是绝壁,下面是奔腾的澜沧江,有些地方既没有护栏也没有路标,遇到落石、塌方都是常有的事情。最难的是通过川藏线怒江"72道拐"的时候,因为塔材较长、运输车辆体积较大,在这些又急又陡的U型弯,一旦碰上对面驶过来的汽车,运输塔材的师傅还得先停下来,让对方通过之后再重新上路。

塔材运输的"最后一千米"大多坡道太缓、不适宜建索道,长期行走于云南茶马古道上的骡马队就被建设者们"请"了上来。如果用汽车运输,一天就能将塔材运输到施工处,骡马队却要用三到五天,运输成本是汽车运输的10倍,这样的亏本生意,他们为什么要做?国家电网西藏送变电公司员工方仁廷解释:"只要能让群众用上电,运输成本高,那也值!"

即便如此,也有连骡马体力也供不上的时候。师小雷回忆道:"8L196号铁塔接地引下线工艺施工时,要运送约120斤重的发电机,我们特意挑了非常强壮的一匹马,没成想到了海拔5200米时,马突然口吐白沫,再也爬不上去了。这种恶劣的环境,马的体力达不到在平原的那种水平。最后95米,是我们轮流抬上去的。"

2017年7月10日,铁塔组立进入最后的攻坚阶段,青年突击队员们又一次身背氧气瓶登上铁塔,将"塔王"的最后一段臂膀牢牢紧固在铁塔躯干上。当最后一颗螺栓被拧紧,最后一名高空作业人员安全下塔时,总重55吨、高58.5米的"塔王"终于建成。

"世界海拔最高的500千伏输电塔诞生了!"现场总指挥宣布这一振奋人心的消息时,在场的所有人振臂欢呼、紧紧拥抱在一起,喜悦的泪水肆意流淌:"我们成功了,我们胜利了!"

塔基组立完成之后,张博感慨万千:"经历了两年使用发电机的生活,如美镇也快通电了,正可谓'送电工走到哪里,就把光明带到哪里'。也许以后走川藏线旅游,会切切实实感受到自己带来的光明!这光明,就是我们送给藏族老阿妈们的礼物!"

1949年中华人民共和国成立时,全国的装机容量只有185万千瓦,仅相当于现在的两台机组。改革开放前,330千伏已是电网的最高电压等级。如今,我国已拥有世界上最高电压等级的 ±1100千伏直流输电和1000千伏特高压交流输电线路。同中华人民共和国成立时相比，我国发电量增长超2000倍。目前，全国人均年生活用电量约695千瓦时，无电人口用电问题已全部解决。

无论高山峡谷还是雪域高原，一条条“电力天路”，为经济社会发展插上了腾飞的翅膀。每当雪域高原的夜晚灯火亮起，输电线路稳定运转，千里之外发电机正在隆隆轰鸣，那是奋进的中国最波澜壮阔的声音！

记者：杨月、杨维琼、曹若鸿（实习）

原载于：2019年10月2日中国青年网

原标题：《中国人的故事｜生命禁区的“光明”使者》

青年说

作为一个西藏人，我想对你们说一声：谢谢你们！谢谢你们不辞劳苦地来到我的家乡，是你们拼命努力，我们才过上了有电的生活，辛苦了！ ——网友@笑笑

网友@月光：这才是中国力量！有福共享，有难同当。哪里没有电你们就奔赴哪里，即使高原条件艰苦，你们照样敢想敢做，作为一个中国人，我为你们感到自豪！

再美的雪景也不及你们的工作模样，再动听的歌声也不及发电机轰隆隆的声音，是你们的艰苦付出，才让我们有了“光明”，家家户户才过上更加幸福的生活，为你们点赞！ ——网友@大海

网友@小善：皑皑白雪中，你们的出现为这片高原增添了生机与活力。看着你们辛苦工作的样子，站在高空中作业，多么危险。我们每一个人都应该要节约用电！

当我们在享受电带来的方便的时候，你们却要顶着严寒在一线工作，这么冷的天，恐怕吃口热乎饭也很难！作为一名老师，我有责任将你们的故事讲给学生听，希望新一代的青年向你们学习！ ——网友@叶子

治沙人的中国梦

研究人员通过研究卫星观测数据后发现，地球比 20 年前更绿了，全球从 2000 年到 2017 年新增的绿化面积中，25% 以上来自中国，中国对全球绿化增量的贡献比居世界第一。

聚沙成塔，集腋成裘。这些绿色成绩单的背后，离不开无数中国治沙人夜以继日的坚守，王文彪就是其中一个。

从沙漠深处的“挖盐工”到联合国的“地球卫士”，王文彪用了 30 多年的时间，带领人们把 6000 多平方千米的沙漠变成了绿洲，构建了享誉世界的库布其模式。一路走来，无数次非议，无数次嘲讽，无数次不解，王文彪坚持的仍是自己的路。

“恐龙蛋换咸鸭蛋”

“你去盐厂，很多同事都不看好，他们说用不了三年，你就得灰溜溜地回来。还有人说不超过三个月，你就得哭着喊着回来！”

“嘴长在别人身上，他们怎么说，我管不了。”

这是王文彪去杭锦旗盐厂前，旗长与他的一段对话。

作为“库布齐沙漠之子”，王文彪经历过太多的贫穷和绝望。1988 年，内蒙古自治区鄂尔多斯市杭锦旗政府决定对杭锦旗盐厂公开招用承包人。“不试一试，怎么能知道成败？”此时，已经是公务员的王文彪跃跃欲试，他想与这大漠搏一搏，闯出一条属于自己的路。

杭锦旗盐厂位于沙漠深处，当时负债 500 万、18 平方千米的盐湖被黄沙覆盖，生产难以为继。“县里的官”不做，要到沙漠里去做“挖盐工”，任谁都无法理解。“这就是恐龙蛋换咸鸭蛋！”面对周围人的冷嘲热讽，王文彪态度十分坚决。

风呜呜地刮起沙子，打在脸上像针扎。越野车驶入沙漠，王文彪扎进了祖祖辈辈都想要逃离的盐海子。坐在破烂的办公室里，面对着盐厂无路、无电、无水、无通信、缺人才、缺技术、缺资金的难题，王文彪依然乐观。

“要保住盐厂，就必须治沙！”王文彪斩钉截铁。“治沙？库布齐沙漠这么大，就凭我们这几十号人，沙能把我们给治了。”在一片质疑声中，王文彪启动了一项工程：每卖 1 吨盐，就拿出 5 元钱用于沙漠治理。

他从工人中选出 27 人组成林工队，专职清理沙子和种树。因为风沙太大，沙子清了又来，来了就再清。没有成熟的经验可借鉴，柳树死了，换杨树；背风坡种不活，到迎风坡去种；今年不行，来年继续种……一次次地努力，树活了，草绿了，盐厂也转亏为盈。

· 王文彪在沙漠中种树（王文彪　供图）

“不治服沙漠，沙漠就会吃掉我们。被沙漠吃掉是死，与沙漠抗争也是死，还不如放手一搏。”看着运输道路一次次被沙阻断，产品运不出去，企业一次次面临停产。王文彪做出了一个更疯狂的决定：修穿沙公路。

一位老职工当时说：“几百年来都没有人敢干的事情，你王文彪能干成？”

“愚公能移山，我为什么不能在沙漠里修路？”王文彪认定，穿沙公路一定要修！

修路资金至少需要七千万元，盐厂一年的收入只有四五千万元，钱从哪里来？王文彪一趟一趟地往金融贷款机构跑，一次一次地被回绝。眼看着一条条求钱的路被堵死，王文彪心急如焚。后来在政府的支持下，王文彪东挪西借，终于凑足了七千五百万元修路款。

1997 年 4 月 3 日，王文彪和盐厂的员工怀里揣着干粮，顶着风沙，拖着帐篷，走进沙漠腹地，与施工队一起开始修建公路。大漠里风沙大，一无技术、二无先例，一夜之间，黄沙就把刚挖好的路基全部覆盖了。他们推了埋，埋了推，一晃三个月过去了，路却毫无进展。

滴滴汗水粒粒沙，在杭锦旗政府的主导下，在杭锦旗十几万干部群众的支持下，1999 年 10 月，经过 1000 多个日日夜夜的艰苦奋战，一条被誉为

· 穿沙公路修筑现场（王文彪 供图）

"大漠奇迹"的穿沙公路终于修成通车了！"65千米的路，整整修了3年啊。在沙漠里修路，我们修成了！"在通车庆典仪式上，王文彪言语哽咽。

这条路背负着库布齐沙漠几代人的梦想。王文彪感慨："这是我最大的慰藉，也是我一生梦寐以求的事情。我就出生在库布齐沙漠，我的童年曾经过着和这里老百姓一样的生活，我深知其苦，但我也深深地爱着这片土地。"

从"黄褐斑"变成"绿宝石"

"下游的百姓守着黄河，却喝不到黄河水，这是一件很痛苦的事情。"这一直是王文彪的心结。围绕黄河修建防沙护河锁边林，是不是就可以锁住黄河的沙？王文彪想在黄河上做文章！大家知道后都觉得不可思议。但王文彪下定了决心，谁都无法阻挡他修建黄河锁边林。

2001年，规模宏大的黄河锁边林工程开建，大规模的沙漠治理行动全面铺开。库布齐沙漠北缘、黄河南岸，240多千米的长度，单围起来就用了两个月。沙漠里还散落着几十户牧民，王文彪和他的工作组挨家挨户地做思想工作，终于将全部牧民都搬迁了出去。

路不通，苗进不去，怎么办？王文彪带着大家把边上的沙子推平，上面撒上黏土，再洒上水，再轧，硬是轧出了一条路。就这样，王文彪与沙漠一斗就又是许多年。

2004年，黄河锁边林工程完成，不但锁住了流向黄河的沙，而且使库布齐沙漠的生态得到了进一步的修复。大面积以甘草、沙柳、杨树为主的经济生态林不仅为企业带来了丰厚的利润，也带动了当地农牧民共同致富。

经过30余年的植树造林，如今库布齐沙漠18600平方千米的土地，有6000多平方千米得到治理，绿化面积达3200多平方千米，库布齐沙漠从祖国正北方的一块"黄褐斑"变成了一枚"绿宝石"。

"我们要守住每一寸土地，让更多的沙漠变绿。"时至今日，王文彪和无数"王文彪们"让沙漠变绿的脚步从未停歇。"坚持、坚韧、坚守"的血性，已成为他们骨子里的东西，永远不会变。

· 如今的库布齐沙漠（王文彪　供图）

2013年9月23日，联合国防治荒漠化公约第十一次缔约方大会在纳米比亚首都温得和克召开。王文彪迈着坚实的步伐走上全球瞩目的领奖台，接过了“全球治沙领导者”奖牌与证书。

王文彪说：“我想把这块奖牌献给我的祖国，这个古老的国度有个年轻的‘中国梦’，那就是我们习近平主席提出的‘绿水青山就是金山银山’，这就是我们治沙人的‘中国梦’。”

记者：李慧慧、杨月、曹若鸿（实习）

原载于：2019年8月12日中国青年网

原标题：《中国人的故事｜靠坚守，他实现了治沙人的中国梦》

青年说

请允许我们向那些著名的“治沙英雄”，以及还没有来得及认识的“治沙英雄”致敬！——网友@一帆风顺

网友@春暖花开：“治沙英雄”们让更多人看到新的希望。

如此令世界瞩目的成就固然离不开政府的投入和带动，更离不开沙区人民与沙漠、与贫穷的坚韧抗争。——网友@风

网友@乖仔：每一抹绿色背后都是一个故事。

去年夏天去过一次内蒙古，也去了毛乌素沙漠和库布齐沙漠，在跟当地牧民聊天时，听他们讲过上一辈人治沙的故事。在沙漠中种树，想想都觉得很难，但是他们做到了，当时非常震撼。——网友@开心每一天

践行大爱的中国“白求恩”

南苏丹是世界上最贫困的国家之一，中国从 2012 年开始向南苏丹派遣医疗队，到目前为止共派出 5 批队伍，累计有 66 位医生到南苏丹参与医疗援助。这是中国向 50 个非洲国家派遣的 2 万多名援非医疗大军的小“部队”，他们被当地人称作“白求恩”“创造奇迹的人”……

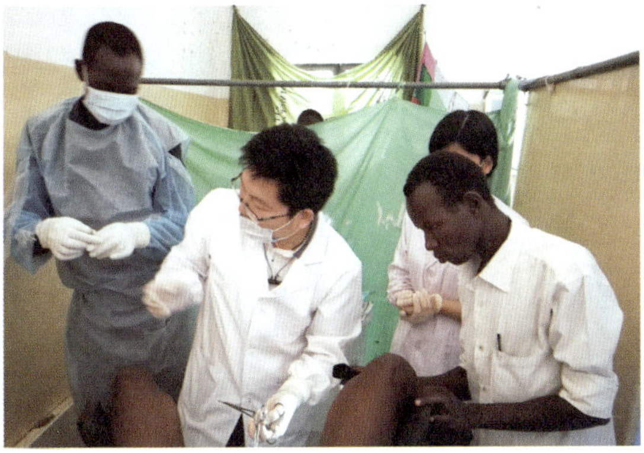

· 中国医生和南苏丹医生共同做手术（中国〈安徽〉第五批援南苏丹医疗队 供图）

习近平总书记曾对援外医疗给予“不畏艰苦，甘于奉献，救死扶伤，大爱无疆”的高度评价。是什么力量支撑着他们远赴万里之外、冒着枪林弹雨实行援助？是什么精神鼓励着这些中国“白求恩”不畏战乱，默默以仁心仁术温暖一方土地？

中国（安徽）第五批援南苏丹医疗队以勇气和科学筑起对抗疾病的“铜墙铁壁”。

“我们要做那个身上有光的人”

这是一台惊心动魄的手术。

南苏丹朱巴教学医院的中国援非医生驻扎地，电话铃声大作。

2017 年 6 月 1 日，来自安徽省妇幼保健院的周曙光医生接到电话，宫外孕！急诊！他和来自合肥市第三人民医院的医生孙传名一看，病人捂着肚子疼得哇哇叫。“一摸肚子这么大，不像宫外孕啊。”周曙光赶紧带病人去 B 超室，一看吓一跳——病人腹腔妊娠，孩子已有四个月，但没长在子宫里！

病人破裂的血管在不停地流血，需要马上手术！可是急诊无法确认病人是否携带艾滋病毒，在南苏丹，平均每6个人中就有一个艾滋病患者。怎么办？

“直接开刀了，急诊。”孙传名说，“不能多想，想多了就没法开展工作了，只能在手术中小心再小心。”生死关头由不得退缩，硬着头皮也得上。“泉涌般流血的场景，我一辈子都不会忘记。”他说。

南苏丹本来血库存量就不多，再加上到处是营养不良的患者，无法献血，电力又不足，怎么办？只能抓紧时间，减少出血！最终，他们成功了，病人得以康复。“虽说急重症患者多，但经历了那一次的生死时刻，现在面对再复杂、再凶险的情况，我们也能从容面对。”周曙光说。

这支医疗队组建于2016年11月18日，2017年5月1日到达南苏丹首都朱巴开始执行援外医疗任务。南苏丹是联合国评定的世界上最危险的国家，这里常年内战不断，当地人平均一天只吃一顿饭，疟疾、伤寒是两大“杀手”，南苏丹人民平均寿命不到50岁。中国援非医疗队工作的医院——朱巴教学医院是当地最好的医院，在中国援助的基础上，其硬件条件勉强达到了中国20世纪70年代的水平。医生们最头痛的就是医院不能正常供电，有时一天只能供电两三个小时，有时一天也没有电。

在这样简陋、恶劣的环境中，中国医生创造了太多奇迹。

比如在电力供应严重不足的情况下抢救新生儿的奇迹。2017年6月20日，来自合肥市第二人民医院的医生刘进生和安徽省妇幼保健院的医生万燕明成功抢救了一个有微弱心跳但没有自主呼吸的婴儿。在孩子的父亲都决定放弃后，两位医生硬是一个人手捏着皮球、一个人手指按压，坚持了一个小时，直到供电恢复，把孩子从死亡线上拉了回来。“这个年轻而贫穷的国家需要更多新生命去建设它。”他们说。

比如安徽省妇幼保健院中医针灸科张长安医生的“银针火罐显神效”。他每天一到诊室，门口总会坐着一排病人，每天不能按时下班是常事，不少患者都用“神奇”来形容他。

比如在职业暴露的风险下抢救濒死病人。2017年5月10日，一个病人全身满布水疱、因发热不停抽搐……这名致死性重症药疹患者合并感染艾滋病。来自合肥市第一人民医院的医生蒋鹏冒着职业暴露的危险，每天坚持为病人换药、治疗一个多小时，最后使这个幸运的病人成功地康复了！

“我们要做那个身上有光的人，做那个能够温暖别人的人。不断庆贺眼前的美好，方得以无畏前行。”这是蒋鹏在《中国援南苏丹医疗队刊》上写下的文字。身上有光，能温暖你我，更能照亮世界。

“祖国就是我们强大的后盾”

“我是家族中的第三代医生，救死扶伤的精神从小就影响着我。父亲当年援外的条件比我们现在艰苦多了。援外的地点一定是艰苦的，但那里的人民需要我们，而祖国就是我们强大的后盾！”来自合肥市第三人民医院的医生刘群是“援二代”，他的父亲曾在 1983 年到 1985 年期间在也门民主人民共和国做过援外医疗工作。

两代人都是援非医生，刘群和父亲并不是个例。用刘群自己的话来说：“医生不仅仅是一种职业，更是一种信仰。”而这种信仰，解释了为什么只要见到中国医生，当地人就会热情地上前问候：“Chinese doctor,good!（中国医生，很棒！）”

“曾经在一次子宫肌瘤术后，患者家属把家里仅有的十个鸡蛋拿给我们以表达谢意，看着他们虔诚的眼神，我心里暖暖的、眼角湿湿的，婉拒之后，我们又送了两袋奶粉给患者，希望她能早日康复。由于贫穷，当地人对中国医生的帮助只能用言语表达，听到最多的就是‘谢谢，中国医生很棒！’”周曙光说，虽然只是简单的一句话，却能感受到他们的真情，“也许就是这种朴实的情感，成为我们这些援外医生能够在如此恶劣的条件下坚守、坚持和努力的动力。”

对于中国医疗队的奉献，当地媒体看在眼里，化作报道，多次大篇幅讲述中国医生的故事，感谢中国医生的仁心仁术。

“在战乱国家，因为枪伤得不到及时救治而截肢的人比比皆是，非常令人痛心！”刘群说，“我现在最得心应手的就是取子弹，现在做起来特别快，分分钟的事。”

“援二代”精神的可贵之处，在于不畏艰难和医者仁心的传承，孙传名希望这种精神能够影响到自己的孩子。“希望用我的经历，让孩子感受到生在强大祖国、和平时代、远离战乱饥荒的幸福，希望他们明白即使国内生活条件好，也要学会克服困难、肯吃苦。”他说。

“授人以鱼，不如授人以渔”

中国医生不是来观光的，而是要扎扎实实带出一支队伍来。正因为对非洲的贫困有切身的体会，所以中国医生更懂得“授人以鱼，不如授人以渔”的道理，更关注医疗器械的可持续使用和对当地医生的“传帮带”。

医院里有一台中国捐助的闲置了好几年的DR放射机，由于操作系统是中文的，当地人不会用，刘群就把中文逐字逐句地翻译成英文，然后手把手地教当地医生如何使用。现在，这台机器成了整个医院最忙的机器。

“我现在最期待的是收到向国内申请的关节镜，我想在回国前培训出几个当地的关节镜手术医生，留下我的‘鱼塘’，让南苏丹关节炎患者能得到更好的治疗！”刘群说。不只是医疗设备，大批的药品、经费正源源不断地运往非洲。

“我的大徒弟这次带着一位康复的卵巢囊肿患者复诊，希望我解释治疗机制。”周曙光的微信朋友圈里记录下了“传帮带”的点滴：“解释清楚后，我想说，中国医学的博大精深是他现在还无法完全体会到的，没关系，我会用每一次难得的沟通机会慢慢告诉他们，比起提供仪器、药品，言传身教更重要。”周曙光和孙传名创新性地开展“师承式＋手把手带教”的教学模式后，“中国师傅”已经成为一张名片，培养了一批理论扎实、临床操作熟练的当地年轻骨干医师，为南苏丹医学今后的发展注入了新鲜的中国元素。

“深刻领会此行意义，不辱使命不负重托，出色完成光荣任务，为祖国赢得更多赞誉。同时，牢固树立底线思想，切实做好安全防护。”国家卫计委副主任崔丽曾对援非医疗队这样殷殷嘱托。安徽省卫健委主任于德志也给第五批援南苏丹医疗队提出“巩固成果，扩大影响，做有责任、有担当的援外医疗队”的期望。

· 中国医生周曙光、孙传名和南苏丹“徒弟”、患者交流（中国〈安徽〉第五批援南苏丹医疗队　供图）

这一切都化作了这些战斗在非洲医疗战线上的白衣战士救死扶伤、永不言弃的工作。而这样“授人以渔”的坚持，收获的是最高的礼遇。2017年7月26日，第三届朱巴大学护理学院护士及助产士毕业典礼上，南苏丹第一副总统詹姆斯·瓦尼·伊加（James Wani Igga）安排周曙光、孙传名以及来自合肥市第一人民医院的护士宋靖和多国大使一同在前排就座。演讲中，副总统满怀敬意地感谢了中国援非医生的巨大贡献。

“感动中国 2014 年度人物评选”曾向抗击埃博拉病毒中国援非医疗队致敬。2014 年，1200 多名中国医护人员和公共卫生专家前往西非疫区，与当地百姓共同作战，赢得了埃博拉阻击战的胜利。

更值得骄傲的是，20 世纪 90 年代，中国将青蒿素带到非洲，已挽救了非洲 4000 多万人的生命。现在，青蒿素已经成为治疗疟疾的首选药物。

无论是身处一线的中国医生，还是为抗疟疾呕心沥血进行中医药研制的工作者，他们有一个共同的称谓：中国援非医生！他们身处和平年代，却还要忍受烽火连天、提心吊胆的煎熬。一颗医者仁心，是跨越国境救死扶伤、永不言弃的坚持。

今天，当我们仰望星空，满怀“小确幸”的时候，别忘了同一片星空下，还有用大爱默默守护着医者信仰的他们，他们是中国“白求恩”，是一代代中国医生用生命打造的“金字招牌”，是“中国大爱”的温暖践行者！

记者：杨月

原载于：2018 年 1 月 30 日中国青年网

原标题：《中国人的故事｜中国“白求恩”，中国大爱的践行者》

青年说

我们在一代又一代的接力中看到“援二代”精神的可贵之处——不畏艰难和医者仁心的传承！——网友@挥手之间

网友@高差它：我们要做身上有光的人，做能够温暖别人的人，将个人价值的实现融入时代发展，方得以无畏前行。

援外医疗队“不畏艰苦，甘于奉献，救死扶伤，大爱无疆”的精神值得我们所有人学习，他们是最好的中国名片！——网友@Vampire

勇闯“禁区”，以爱“抗艾”

“我想当妈妈了。”当广西南宁第四人民医院艾滋病科护士长杜丽群听到患者小陈的心愿，心中有着隐隐的担心。已为人母的她非常理解这份心情，但对一个艾滋病患者而言，这不是一件容易的事。

杜丽群耐心地为她解释母婴阻断技术，悉心跟踪小陈的服药情况，解决小陈妊娠中随时出现的问题，2015 年，小陈顺利产子，2017 年，小陈的二胎也顺利出生。小陈说：“我做母亲的每一步艰辛与喜悦，都有杜护士长陪在身边，是她给了我信心。”

自 2005 年杜丽群主动请缨担任艾滋病科护士长以来，她护理过的艾滋病患者超过 1 万人，抗病毒治疗患者超过 5000 人。整整 13 年，杜丽群跑遍了广西百色、桂林、河池、崇左等地，为广西省内 2000 多名医护工作者讲授艾滋病防护知识。

“有些工作很难，但总得有人去做”

2005 年，杜丽群所在的医院准备成立艾滋病科，专门收治艾滋病患者。

那还是一个“谈艾色变”的年代，再加上潜在的职业暴露风险，护士们大都不愿意到艾滋病科工作。刚开始连同事都不理解杜丽群，他们问杜丽群：“你为什么要去艾滋病科工作？是不是犯了错误？”很多同学知道杜丽群从事这份工作后都说：“早知道你要干这个，我一定劝你不要去。”杜丽群还记得，刚组建艾滋病科室的时候，正好赶上 12 月 1 日世界艾滋病日，科室搞了个活动宣传预防艾滋病的知识，别的科室的病人一听说医院有艾滋病人，都纷纷要求出院。

杜丽群知道大家不理解。没人愿意去这个刚组建的艾滋病科工作，但艾滋病科工作的开展又迫在眉睫。“既然别人不敢做、不愿做，就让我来吧。”杜丽群就这样投入了“抗艾”工作。

杜丽群原来在肺结核科工作，经常会遇到艾滋病患者，他们本身免疫力比较低，很容易感染肺结核。那时候，很多病人一确诊是艾滋病就会放弃治疗，尤其是一些年轻人，因为他们觉得感染上艾滋病就会死。杜丽群记得，有一对来看病的夫妻，他们刚结婚不久，妻子是被丈夫感染了艾滋病。妻子一直说："我就这样要离开这个世界了吗？"当时杜丽群心里很不是滋味，她看到了他们的绝望和无助，所以下决心去帮助他们。

"有些工作很难，但总得有人去做。难题就摆在那里，去做出改变，才有解决的可能。"

艾滋病护理最难的不是身体，而是精神

2005 年 8 月，杜丽群遇到了护理生涯中的一个最大挑战。艾滋病患者阿友是一个全身溃烂的病人，身上几乎没有一块皮肤是完整的，每次翻身，溃烂的皮肤都会粘在床单上。当时科室里很多小护士都刚从学校毕业，看着体无完肤的阿友，没一个人敢上前，连陪护阿友的家属也纷纷避让。

杜丽群自己穿戴着防护设备到阿友病床前护理，操作时实在受不了会跑到卫生间呕吐，然后回来接着护理。"毕竟，如果当时我不以身作则，护士们就更不敢去了。如果连我们都打退堂鼓了，艾滋病患者就真的没有地方看病了。"

"对待艾滋病患者，我们要以心换心，以爱'抗艾'。病人们的求生欲望都很强烈，只有我们不放弃，他们才不会自暴自弃。"这是杜丽群经常对护理团队说的话。

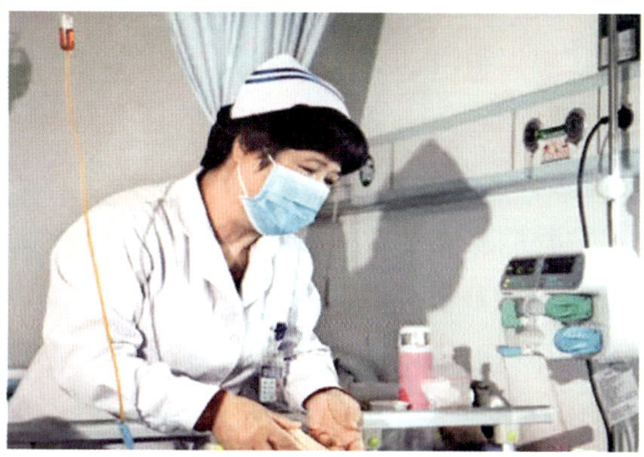

· 杜丽群到病房观察艾滋病患者情况（广西南宁市第四人民医院　供图）

杜丽群发现，患者对"艾滋病"这个词普遍比较敏感。因此，杜丽群讲话时就比较注意，经常用"我们这个病"代替"艾滋病"三个字，很多病人听了就会觉得杜丽群很照顾他们的感受，就会很信任她，心里话也会跟她说。

很多病人是因为静脉注射毒品感染了艾滋病。对于医生来说，跟他们沟通的难度比其他病人更大。毒瘾发作时，这些病人很难控制住自己。很多患

者没钱吸毒就会偷东西,偷病房患友的手机,偷医生的手机。一次,杜丽群遇到一个病人,他已经出院,但是又回来叫杜丽群给他打针。杜丽群知道他肯定是为了注射毒品。吸毒的病人,手上、脚上的表浅静脉都打完了,他希望通过静脉注射打毒品。杜丽群拒绝了他,他马上从身上掏出了注射器说:“你是不是想得艾滋病?”杜丽群当时很害怕,想跑开,但是一想到如果自己走了,旁边还有那么多医生、护士、家属,如果这个人乱来,后果不堪设想。杜丽群硬着头皮和他周旋,逐渐让他平静下来,和他诚恳地交流。杜丽群发现,其实这些病人很希望获得关注。

杜丽群说:“我感觉,越害怕病患的行为,他们越容易做出危险的事情,医护人员一定要和患者耐心交流。我们要为患者‘治身’,更要为他们‘治心’。无论面对危险还是绝望,温暖能化解所有冰封的心。”

“我想让世界对艾滋病少一些偏见”

每年 12 月 1 日是世界艾滋病日,全国都会宣传艾滋病的防护知识。但是在偏僻的乡村、农民工聚集的地方,人们对于艾滋病的防护意识仍旧非常淡薄。杜丽群所在的科室成立了志愿服务队,定期到社区、学校、工地、企业宣传艾滋病的防护知识。

曾经有一次,杜丽群去高校参加活动。谈到“性”,很多年轻人觉得不好意思,想得很浅,但是在跟杜丽群以及宣讲志愿者的进一步讨论中,年轻人会发现,“性”包含的不仅是爱情,还有对自己和下一代的健康的责任,很多年轻人听了都会理性地对待这个问题。

“我们对艾滋病的护理手段,相比于科室刚成立的时候,还是有很大改观的。过去我们科总共才十几个人,现在仅护理工作者就达到了 100 多人。过去我们只有一个艾滋病科室,现在有三个科室,内科、外科、妇产科分开。我们还安排了三个专门的艾滋病病区,门诊也有专门的医护人员。由于治疗条件好,病患的生存率有所提升。另外,我们的防护水平也提升了。比如抽血、输液,过去容易遇到针刺伤等职业危险。现在,我们有安全型的采血针,输液除了用静脉留置针,现在还采用无针输液器,避免了针刺伤带来的感染。”杜丽群说,“我想让世界对艾滋病少一些偏见。我想为这个特殊群体奉献特别的爱,为每一个生命的尊严与希望站岗。”

2013 年,杜丽群获得了我国卫生系统授予个人的最高荣誉——白求恩奖章;2015 年,在庆祝中华人民共和国成立 66 周年之际,杜丽群作为基层民族团结优秀代表，受到了习近平总书记的亲切接见；2018年，杜丽群获得了"全国三八红旗手"等荣誉称号。

无论杜丽群获得多少荣誉，拿到多少勋章，她永远是艾滋病患者心中那位"杜妈妈"，她依旧奋战在"生命的禁区"，一刻不停地挥舞着"红丝带"。

记者：张潼、杨月、赵甜甜（实习）

原载于：2018年7月3日中国青年网

原标题：《中国人的故事｜最美护士杜丽群：勇闯"禁区"，以爱抗艾》

青年说

提灯女神（南丁格尔）的灯光，驱散的何止是受伤士兵心中的阴云。那穿越时空的温暖，在每一名护士的心中，都炽燃成生命的烛炬！你脸上引领希望的那朵灿烂的微笑，如秋夜里的明月，照亮患者通往健康的彼岸。

网友@春暖花开

网友@生机盎然

许多人都对艾滋病"敬而远之"，但杜丽群护士却给了病人们最无私的关怀，她是患者最亲密的守护者，她是艾滋病禁区里的"暗夜微光"。

每一位艾滋病人被查出来之后，得到的多是排斥和避讳。以杜女士为代表的艾滋病护理人员，是帮助病人走出心理阴影、重拾信心的重要力量。

网友@simple

网友@岁月无声

在艾滋病病魔的阴影里，每个病人心里都是一片黑夜，一己之力无法消除黑夜，但当一颗颗星星亮起，就能给病人们一片星空。

“别问国家能为你做些什么，要问你能为国家做些什么”

“对着这个塑像，我虽然看不见，但是倍感亲切，因为她一直在我心中。”在中国科学院大学建校40周年庆典期间，中国科学院大学为著名的语言学家、“两弹一星”元勋郭永怀的夫人、中国科学院大学“最美教师”李佩的塑像揭幕，中国科学院大学教授、联合国残疾人权利委员会副主席杨佳在塑像揭幕仪式上致辞时说。

· 杨佳（杨佳　供图）

李佩被称为“中关村最美的玫瑰”，她自1978年4月出任中国科学技术大学研究生院（现为中国科学院大学）外语教研室主任，是学校外语系的创建者，被国内外同行称为“中国应用语言学之母”。“由李佩先生主编的《研究生英语》，其思想性、前瞻性，至今无人超越。李佩先生创新地用英语专业的标准来教公共外语，在她的教导下，研究生院考出了全国英语水平第一的好成绩。”杨佳说。

杨佳是李佩的学生，追忆恩师，她回忆起自己从中国科学院研究生院（现为中国科学院大学）毕业后，李佩曾带自己去北京大学勺园参加CUSPEA（中美联合培养物理类研究生计划）阅卷工作，该项目由李政道、严济慈发起。“我很幸运，赶上了好时代、好老师。李佩先生是中国应用语言学界第一人，我是她的关门弟子。”杨佳自豪地说。

杨佳15岁时以优异的成绩考上了大学，19岁大学毕业后留校任教，29

岁时却不幸失明。“李老师是我的人生导师，在我人生最迷茫、最无助的时候，我总会想到李老师。”杨佳说。“为了建设国家，李佩先生全家回国。她的丈夫郭永怀是美国贝尔实验室著名的科学家，为我国成功研制‘两弹一星’殚精竭虑，献出了宝贵的生命。在飞机失事的一刹那，郭永怀先生跟警卫员紧紧地抱在一起，这是一个将生命置之度外的壮举。就是因为这个举动，夹在两个人身体之间的绝密文件得以完好无损地保留下来。李佩先生唯一的女儿郭芹被病魔夺去生命，一家三口只留下李佩先生一人。”

“可李佩先生还在教学，下雪天，她还在义务给博士生补课。是什么力量支撑着她？老师的崇高信念和人格风范给我温暖、给我力量。我别无选择，只有面对现实、选择坚强。”杨佳坚定地说，“我明白了一个道理——天生我材必有用，只要活着，就应该活出尊严，活出希望，更活出爱，这就是李老师教给我的。”

在回忆自己重返讲台的经历时，杨佳对李佩充满感激：“也巧，那个学期，三名外教没有归队，可他们的课已经排了，学生也选好课了，怎么办？学校找到李老师，李老师说：‘这个课，杨佳能上！’感谢李老师的信任，我重返讲台。”

在李佩的指引下，杨佳失明后并没有放弃，她选择在困境中重生，克服种种困难，付出比别人多几倍的心血和汗水。2000 年，杨佳考入哈佛大学肯尼迪政府学院，2001 年，她成为该学院有史以来第一位获得公共管理硕士学位（MPA）的外国盲人学生。杨佳的毕业论文《论邓小平的领导艺术》，被定为肯尼迪政府学院的范文。戈根教授为她破例打了哈佛大学的最高分“A+”。毕业典礼上，院长约瑟夫 · 奈对杨佳说：“祝贺你！佳，你是中国的软实力！”当时，全场几千名师生自发起立，为杨佳，为哈佛大学建校以来第一位获得 MPA 学位的外国盲人学生鼓掌欢呼。2011 年，杨佳又成为哈佛大学肯尼迪政府学院校友成就奖 2011 年度的唯一得主，同时也成为中国内地获此殊荣的第一人，成为全世界获此奖励的第 19 人。

十年前，经中国政府推选，杨佳成功竞选首届联合国残疾人权利委员会副主席。杨佳说：“Ask not what your country can do for you,ask what you can do for your country（别问国家能为你做些什么，要问你能为国家做些什么）. 这是李佩老师的言传身教。她为科学院自费留学开了先河，她开创了中关村大讲堂，一讲就是 600 多场。李佩老师大爱无疆，在她身边，你会有一种强烈的使命感、归属感，你会找到生命的意义。”

“薪火相传，让我们弘扬李佩精神，永远与时代同行、与祖国同行，追求卓越、超越自我、生命不息、创新不止，为中华民族伟大复兴做出贡献！”杨佳说。

记者：杨月

原载于：2018 年 10 月 20 日中国青年网

原标题：《杨佳追忆恩师李佩：她教会我“别问国家能为你做些什么，要问你能为国家做些什么”》

青年说

网友@若琳

杨老师的老师也是我的老师。如果每个人都能考虑该如何为国家实力的提升做出一点自己的贡献，就不会拘泥于小我，而是拥有更广阔的心胸和天地。心中有这样的信仰，就不会放大眼前的挫折和困难，而是能够更坚定地去克服困难，去超越自我。

网友@Gfather

她们是最美的玫瑰！后继有人！我们永远与时代同行、与祖国同行！

网友@1988.1.2

“一个人应该有追求，有梦想，有实力，而实力得靠自己从一点一滴做起。”杨老师用自己的行动生动诠释了这句话。

网友@月下舞

感人肺腑，催人奋进。从杨老师身上我又一次看到了当代中国青年应该有的精神风貌！

茫茫沙漠，她将生命过成了一首诗

· 王梦杰、陈一奔 制图

在2020年高考中，湖南考生钟芳蓉凭借676分的好成绩成为湖南省文科第四名，因从小喜欢历史和文物，并深受敦煌研究院名誉院长、“文物保护杰出贡献者”樊锦诗的影响，钟芳蓉选择报考北京大学考古文博学院考古专业。樊锦诗得知此事后，和北京大学教授顾春芳为钟芳蓉送去《我心归处是敦煌：樊锦诗自述》，并写信鼓励她“不忘初心，坚守自己的理想，静下心来好好念书”。

考古真的“冷门”吗？考古到底有没有前途？多年前，当年轻的樊锦诗放弃优越的生活，选择将最炽热的青春年华留给人烟稀少的荒凉大漠，她曾有过怎样的挣扎？因什么，樊锦诗坚定了留下的信念？她和一代代敦煌的守护者们，远离故土、告别亲人，放弃了家人的团聚，耗尽了韶华，挽救了数遭劫难的中华文明宝库，让眼看着就灰飞烟灭的“万佛之国”——敦煌莫高窟“起死回生”。

记者：杨月、张瑞玲

原载于：2020 年 8 月 6 日中国青年网

原标题：《中国人的故事 | H5：考古没前途？樊锦诗写信透露宝藏如何“起死回生”》

青年说

从常书鸿先生到段文杰先生，再到今天的樊锦诗女士，在敦煌研究院事业发展的背后，凝聚的是几代莫高窟人的心血——他们坚守大漠，甘于奉献，勇于担当，开拓进取。这是属于莫高窟人独有的精神特质，这就是“莫高精神”。

网友@81170

网友@宇轩

在樊锦诗身上，我们看到的是一位文物工作者 50 余年的坚守和奉献。

我们每个人都应该向樊锦诗女士学习，找到自己一生的热爱，然后脚踏实地地坚持下去，通过不懈努力把工作做得更好、更出色。

网友@Y

网友@一眼千年

樊锦诗女士视敦煌石窟的安危如生命，扎根大漠，潜心石窟考古研究，是吾辈楷模！

唯有热爱可抵岁月漫长！一位樊锦诗，半部敦煌史，她苦守荒野大漠，奉献全部青春与热情，她为考古献身，在热爱里，找到了自己心灵的归处。祝愿每个人都能找到一生的热爱！

网友@惊鸿

九十九载，远与近的初心交响

有时候，

我们觉得他们很远。

他们在最危险的地方。

他们在最操心的地方。

他们在最辛苦的地方。

他们在最拼命的地方。

……

有时候，我们又觉得他们很近。

他们在最靠近我家那个做核酸检测的地方。

他们在我想过上好日子而最需要帮助的地方。

他们在小区封闭时给我奶奶送药的地方。

他们在给我们村拉项目、带产业致富的地方。

那么远，又那么近。

他们永远在为14亿中国人的小康而奔走的地方。

· 王梦杰、陈一奔　制图

策划：王海、杨月；文案：杨月、李慧慧、苏思怡（实习）、王梓溪（实习）、贺子玉（实习）、郑丽霏（实习）；记者：李慧慧、王增强、谢宛霏

中国青年报·中国青年网、中国青年作家报、中国社会科学院大学新闻传播学院建设性新闻工作坊联合出品

原载于：2020 年 7 月 1 日中国青年网

青年说

我觉得这就是中国的缩影！2020 年很难，但是我们已经走过来了。未来，我们必然可以做得更好！——网友@刘亦心

网友@喵喵酱：奔腾的长江翻卷起晶莹的浪花，千里草原回荡着深情的马头琴声。华夏儿女向祖国母亲致意！

因为他们，我们不怕；因为他们，我们相信。向每一位抗击新冠肺炎疫情的英雄致敬！——网友@爱多一点

网友@依依：疫情当前，不论岗位，不分职业，全国各地民警、消防员、医生，纷纷请战一线。无论警察、医生或是其他一线人员，你们都是最美的逆行者，向你们致敬！

这就是我的祖国，这就是我深深眷恋的祖国。我爱你源远流长灿烂的历史，我爱你每一寸土地上的花朵，我爱你风光旖旎壮丽的河山，我爱你人民的性格坚忍执着。——网友@暖暖

因为，我有要守护的人

七十多年前，中国人民志愿军跨过鸭绿江，入朝作战。在两年零九个月的战争期间，百余万志愿军官兵保家卫国，直面生死。他们满怀对祖国和家人深深的爱，把鲜血和汗水洒在异国的土地上……他们是谁的父母，是谁的兄长，又是谁的孩子？

· 王梦杰、陈一奔 制图

每个人的生命都只有一次。跨越冬与春，经历死与生，因为有要守护的人，因为有要守护的土地，所以无论遇到任何风险挑战，中华民族始终拥有战胜一切艰难险阻的信心和恒心。这力量，源自每 个你。

每一个英雄的你，成就一个英雄的青春中国！

策划：杨月；文案：杨月、张瑞玲、陈一奔（实习）；制作：张瑞玲、牟昊琨、陈一奔（实习）、涂陈昊（实习）、王迎光（实习）

中国青年报·中国青年网、中国青年作家报、中国传媒大学新闻学院联合出品

原载于：2020 年 10 月 25 日中国青年网

青年说

我们要珍惜现在的美好时光，被守护的我们也要找到我们心中需要守护的人和事，坚定地奋斗下去！

网友@郝艺

网友@依勒

为了祖国，为了亲人，最可爱、最可敬的志愿军战士用血肉之躯为新生的中华人民共和国赢得了世界的尊重。

他们满怀对祖国和家人深深的爱，把鲜血和汗水洒在异国的土地上。他们是最可爱的人，是值得我们敬重的人。

网友@喜洋杨

网友@静心

每个人的生命都只有一次。他们愿意为了脚下的土地、远方的家人，放弃自己的生命，他们是伟大的。

中华民族始终拥有战胜一切艰难险阻的信心和恒心。这份力量来源于每一个想成为英雄的你！

网友@小屋

第六编

青春
是见贤思齐的成长

我是“不怕难”的武汉人

最困难的时候要怎么坚持下去?

有人说:“默默告诉自己,明天又是新的一天,一切都会好起来的。”真正挺过那段时间,再回想,仿佛一切困难都变得没那么可怕了。2020年3月10日,湖北省武汉市16家方舱医院全部休舱。生命之舱,患者“清零”,使命完成。回顾这一路走来遇到的困难,一个个“不怕难”的武汉普通人带给我们很多感动。

【榜样家书】“誓保家园,有你们真好”

致我的“影子”们:

不知不觉,武汉已封城42天。每一天,咱们风风火火地奔跑在运送物资的路上,回来时却是一片寂静。此刻的感觉和往常到家时不太一样,内心仍然忐忑不安。一线“白衣战士”们的防护是否跟得上?有多少困难群众的物资可以照顾到?明天有多少任务需要我们去完成?

……

今年的“情人节”非同寻常。在节日前的一个雨夜里,我们把上海网友的心意变成一份份爱心巧克力,传递给上海援汉首支医疗队的每个人。我们在用行动告诉他们:爱和温暖无处不在!医疗人员在前线照顾病人,我们在后方给予支持,愿他们在辛苦奉献的寒风雨夜中,能够感受到来自他人的温暖和善意。愿他们与我们一起坚信,这场战“疫”一定会胜利,以后的好起来的日子会像巧克力那般甜蜜。感谢他们,为了战“疫”逆风而行。

亲爱的影子们,我们不知道彼此的家庭背景和面容、神态,大家都穿着防护服,戴着护目镜、口罩和面罩,我们只是匆匆见过彼此的眼睛,就立刻奔向了需要我们的地方。我们偶尔会遇到误解和打击,但我们总是积极消化,从不懈怠。在这里,我们通过网络聚在一起,把来自天南海北的爱心汇成一股股前行的力量，因为我们是一群“疫情一日不止，誓保家园一日”的“影子”们。

在这些日子里，我们埋头干活，不管一天卸了多少吨货，只要有需要，我们随时随地都能精力满满地再启程，尽可能第一时间把物资送到最需要的人手中；微信群里，大家有什么需要，马上就有人响应；半夜车坏在路上，一定会有人开车过去救援，陪着等到天亮。在没有人知道的角落里，这座城市里的“影子”们依然传递着爱，将汗水融化成满脸笑容，源源不断地为需要帮助的人输送温暖和力量。

这些天，经历的点点滴滴让我感受颇多。从定点医院到社区医院，从社区街道到养老院，从方舱医院到酒店隔离点，从运输一线物资到运送蔬菜水果……隔离病毒，隔不掉积极抗疫的精神和浓浓的爱。我们一起，奔跑在志愿服务的路上，原想做次志愿服务，却没想到一步步坚持成了战士，纵然遇到了再多困难，有爱的我们依然会砥砺前行。

武汉人有着北方的坚毅、南方的细腻，地处中部的武汉人骨子里有种别样的顽强和面对困难的坦然。这座城市和我们走过的每一条路必将见证这一段历史，这一段我们用无私、奉献、无畏、乐观铸就的历史。

现在，一些好消息渐渐传来，很多人在感谢咱们的付出和陪伴。但疫情未过拐点，我的战友们，请大家坚持一会儿，再坚持一会儿，我们的努力一定会有结果。我们的初心是为保卫家园尽绵薄之力，虽然个体弱小但团结无比，只为每笔捐赠的物资安全送达，不辜负每一份托付。逆风者越战越勇，别无选择。待到战“疫”成功、樱花烂漫时，让我们脱下口罩，热情相拥，把酒言欢！没有你们的情怀，我无法坚持到现在；没有你们充满爱的支持和鼓励，我也无法坚持到现在。我是何等幸运，遇见了你们。誓保家园，有你们真好。

疫情中的“影子”：杜鹏

2020 年 3 月 4 日

“我必须做点什么”

“2020 年，发生在武汉的新冠肺炎疫情必将成为历史。我是土生土长的‘老武汉’，作为一名亲历者，离疫情如此之近，我必须做点什么……”这是武汉物资运送志愿者杜鹏在新冠肺炎疫情发生最开始的时候在朋友圈里写的一句话。

每年春节，杜鹏都会去云南和朋友一起过年。突如其来的新冠肺炎疫情打乱了他的出行计划。“全红”的武汉疫情分布图、不断攀升的确诊患者……疫情初期的那段时间，曾是杜鹏和很多武汉人的“至暗时刻”。

“在更多帮助到达之前，我们必须要先依靠自己。”杜鹏曾参与 2013 年的雅安地震救援，他知道，这种时候，由于公共交通无法像以前那样发挥作用，城市神经末梢的物资运送往往会成为大难题。

很快，他就加入了物资运送志愿者的队伍。武汉公共交通停运后，杜鹏和其他志愿们不约而同地开私家车去帮忙——把全国各地捐赠的物资从志愿者服务的集散点，送往武汉各个医院。

“武汉人在疫情面前的勇敢值得尊敬”

杜鹏所在的物资运送志愿者微信群里，只要有需要，马上就有人响应，并提供无偿服务。大家都是开着自家的车前来帮助，不管是什么样的车，到了集散点，大家就直接把货往车上搬，毫无怨言。每天微信群里发出需要运送的任务列表，大家就会抢着登记，一个 35 家医院的派送任务，不到 4 分钟，就在微信群里抢完了。杜鹏说：“我们开玩笑地说，现在抢任务，比抢买单还难！没有人在意彼此的身份、地位，大家都只顾埋着头干活，不管一天卸下多少吨货，都会在第一时间送出去。”

忙完一天，杜鹏回到住处只能睡几个小时，第二天醒来第一件事就是看微信群里发布的服务任务。“为了能多装一些物资，我又特地借了一辆五菱小货车，这辆车帮了大忙。有一次我开着车奔袭 150 千米，将 1000 件防护服送到了武汉各个医院。”杜鹏说，随着团队人数增加，大家逐渐可以换着休息一下了。

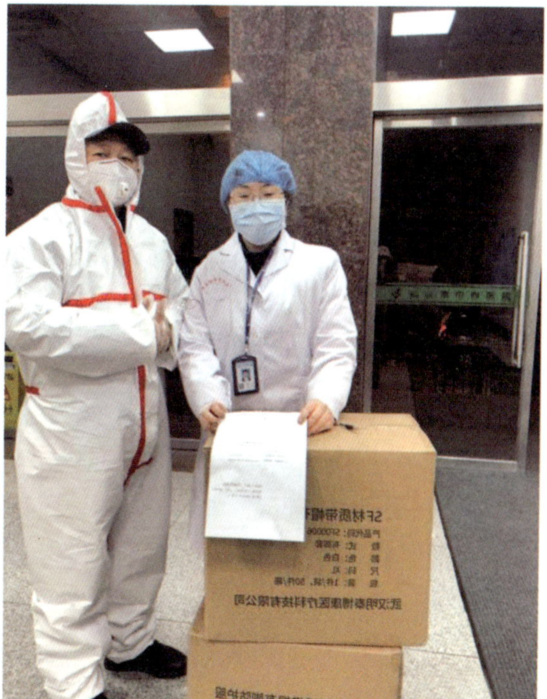

· 杜鹏（左）将防护服送到武汉各个医院（杜鹏　供图）

杜鹏是无数武汉人的缩影，他们以各种各样的方式，成为捍卫这座城市的“战士”。

“武汉人在疫情面前的勇敢值得尊敬。大家关门闭户在家自我隔离，毫无怨言，克服各种困难。大家情绪缓和些后，有力出力、有钱出钱，都想做点什么。有的半夜在帮忙搬运物资，有的人提供后勤保障，大家都用心努力着。我以前经历过地震救援，所以深知这些无私的不易，可以感同身受，也很为我们这些无偿奉献、冒着生命危险努力的武汉人感动。”这是杜鹏在朋友圈里发的一段文字。

武汉人并非孤立无援，除了来自全国各地的援鄂医疗队，杜鹏还常遇到来自普通人的朴素关怀：有位外省司机冒着被隔离的风险，亲自把安徽和县农民捐赠的辣椒送到武汉。同样这么做的还有湖南张家界的菜农，他们把蔬菜送到物资集散点，再委托杜鹏他们捐赠到各个社区、医院。

“送一些能‘焐热’他们心的东西”

为避免家人担心，杜鹏没有告诉他们自己做物资运送的事情。可是，杜鹏爸妈看电视新闻时还是知道了。刚开始杜鹏有些忐忑，每天在好几个定点医院的一线科室里运送物资，因为直接接触的关系，他很少再回父母家。之后，他隔几天把买好的菜给父母送到小区门口，看着他们取走才离开。杜鹏说：“父母安心在家、健健康康的，我在外面帮助别人的时候才会安心。”

尽管如此，父母依然放心不下他，常一天好多遍问杜鹏的身体有无不适，用一篇新闻报道里的话来说就是“每个身处物资运送等战‘疫’岗位的武汉人身后，都有一个家庭在顶着”。每每想到这儿，杜鹏就很为那些从外地来支援的医护人员们担心，他们的家人不在身边，每天和死神“抢人”，撑得住吗？

2020 年 2 月 10 日中午，一位上海网友通过微博找到杜鹏了解武汉的情况，看了新闻中奋战在一线的医护人员们很受感动，她也想做些什么表达自己的心意，委托杜鹏帮忙传达。送什么好呢？当时恰好临近“情人节”，杜鹏灵机一动，建议她送巧克力——医护人员们不缺吃喝，也许送一些能“焐热”他们心的东西，更能让他们感到自己“不是一个人在战斗”。

“通过之前送物资的渠道，我了解到首批上海医疗队在金银潭医院共有 136 人，打听到他们住的酒店地址后，我到超市凑齐了 136 份巧克力，晚上送到了上海医疗队的医护人员手上。”杜鹏说，上海的网友看到医疗队的队员笑着签收巧克力的照片，特别欣慰。

一块巧克力放到嘴里，只能甜一会儿，但吃的人却会因为觉得自己被爱着而感到幸福。"不服周"（湖北方言，即不甘心、不服气）的武汉人，作为抗击疫情的急先锋，给全国同胞赢得了时间。

"疫情结束那天，我想看看这些'最可爱的人'的脸"

杜鹏说："疫情过后，最想做的就是我们这群物资运送志愿者和接触过的医护人员能够摘下口罩，热情相拥，来一个'熊抱'。大家每天都穿着防护服，戴着护目镜、口罩、面罩，一起工作了这么久，只能看到一双眼睛。疫情结束那天，我想看看这些'最可爱的人'的脸，想代表武汉人民感谢他们！"

其实，除了身处物资运送岗位的武汉人杜鹏，还有无数武汉人，在疫情期间超负荷地守护着这座城市。他们中有城管、环卫工人、交警、社区工作者、医生、护士……他们身份不同，岗位各异，但都有一个共同的精神——"不怕难""不服周"。

世界卫生组织赴中国考察专家组外方组长布鲁斯·艾尔沃德说："全世界真的欠了武汉人民的情，我想让武汉人民知道，世界知道你们所做的贡献，我们正在跟世界分享你们的故事，你们正在做的事情非常重要。"

英雄的城市，英雄的人民，永远乐观，永远顽强！

记者：赵小萱、龚蓉梅；策划：周伟、王岑予；文案：杨月、杨维琼、梁明子（实习）；编辑：佘程程（实习）、黄肖璇（实习）；设计：曹若鸿（实习）、蒙晓（实习）

中国青年报·中国青年网、中国青年作家报、中国社会科学院大学新闻传播学院建设性新闻工作坊、广东财经大学人文与传播学院联合出品

原载于：2020 年 3 月 17 日中国青年网

原标题：《中国人的故事｜【榜样家书】杜鹏：我是"不怕难"的武汉人》

青年说

向战斗在一线的医务工作者致敬！向各行各业默默奉献的工作者道一声：你们辛苦了！

网友@红人

网友@老班长

现在还有很多“影子”们在防疫一线忙碌，我们家小区门口就有。他们并不都是壮年，有很多老爷爷、老奶奶给大家测量体温，有时候我会对他们说一声：“辛苦，谢谢。”我相信我们的国家一定能够战胜这次疫情。因为有爱，我们团结一心，众志成城，胜利属于伟大的中国人民！

真心期待大家摘下口罩的那一天。那个时候，杜鹏会很欣慰吧！

网友@楼下卖水果的老奶奶

网友@宝贝女孩

英雄的城市养育英雄的人民，感谢杜鹏，感谢所有的“战士”，大家一路走来所有辛苦我们都看在眼里，谢谢！

灾难，教会我们什么？

蔡毅是武汉市中心医院疼痛科主任，他因发文讲述战“疫”经历、呼吁大家做好自我隔离、不要辜负医者眼泪而被大家熟知。《蔡毅医生撰文喊话兄弟：战场上回来，球场上再聚》在朋友圈被广泛转载，有这样几段文字让人印象深刻：

“群里都叫我菜头，这次我被‘逼’下了一线，积极申请，拉到了接待两千多人医疗队的任务。三天之内，我要负责把这些老师安顿下来，组织培训，熟悉工作。老师们散住在武汉各地十七八家酒店，从光谷到黄陂，从汉口到天河机场！什么概念呢？如果把整个武汉做成个正方形，那么每个角都覆盖到了，武汉有多么大，自己查地图。”

“有些必要的消毒房间的酒精啥的，医疗队物资暂时没跟上，我就从医院揽货，从社会揽货，晚上给他们送。医院的车远远不够，我只能在足球队求援，阿迪、老廖、队长、老董、方总，等等，只要我在微信足球群发个定位，马上就会跳出一个兄弟，从指定地点拿了酒精就拖过去。”

“第三天，医院临时决定组织医疗队老师培训，带他们穿防护服进病房熟悉环境。时间紧迫，早晨下的命令，下午三点，培训就要开始。十五个队，十七个地址，下午三点，医疗队的老师们被我一帮足球队兄弟，从武汉四面八方准时接到医院。培训完了，我带老师们穿隔离服进疫区体验，吃完盒饭出来，已经是晚上八点半了，外面一帮兄弟空着肚子，八九辆车和一群人，齐刷刷地杵在医院门口，等老师们出来，送他们回去。自始至终，没一个兄弟打电话催我，没一个兄弟抱怨。那天晚上还有点冷，但是医疗队老师的心都是暖的！平时兄弟团，战时钢铁连！”

“医生其实就那么简单，没那么多光辉的事迹，也没那么多动人的故事。我们就是一群普通人，刚好有这个机会，穿一身白衣，套上防护服，挡在武汉市民前面。做我们该做的事情，就那么理所当然。不需要夸张，不需要润色，平实的语言，记录最真实的事情，就是最打动人的方式。只要能站着，我们，就会一直守护着你们平安！”

北京外国语大学附属外国语学校高三（1）班朱玥同学给蔡毅医生以及职工足球队的医生们写去了一封信，信中满怀敬佩，同时朱玥提了一个问题：“我们应该如何看待灾难？”

【榜样家书】

尊敬的武汉市中心医院足球队的医生们：

你们好！通过《蔡毅医生撰文喊话兄弟：战场上回来，球场上再聚》的文章，让我认识了你们——一群曾经活跃在球场、现在战斗在抗疫前线的武汉市中心医院的医生。

· 北京外国语大学附属外国语学校高三（1）班朱玥（朱玥　供图）

我知道你们中的一些人在与病魔斗争中被感染了，甚至经历了被呼吸机抢救的生死劫……残酷的灾难夺走了许多人的生命，破坏了我们的生活，给大家造成的伤害是多么难以弥补啊！

在这场战“疫”中，医护人员就是冲在最前线的战士，你们明明知道下一个倒下的可能就是自己，但你们没有退缩，因为你们心中装的是病人。正如你们自己说的，“只要站着，我们就会一直守护着你们平安！”这是多么铿锵有力的誓言！

我不禁想要问，灾难带来的是否全都是坏事？我们是不是能从灾难中学到什么？至少，这次疫情，让我看到了你们的医者仁心、人间大爱。

真的要感谢你们，感谢所有逆行者们！我不会辜负每一份善意，我会怀着感恩的心去学习和生活，感恩我们的祖国、感恩我们的人民，正是因为有你们在前方奋战，才让我们能够在安全的环境里学习、成长。

如今，明媚的春光几乎已经驱散了病魔！胜利后的你们已经快能健健康康地与家人团聚了吧？多么希望再次看到工作之余的你们奔跑在球场上……我相信这一天一定会到来！我用积攒的压岁钱买来运动服，等胜利到来的时候，望你们脱下防护服，换上轻便漂亮的运动服，让我们共同奔跑在阳光下！

谢谢你们！一定保护好自己！

北京外国语大学附属外国语学校高三（1）班朱玥

2020 年春

亲爱的小朱妹妹：

你好！

你用压岁钱给叔叔们买来的球衣，韩乔生老师那天特意深夜赶来，在上面一件一件签上了名字，中心医院足球队的叔叔们都已经收到了。拿到这份礼物，大家都非常振奋！

你在信中问，灾难到底给我们带来了什么？身心的苦痛不可避免，但终究会过去。在灾难中反思，在反思中学习，才让灾难有了更深刻的意义。对我来说，灾难让我学会用全新的眼光来看待生活。现在，叔叔想跟你谈谈那些灾难教会我们的事。

一是懂得了敬畏。大疫面前，众生平等。建议你有空读一读这本书：《老鼠、虱子和历史》。历史上很多次疫情，来得突如其来，走得悄无声息。往往在疫苗研制出来之前，疫情就结束了。科学，也有解释不了的盲区；医生，也有拯救不了的病人。大自然一次又一次给我们教训，然后悄然而去，它是在告诉我们，要懂得敬畏，懂得珍惜！你是一个聪明的孩子，叔叔相信你有足够的判断力，希望你能认真对待生命，珍惜生活，不要做违背大自然的事。

二是学会了感恩。叔叔在自己的朋友圈里记录下疫情期间的战"疫"日记，没有夸张，只有如实记述。最强大的文字，就是最朴实的记录。其中有一篇，就是关于感恩。这次疫情，不仅仅只有武汉人民在战斗，也不仅仅只有医生是英雄。全国人民，包括海外同胞，都心系武汉，中华民族面对大灾大难，往往表现得愈发团结！

中国人都很羞涩、朴实，不经常直接表达自己的善意，每一次伸出援助的手，都付出了极大的勇气。因此每一分善意，都不要辜负；每一分关心，都请温柔对待！人世间难免有戾气，只有关爱和感恩才能化解，让世界更温暖，从爱我们身边的人开始做起。

三是热爱生活,合理安排生活。如果不出意外,你将面临高考升学、大学生活、读研,甚至出国深造。你应该是一个很努力的女孩,愿你合理安排生活,不要挥霍青春,也不要过度劳累。这次疫情中,每每看到同事们抱定“无惧生死,以身报国”之志,把凶险留给自己,把健康中国留给百姓,成为病毒的克星、患者的救星、健康的准星,我就思考,人生短短数十载,清醒着能燃烧自己、奉献自己的时候,有几载?抛开浪费时间而活的岁月,属于自己的,又有几天?这是个深刻的哲学问题,每个人看待自己生命的方式都不一样,但切记,生活最悲哀的不是过得贫穷,而是活在犹豫踌躇里、活在别人的眼光里无法自拔!一定要活给自己看,做个平凡而坚定的人、发光发热温暖别人的人,这样才能无怨无悔,每一天才会更有意义。

四是尊重父母、关爱家人。父母是我们最亲的人,也是最爱我们的人。叔叔当年痛恨学医,报志愿之前差点跟爸爸吵得离家出走。进了大学,甚至数次想重拾高中课本,准备再去高考,将这段人生推倒重来。结果呢?如果我在后悔中无法自拔,那现在的我,可能早就在某个阴暗的角落里自怨自艾了。现在的我,成了一名真正的医生,在这次战“疫”中尽了自己的一份力,我很骄傲!回想起来,我们人生中的那些重大转折,往往都是父母、亲人在支撑着我们,也许当时不觉得,甚至对他们的叮嘱觉得烦,其实他们在一心一意地为我们的人生铺路。他们是教我们长大的第一任老师,我们永远要尊重父母、关爱家人。

最后,灾难更是让叔叔深刻地感慨,无比庆幸生在一个这么伟大的国家!我们所有人,在祖国的保护下同进退、共呼吸。其实,我们不是英雄,当职责所在、家国需要的时候,每个人都会献出自己的一份力量!当灾难降临时,所有人都会心生善意,为他人而活。这是理所当然的事情。

希望你也能深刻感受到祖国的伟大和包容!更希望有一天你能够学有所成,报效祖国!等哪天你长大了,走在保卫祖国母亲的路上,叔叔一定也拿出一些退休金,为你寄去最爱的礼物!

祝好!

武汉市中心医院疼痛科蔡毅

2020 年春

恩格斯说:“一个聪明的民族,从灾难和错误中学到的东西会比平时多得多。”从忧心忡忡,到信心满满,从如临大敌,到同舟共济,灾难的发生不可避免，疫情中，太多太多平凡的英雄给我们感动，太多太多守望相助让人动容。灾难给我们带来伤痛，也见证着所有人的成长。

“多难兴邦”，源源不断的国家力量，来自每位中国人心中的热忱。面对灾难，铭记它，攻克它，没什么能挡得住春天，万里长江澎湃而来，百折不挠与生命同行！

记者：只恒文；通讯员：黄露；策划：周伟、王岑予、杨月；文案：杨月、梁明子（实习）

中国青年报·中国青年网、中国青年作家报、中国社会科学院大学新闻传播学院建设性新闻工作坊、广东财经大学人文与传播学院联合出品

原载于：2020 年 4 月 10 日中国青年网

青年说

这样的隔空对话，好暖心。一场疫情，让我们学会了懂得敬畏自然、敬畏生命、懂得担当、懂得大爱！——网友@三胡

网友@惜花：每一个人发一点光，萤火汇聚成星河，无数的弱小力量，就会凝聚成打赢这场攻坚战的人间大爱！

灾难教会了我们爱。在这场疫情中，每个人都在突破自我极限，为了自己和他人健康，成为勇者。——网友@世锦

网友@哦可达：突然想起一句话：“微光会照亮微光。”很庆幸在中国！有一群这样为我们坚持努力的人！他们值得所有的美好！

朱玥真是一个很善于思考的小妹妹，她的问题同样值得我们思考。我们从灾难中学会了什么？我想答案已经在我们每个人心中了。——网友@王圣迪

“探路者”的勇气

年轻代表着什么？年轻，代表着无所畏惧的果敢，代表着敢做“探路者”的豪迈，代表着激情澎湃、永无止境地奔跑向前。

重组新型冠状病毒疫苗（腺病毒载体）Ⅰ期临床试验受试的第 84 位志愿者、29 岁的中国电信湖北 10000 号客服中心客服代表莫诗琦在注射疫苗后的观察期间，记录自己隔离生活的 Vlog（视频博客）在微博走红。这位喜欢健身和跑步、参加过 7 场“全马”比赛和 35 场“半马”比赛的女孩，在隔离房间里还不忘跑步锻炼，端着饭菜进入隔离房间时总是感激连连、笑意盈盈。阳光开朗的莫诗琦，被网友亲切地称为“武汉最美马拉松女孩”。谈及报名成为新冠疫苗试验志愿者的经历，莫诗琦淡淡一笑，说：“我不是英雄，只是想为我爱的城市做些什么。”

【榜样家书】

亲爱的爸妈：

这应该是我长大后第一次给你们写信，有很多话想说，提笔却不知从何说起。2020 年，新冠肺炎疫情来势汹汹。1 月 23 日清晨，我被手机铃声震醒，一条条封城的新闻弹出来，我整个人都懵了。看着我们的城市被病毒包裹，我很害怕，但还好有你们在身边，给我温暖和依靠。武汉封城以来，我看到了全国各地的医护人员驰援武汉，他们穿着厚厚的防护服，与病毒作斗争，和死神搏斗。我满心感激，我明白，我的身后不仅有你们，还有整个中国。那些日子，我也总在想，作为武汉青年，我能做些什么？

2 月 1 日，我接到单位居家办公的通知，负责接听 10000 号客服电话。我想，虽然我不能像医护人员一样冲锋在战“疫”前线，但我也要用自己所长贡献出一份力量。为了让“宅家”的用户们足不出户就能排解网络故障，我倡议湖北 10000 号客服中心专门组建一支“万号工程师”队伍，负责在武汉市的装维工程师下班后的时段，为遭遇网络故障、客服代表远程支撑依然无法解决问题的用户上门提供应急服务。调度工作虽然经常加班加点，但能为居家隔离的家乡人解决网络问题，我挺开心的。用有温度的服务，为这座城市稳定正常运转出一份力，就是我的成就感所在。在我上班的时候，为了不打扰到我，你们连看电视时的音量都开得很小。这些小细节我都记在心里，现在想起来还是暖暖的。

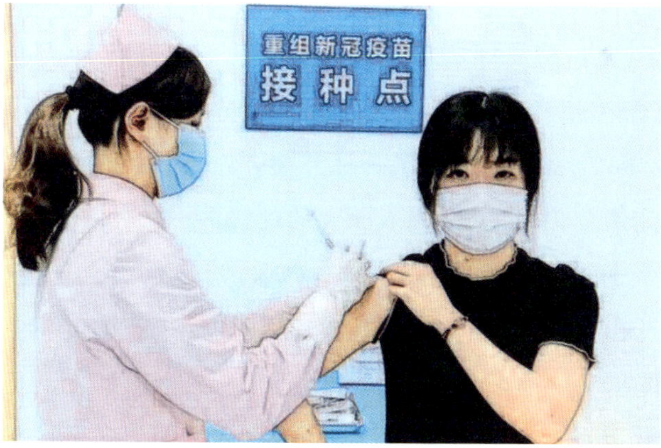

· 莫诗琦接种疫苗（莫诗琦　供图）

我在新闻里听钟南山院士说，疫苗是解决新冠肺炎最根本的办法。全国人民都在期待着疫苗能尽快研制出来。终于，我们等来了好消息。3 月 16 日，我国科研团队研制的重组新冠疫苗获批启动临床试验，一期临床试验就在武汉进行。

我的朋友、“马拉松达人”任超加入了新冠疫苗试验志愿者的队伍，他说那里很缺年轻的女性志愿者。我想，也许我可以试试。爸爸妈妈，很抱歉，没有提前和你们商量，我就报了名。得知我报名的消息时，我想你们一定担心坏了，可你们还故作轻松。妈妈开玩笑说：“让你爸爸也去做贡献，他是党员。”爸爸也笑着说：“可惜我年纪大了，报国无门啊。”爸爸妈妈，谢谢你们的教诲，让我知道，年轻一代，要有做“探路者”的勇气和担当。我想，你们一定会为我骄傲的。

记得我去体检的那天中午，接我的车到了，你们非要送我下楼。爸爸一句话也不说，默默地帮我拖着行李箱，妈妈一直念叨，担心我东西没收拾齐。我的记忆闪回到了大学报到那一天，炎炎夏日，爸爸也是扛着大包小包送我去学校，泪水瞬间湿了眼眶。虽然时间变了，地点变了，但你们对我的爱和关心永远不变。同样不变的，还有我因为被爱环绕而从内心生发出来的温暖与善意，还有我那“初生牛犊不怕虎”的热血和勇气。

这次，我顺利地通过了体检，怀着期待又兴奋的心情接种了疫苗，成为第

84位完成疫苗接种的志愿者。你们绝对想不到，我和这群志愿者都是从4800位报名者中筛选出来的，最终包括我在内的108位志愿者成为首批新冠疫苗受试的“排头兵”。大家都笑称我们是“108好汉”。所以，你们不用担心我，我不是一个人在战斗，我的身边还有很多优秀的人与我并肩前行。

隔离期间，每天，我在正常工作之余，也会看看电影、看看书。我带来那本《追风筝的人》快看完了，还计划着和其他志愿者们一起交流心得呢。来这里的第一天，我就开始在微博上记录自己成为志愿者的日常，记下我人生中最有纪念意义的一件事，没想到获得了那么多网友的支持，还有人向我咨询如何报名。每天持续更新视频日记成了我的日常，和网友互动，解答问题，我从一位报名者向受试者转变，如今我又成了一位科普者，我感到自豪。

爸爸妈妈，我要再次谢谢你们的支持。在我长大的过程中，你们对我的爱和以身作则的教育，让我成长为一个有勇气、有担当的人。有人说，我们是人民和人类的“探路者”。可在我看来，我们只是在用自己的力量，守护我们所爱的城市。

现在，我们的城终于恢复了生机，我也已经结束了14天隔离期。我多想立刻去东湖绿道上奔跑，呼吸着新鲜口气，大喊着：“永远年轻，永远勇敢，永远激情澎湃！”

女儿：莫诗琦

没有人生而英勇，只是他们选择了无畏。年轻，并非人生旅程中的某一段时光，它是直抵心灵的一种状态，是勃勃的青春朝气。

中国的年轻人从不缺乏“探路者”的勇气。除了莫诗琦，还有许许多多的青年正把爱心播撒到人们心间：在社区中送货，维护秩序，不知疲倦；在病床前忙碌，抢救病人，不顾安危……对于他们而言，这就是日常工作的缩影。只是在新冠肺炎疫情这一特殊时期，一度按下暂停键的社会让大家更有机会关注到了他们，把他们一以贯之的敬业精神和拼搏精神集中展现了出来。

“探路者”们做出选择的背后，支撑他们的是责任、担当、使命，这些种子正在他们的心底生根发芽，成为当代青年的精神内核和生活方式，激发起一代青年在未来人生道路上的爱国热情和奋斗精神。参与过、感动过、探索过，这些记忆将如星光一般，为更多人照亮前行的道路。正如习近平总书记在给北京大学援鄂医疗队全体“90后”党员回信中所指出的：“广大青年用行动证明，新时代的中国青年是好样的，是堪当大任的！”

记者：张琦敏（实习）、梁明子（实习）；策划：周伟、王岑予、杨月；文案：李慧慧、杨月；编辑：张琦敏（实习）、梁明子（实习）

中国青年报·中国青年网、中国青年作家报、中国社会科学院大学新闻传播学院建设性新闻工作坊、广东财经大学人文与传播学院联合出品

原载于：2020 年 4 月 11 日中国青年网

原标题：《中国人的故事 |【榜样家书】新冠疫苗志愿者莫诗琦：我是“探路者”》

青年说

作为一名大学生，我很羡慕莫诗琦能有机会被选做志愿者，有机会去为国家和人民做贡献，也很敬佩这样的青年人，他们是我学习的榜样！

网友@一兰

网友@千纸

不论是大事件还是小场合，每个需要帮助的地方都能看到志愿者奔跑着的身影。没有掌声，没有鲜花，没有报酬，他们用一颗跃动着爱的心，完成着爱的传递，将汗水融化成满脸笑容，快乐他人同时也快乐自己。

你和我们一样，都是普通人，志愿者身上体现出的奉献、友爱、互助和无私奉献精神，是每一个人都应该用一生去践行的精神。

网友@Heas

网友@一译

青春的列车一直向前驶去，我们不能选择停留，但我们可以播下希望的种子，让它在我们所经之处茁壮成长，能成为一把遮天大伞，为需要的人遮光挡雨。

这才是中国青年该有的样子！为人民而生的中国青年在奋进新时代继续开启新征程吧！

网友@青山

感谢你们最温柔的坚持

人们常常把护士称作“白衣天使”，因为天使是爱与生命的象征。在新冠肺炎战“疫”过程中，全国4.26万名医护人员驰援湖北，他们把温柔与细腻带到病房，用肩膀担起了责任。护士的工作平凡又伟大，琐碎又不易，他们总是默默奉献，为患者康复保驾护航。

护士节，国家援鄂医疗队队员、北京大学援鄂抗疫国家医疗队领导组组长、中国工程院院士、中国女医师协会会长、北京大学医学部常务副主任、北京大学第三医院院长乔杰给同事们写了一封“家书”。

【榜样家书】

医疗队的同事们：

见字如面。北京大学自1月26日起，先后共派出406人奔赴武汉，以同济医院中法新城院区作为主战场，进行新冠肺炎危重症患者救治工作，医疗队保持“零感染”。这一百多天来，我看到了你们的勇敢，感受到了你们的热情，见证了你们的成长。同事们，我由衷地为你们感到骄傲。大家心往一处想，智往一处谋，向国家和人民交上了一份满意的答卷。

在前线，你们中的“50后”“60后”“70后”是战“疫”中的砥柱中流，踏实稳重，“80后”“90后”的年轻人们不辱使命，堪当大任。许多同事不畏艰险，参与到战“疫”中去，用精湛的医术救治病人，以优秀的医德抚慰人心。是你们，发扬了同舟共济、大爱无疆的医风，是你们，在危难中拯救了人民和国家。

在武汉，不仅有许多一线医护人员和我们一起，还有无数人与我们并肩作战。妇联组织主动联系医疗队询问生活所缺、搭建平台募捐物品、向医疗队寄送卫生用品和保暖内衣等，让我们感到欣慰。

这一次，全国4.26万名医务人员驰援湖北，其中2/3以上为女性。咱们北大医疗队中的女性医护工作者更是占比75%,真印证了那句“妇女能顶半边天”啊!有时,一天排班要上8个小时,你们遇上了身体不适,蹲在地上努力缓解疼痛,之后又继续奔走在病房;有时,在回程休息的大巴车上累得打起了盹儿,你们总能够彼此照顾着对方,帮忙穿衣取暖;有时,你们照顾病人,关心大家的营养,也会把自己做的粥和病患分享。

一直努力地在一线发光发热的你们,是我心目中最美的白衣天使。

我知道,你们中的许多人已为人母。与家人分别,已经是最艰难的决定。环境艰苦,条件恶劣,你们仍然表现出了难以想象的坚韧与果敢。传染病房初期改造时,护士长带着队员夜以继日地熟悉工作流程,紧盯每一位队员的防护服穿脱环节。隔着厚厚的防护服,你们展现着扎实的基本功;面对武汉湿冷的天气,长时间地坚守岗位,没有任何人提过苦和累,大家相互鼓励,相互打气,每每看到你们疲惫但坚定的笑脸,我就觉得:没有咱们过不去的坎儿!

令我印象深刻的还有,大家在条件有限制的情况下,充分发挥出每个人的创造性。你们通过设立护理创新大赛为临床搭建平台,大家细心地发现问题,大开脑洞地发明创造,一根细绳绑住容易丢失的体温计;一张普通的粉纸化身为血氧饱和量放大指示活动标识;一个普通布袋手工改造为便携包……这些看似平常的改造,最后都转化推广到病区内各个病床,不仅提高了救治效率,更给病房增添了无限温情。

还有你们,年轻的“90后”女护士们,在这一次战“疫”中,我对你们刮目相看!你们比我想象中乐观,工作累了,你们会拿出小音箱播放歌曲,给自己鼓劲儿。你们比我想象中贴心,把温柔与细腻带到病房,仿佛如患者的亲人一样对他们说:“爷爷奶奶,叔叔阿姨,我来帮你们,你们放心吧!”

从义无反顾地进入病房到照顾病人的点点滴滴,你们总能以最专业的医护水平和最温柔的陪伴完成任务。给病人喂饭、输液、清理大小便……每一天平凡的工作都是在帮助病患,当医者仁心、人间大爱化为一件件小事的时候,我能看见你们身上的光芒是那么耀眼,你们展现出的精神风貌,让我觉得特别踏实。

如今,咱们积极将诊疗经验以讲座的形式分享至多个国家,讲座已举办许多场,大家也在全力推进复工复产。这次战“疫”,身为一名医护人员,你们小小的身体里储备了巨大的能量,我相信,这能量,你们将一生受用,你们会成为北京大学第三医院的宝贵财富,会成为中国医学的宝贵财富,会成为国家的栋梁之材。救死扶伤，是医者一辈子需要努力的事。以高尚情操，行仁爱之术，是咱们一辈子需要坚守的信念。

乔杰

抗击疫情，他们是“风暴眼”中的战士；在产房，他们是“世界第一个拥抱你的人”；在重症病房，他们抢救患者到生命的最后一刻。有人说，在口罩和防护服后面，我看不见你的样子，但我知道天使就在身边……在这个特殊的日子里，让我们真诚地说一声：“白衣天使，你们辛苦了！”

策划：周伟、王岑予、杨月；记者：杨月、梁明子（实习）、张琦敏（实习）；编辑：梁明子（实习）

中国青年报·中国青年网、中国青年作家报、中国社会科学院大学新闻传播学院建设性新闻工作坊、广东财经大学人文与传播学院联合出品

原载于：2020 年 5 月 12 日中国青年网

原标题：《中国人的故事｜乔杰：护士节，感谢你们最温柔的坚持》

青年说

有一群勇于挺身而出的人，他们走在我们的前面，勇敢扛起大旗。向战斗在抗击疫情一线的医务工作者和社会各界人士致敬！

网友@航存

网友@安好

把苦、累、怨留给自己，将乐、安、康送给病人。谢谢你们用生命守护生命。中国人民所具有的不屈不挠的意志力，是战胜前进道路上一切艰难险阻的力量源泉。

再次对我国医护人员肃然起敬，感谢你们一直以来的坚持和无私奉献。

网友@tian妮

网友@花花

他们不计得失、不求回报、默默坚守的精神，使我深受感动。医护人员不是铁人，他们也是普通人，他们用医者仁心守护我们一生的健康，我们也应该心怀感恩，给予他们充分的尊重。

武汉，我用大数据守护你

“无穷的远方，无数的人们，都和我有关。”大数据时代，没有人是孤独的个体。

2020年11月23日至24日，以“数字赋能　共创未来——携手构建网络空间命运共同体”为主题的世界互联网大会·互联网发展论坛在浙江乌镇举行。“数字经济与科技抗疫”等话题再次成为重点。风险人群感知大数据平台、重点医疗物资的调度和保障平台……新冠肺炎疫情期间，人们重新认识了大数据在公共卫生事件中的关键作用。

张鑫是中国电信集团有限公司云网运营部（数据中心）大数据营销应用处副处长，也是共青团第十八届中央委员会委员和中国电信集团团委兼职副书记，获“中央企业抗击新冠肺炎疫情先进个人”。从支援疫情防控到支援复工复产，他和团队小伙伴一起，连续“跑数据”上百天。他说：“我是新基建时代的一个普通的新青年，我们所有的努力，都为了让大家早日摘下口罩，回归热热闹闹的生活。”

【榜样家书】

中国电信云网和大数据战线的同事们：

新冠肺炎疫情暴发后，咱们一起并肩奋战了上百个日日夜夜，如今回首这段难忘的时光，我有很多心里话想跟大家说。

我是一名“85后”，经历过2003年的“非典”，17年前，一线医护人员冒着生命危险“逆行”救治病患，和今天是一样的。不一样的是我长大了。我知道，疫情那些数字背后都是一个个鲜活的生命，一个个活生生的人！我很难受，很焦灼，也希望出一份力！我相信，大家都有这种时不我待的感觉，我们的紧迫感是相同的。

机会来了！2020年1月22日，集团组织了青年突击队，讲了新冠肺炎疫情的事，告诉大家今年过年可能要加班，并且当天就开始分析武汉漫出全国用户的统计数据，为全面疫情防控做准备。事实证明，这些准备很有必要。1 月 30 日，中国电信正式成立大数据支撑疫情防控工作组，每天 0 点，别人进入梦乡的时刻，却是咱们“跑数据”工作最要紧的时刻，因为早上 6 点，要提交数据分析的结果。虽然每天需要面对大量的数据“头脑风暴”，用科技和病毒“硬碰硬”，但我并不担心工作繁重，只怕自己做得不够细致，辜负大家对我的期望！

那段时间，咱们还利用天翼云，3 天向火神山医院交付了云资源，部署了 50 余个业务管理系统；携手央视频直播武汉火神山、雷神山医院施工过程，吸引上亿网友“云监工”；联手上海联影推出新冠肺炎智能辅助分析系统，将原本需要人工 5 至 15 分钟的 CT 阅片压缩到 1 分钟……战“疫”一线，到处有咱们的努力！

大数据分析支撑国家决策，容不得半点马虎，我们有底气。近几年，随着包括数据中心、5G 网络、人工智能在内的“新基建”按下快进键，咱们的数据运行速度越来越快。云网融合的优势逐步显现，通过关联数据分析，快速精准研判，能有效应对疫情期间的数据统计分析需求。

这可能是我人生中最难忘的一段时光，那段时间咱们大家的工作状态基本上都是“007”，经常通宵。如今，当一切归于平静，能回忆起来的就是团队中最可爱的你们：

徐洋阳，我们的位置产品经理，怀着孕还来上班。我跟她说：“你怀着孕，别来了，别回头感染了。”那段时间很忙，她说：“我现在负责这事，没人比我熟悉，只要戴上口罩，做好防护，就可以继续工作。宝宝也支持我，我工作时他都很乖，他想要做一个有故事的宝宝！”

黄喆，大数据分析专家，可以根据相关数据模型，判断某人是不是密切接触者；孟照方，精通关联数据建模，把 2G、3G、4G、5G 等网络数据关联后，形成定位分析；李锋，构建轨迹查询产品，支撑对用户 14 天活动轨迹进行查询；柳清译，中央企业优秀共青团员，负责网络服务开通，一天时间完成相关服务上线；王萌星，数据源保障，确保数据传送的完整性、稳定性，并不断优化数据质量。晚上加班“跑数据”，白天继续开会，我知道，大家心里都憋着一口气儿，就想赶紧把疫情给战胜了……有你们在，我心里真的很感激。通过数据中心从 2015 年成立至今的点点滴滴，我知道我们的平台、我们的团队、我们的年轻人有能力、有担当、有韧劲儿,我们肯定能把事干好!

每每工作到后半夜,瞌睡得快支撑不住的时候,我们就会用中国工程院院士、国家卫健委高级别专家组成员李兰娟那段关于大数据助力甄别无症状感染者的话鼓励自己。李兰娟院士提到,我们现在最重要的就要关注这一类人,他们自己没感觉到接触疫情,事实上他已经感染了。虽然无症状感染者给我们的预防带来很大难度,但“现在我们有一种非常好的解决方法,就是利用大数据技术梳理感染者的生活轨迹,追踪人群接触史,锁定感染源及密切接触人群,为疫情防控提供宝贵信息”。

听到李兰娟院士的话,我觉得我们的付出值了!

真的,我相信,只要国家需要,只要我们能做到,我们就竭尽全力去做!这是最简单浅显的道理!

我始终记得,2018 年 6 月,我在人民大会堂参加中国共产主义青年团第十八次全国代表大会,当时我坐在第 6 排。7 月 2 日,习近平总书记同团中央新一届领导班子讲话时说:“青年一代有理想、有本领、有担当,国家就有前途、民族就有希望。中华民族伟大复兴的中国梦终将在一代代青年的接力奋斗中变为现实。”

我记得那份嘱托!现在,我们要坚守自己的岗位,为更多人、为国家做点自己应该做的事。

现在,我们用大数据助力打造“翼知疫行”查询服务,通过电信大数据分析人员流入流出情况,构建疑似病患伴随模型,开放全国用户和工信部行程卡等小程序,累计调用量超过 5.5 亿次;通过数据分析,助力复工复产大数据可视化应用构建等,继续配合社会各界完成疫情防控和复工复产的相关工作,精准支撑国家在防疫政策方面的决策、分析、研判。

我们仍需发扬“功成不必在我,功成必定有我”的精神品质,保持严谨的工作态度,为国家各方面工作提供科学精准的数据!

我是新基建新青年张鑫,什么都不说,祖国知道我!

同事:张鑫

科技是辅助战疫的一大法宝,大数据的应用让疫情防控更加高效。在世界互联网大会·互联网发展论坛的一个个展台和会场,我们能感受到互联网等信息技术在疫情防控、恢复社会生活秩序中的赋能增效作用,更能感受到我们利用数字技术手段应对疫情挑战、共创美好未来的决心和信心。

在中国，还有无数和张鑫一样的青年技术人才正在为战“疫”贡献自己的力量，他们胸膛里跳动着战士的心，他们手里的专业技术就是有力武器，他们在自己岗位上勤勉坚守，不在一线，胜似一线，他们的奋斗让武汉重新拥有了“烟火气”，如今，他们依然在为守护更多人的安全不断探索前行。

功成不必在我，是新基建新青年的胸怀。战“疫”成功与有荣焉，是新基建新青年的格局。这，是“战‘疫’一代”的光荣和承诺！

记者：张瑞玲；文案：杨月、张瑞玲、陈孔鸿（实习）、陈璐（实习）

中国青年报·中国青年网、中国青年作家报、中国社会科学院大学新闻传播学院建设性新闻工作坊、浙江传媒学院新闻与传播学院、青岛农业大学动漫与传媒学院联合出品

原载于：2020 年 11 月 22 日中国青年网

原标题：《中国人的故事｜张鑫：武汉，我用大数据守护你》

青年说

这就是为什么我们每次出行都要出示健康码、行程码。大数据助力疫情防控和复工复产，用科技和病毒“硬碰硬”，让我们重新认识了大数据在公共卫生事件中的关键作用。 网友@月亮小姐

网友@小星 科技的发展助力控制新冠肺炎疫情。在疫情期间，我国在组织动员、疫苗研发、数据共享中，也都展现出了大国风范！

生于科技发达的年代，利用数字技术手段应对疫情挑战，让我们看到了中国力量，作为青年一代的我们也要努力学习，争取早日为祖国做贡献！ 网友@派派

网友@珊迪 青年科技人才在岗位上勤勉坚守，不在一线，胜似一线，你们辛苦啦！

“90 后”“海归新农人”稻田画梦

风吹麦浪，青翠的稻苗随风起伏，在阳光的映衬下，大片水田波光粼粼。每天清晨，张琬婷来到稻田里，插秧、拔草、施肥、摘果……听着啾啾的鸟鸣，简单而充实。

· 张琬婷（曲俊燕　摄）

卷起裤管就下地，皮肤被晒成了小麦色，在留学多年的“海归”张琬婷看来，学有所成的标准，绝不只是一纸毕业证，而是有更丰富的内涵。

“乡村，是我们所有人的根。”2015 年，24 岁的张琬婷从澳大利亚国立大学毕业回国，两年后，她辞去大学老师的工作，返乡创业，成了一名“新生代”农民。

近年来，她和父亲一起把“稻梦空间”打造成了稻田画观光、立体种植养殖、水稻精深加工等多产业融合发展的田园综合体，已形成 2 万亩绿色水稻种植、年加工 10 万吨水稻的生产能力和年游客量近 30 万的规模。项目带动就业 200 余人，生态种植为农民年创收近 500 万元，还可以通过平台为农民“创客”实现创业梦想。

张琬婷说：“我就想做一个田园中的‘造梦人’，愿每个人都找到自己逐梦的舞台！”

【榜样家书】

亲爱的爸爸：

一直记得，当我告诉您要辞职回来和您一起打理农场时，您脸上的迟疑与不安。我知道，您是惋惜我放弃了大学教师稳定而体面的工作，也担心这片土地无法承载一个“海归”的梦想。但是，爸爸，今天我想告诉您，我从来没有后悔过自己的决定，现在的我过得很充实，也很快乐。我想我已经和您一样，在这片土地上找到了属于自己的舞台。

您做了一辈子农民，米是您的魂，农是您的根。您自小就在地里摸爬滚打，跟着爷爷种稻，在磨米小作坊干活，是个地地道道的“农把式”。您不满足于传统的农业种植，而是以咱家的小磨坊为起点，成立米厂，还建成了以稻田为主的田园综合体——“稻梦空间”。

·“稻梦空间”水稻田（曲俊燕　摄）

虽然您读书只读到初中，而我硕士毕业，但每次跟您聊天，我都会对您产生一种信任感、崇拜感。您对村民的感情、对园区的热爱、对这片土地炽热的情怀，深深地感染着我，我相信，我的所学，一定能让这片土地焕发新的光彩，所以我选择了回来。

其实，刚刚回到园区的时候，我的心里还是有一点不平衡的。这里的工作与我所学的金融专业几乎不相关，而我之前对于农业、种植这方面的了解也不多。但我觉得，道理都是相通的，只要热爱、只要引进了科学的种植技术，加上有效的管理，一定能很快见到收益。

但现实很快就“打了脸”，“稻梦空间”里的稻田采用的是标准化的种植，统一采购种子等农业投入品。水稻种植过程中，人工抛肥是最常见的做法，大家祖祖辈辈也都是这么干的。为了提高土壤质量，我们引进了有机水肥，虽然是个大好事，但遭到了很多农民的质疑，我当时心里很着急，这么科学的方法，怎么大家就是不接受呢?

可是，急有什么用？我安慰自己，新的起点总是难的，但做难事必有所得！所以一有机会，我就到稻田里去和有经验的老农交流，请教他们种植的问题，将心比心，放下“海归”的骄傲，耐心地和他们沟通交流，一次不行就聊两次，请大伙儿看差别、做比较，终于有些农民愿意采用了！随着产量验证，现在很多农民都主动找到我们，要求使用有机水肥。

被农民信任，是一件幸福的事情。纸上得来终觉浅，绝知此事要躬行。这是这片土地教会我的道理。

现在，大家都拧成了一股绳，一个新想法从提出到落实再到执行，方便多了。这次经历让我更加坚信，"稻梦空间"必须要有自己的技术、品牌和企业文化。虽然我是学金融的，对于策划、设计、营销并不在行，但摸准了发展的脉，我翻书籍、查资料，在一遍遍实践中探索最符合咱们实际的路子，还把不少管理知识、技术方法创新应用到了田地里，现在我也越来越在行了！如今事业越做越大，大伙儿的收益越来越多。看着我从"小年轻"变成了"老把式"，您也对我越来越放心。看到您对我的迟疑变成了欣赏，是我最踏实、最振奋的时刻。

这几年，我们的"稻梦空间"通过打通农业种植、休闲旅游、农产品加工的行业壁垒，以旅游打出品牌、带动人气，用品牌带动农业生产、休闲美食和民宿全产业链发展，外加前些年的持续坚守与创新创业，"稻梦空间"闯过了一个个发展瓶颈，正在谋求转型升级，让乡村更美。

爸爸，我再大胆地给您提个建议，咱们"稻梦空间"的美食和民宿未来要差异化创新发展，我觉得，创新要以传统为基础。倘若我们民族的传统文化不能被传承，它很快就会被大家遗忘在历史的洪流中。作为土生土长的锡伯族农民，我希望未来把"稻梦空间"打造成为传承农耕文化和少数民族文化的载体，让更多人了解民族文化，了解农村、农业和农民千百年来的渴望与信念、梦想与追求。

您看，这些想法都跟我的海外求学经历分不开，视野越开阔，我就越能从更长远和宏观的角度去思考问题，没有任何一段路是白走的，我相信，具有民族文化特色的美食，以及民宿和体验式活动，一定能形成新的"双赢"！

每当我站在园区的土地上，我时常感慨发生在身边的巨变，这里曾是我们东北最普通的农村，村里人但凡有其他出路的，就坚决不种地。村里的年轻人基本都外出务工，这里成了"空心村"。老人们每年守着自己的几亩田地，收入微薄。现在随着"稻梦空间"一步一步走上正轨，通过土地流转和就业带动，村里的面貌也发生了改变，园区的员工更年轻化了。其实现在很多年轻人是很有想法的，农村的发展还是需要注入新鲜血液，吸引更多年轻人参与进来。

爸爸，这一系列变化，您是功臣！虽然您现在拥有了自己的企业，但在我眼里，您骨子里还是农民。每天四五点钟，天一亮，您就像其他农民一样来到稻田里，做农活、拉家常。七八点钟来到园区，和员工一起商议园区维护、水稻种植、米厂发展、民宿建设……爸爸，我们一齐努力，不仅让自己的钱袋子鼓起来，更要富一方乡亲、传承一方文化！兜兜转转，长大后我还是成了您，我很骄傲！

您的女儿：张琬婷

2020年7月23日

2018年，习近平总书记在东北三省考察时强调，绿色发展要有可持续性，农业生产不能竭泽而渔。现在，城乡之间人才、资本等要素的自由流动越来越活跃。不仅本土大学生返乡多了，很多“海归”也到乡村去寻找创业机会。现代农业发展空间仍然很大，现代农村是一片大有可为的土地、充满希望的田野。

稻香扑鼻，果挂枝头。在一眼望不到尽头的稻边田，每个人都能感受到张琬婷炽热的梦想与渴望。正如张琬婷所言：“我们的‘稻梦空间’田园综合体不是对前辈道路的复制，而是我们探寻出来的一条全新的路子，一群人踏踏实实地做一件事，很有成就感。衡量学有所成的标准，不只是毕业证，更是能靠所学改变更多人的生活、靠知识赋能黑土地。感谢这个好时代，年轻人就该多闯多拼！”

记者：李慧慧、牟昊琨；摄影：曲俊燕、田博
中国青年报·中国青年网、浙江传媒学院新闻与传播学院联合出品
原载于：2020年7月23日中国青年网
原标题：《中国人的故事|90后“海归新农人”张琬婷：稻田画梦》

青年说

赞！“90后”以稻田为主的田园综合体“稻梦空间”，为振兴美丽家乡，建设美丽农村开创新模式。张琬婷是一个很有眼界的小姑娘，所有的成功都不会是偶然。

网友@鸽子

网友@鸿蒙羽衣客

回报家乡，回馈家乡，人生的意义更精彩。“海归”农人的新生活方式，赞一个！

同样作为一名“90”后，我的家也在东北。她愿意把自己的青春挥洒在这片充满希望的田野上，我也要向她学习，和更多的人在一起成为“逐梦人”。

网友@梦想

网友@向阳处的她

从她身上，我看到越来越多的人正在用新思维、新科技，践行着当代青年人的新使命，也承载着乡村振兴的新希望。

能够把自己的青春之花深深扎进土里，当一名沾满泥土、带着露珠、冒着热气的新农人，其实这个选择是很不容易的，很难想象一开始她创业时面临了多大的挑战。

网友@肉丸青年

俭与德，一顿饭一堂课

家风正则后代正，则源头正，则国正。家风无形，却流淌在后代的骨血之中。

中秋至，侯雨葳的思绪又被拉回到了家乡的小山村，拉回到了父亲侯兴锋的课堂。侯兴锋只是一名普通的乡村教师，但在侯雨葳的心中，父亲一直都是她的榜样。父亲的勤俭节约、感恩无私、善良勇敢，都深深地烙在她的心里。

现在，侯雨葳已经踏入了大学的校门，学的是学前教育专业。入学之前，侯雨葳对自己的专业有些不满，直到父亲讲了自己当年那场“难忘的升学宴”，侯雨葳逐渐开始读懂父亲，懂得了邻里之间的深情厚谊，懂得了俭以养德，懂得了父亲坚守的意义。在父亲的影响下，她朝着爱和感恩前行。

“也许这就是爱的传递吧，父亲把爱传递给我，将来我也会把爱传递给我的学生们，再由我的学生把爱传播得更远。”侯雨葳说。

两封家书，是美好家风的传承，一封是父亲对女儿的循循善诱和殷殷嘱托，一封是女儿对父亲的爱和承诺。

【榜样家书】

亲爱的女儿：

如今，你考上了大学，我知道你对自己所学的学前教育专业不甚满意。但老师是一份神圣的职业，容不得半点亵渎和不情愿。如果你心里还有顾虑，就听爸爸再唠唠当年我所经历的一切吧，希望能对你有点帮助。

那年我以506分的成绩考上了公费师范生。在当时，公费师范生毕业后当老师是“打了包票”的。贫瘠的山村里出了一位教书先生，这成了村里的一条爆炸性新闻。

这是一件值得开心的事情，在出发去上学的前一天，全村的老少爷们都涌到了你爷爷奶奶家那简陋的院子里,大家手里都拿着礼物,有鸡蛋、鸭蛋,也有咸鱼、咸肉。要知道,在那个年代,这些东西只有在年节或者是给小孩子加餐时才有的,可见乡亲们这份心意有多重!

平日冷清的门口一下子变得热闹起来了,乡亲们进进出出,脸上都洋溢着笑容。你爷爷望着人群,本该骄傲自豪的他却蜷缩在角落里,发起愁来。

晚上,一家五口围坐在一张小方桌旁,昏黄的灯光映出一种难以言喻的愁闷。

"孩他妈,明天全村人都来参加这个升学宴,咱买的那些酒菜,根本就不够,要不就把圈里的猪宰杀掉吧?"你的爷爷首先打破了沉闷。

"那头猪宰了,开学几个孩子的学费可咋办?还有地里的化肥也要买了……"你的奶奶担忧地说。

"咋办?总不能再把贺礼退回去吧?"你的爷爷闷声说。

我考上了公费师范学校是喜事,乡亲们前来道贺也是喜事,然而正是这样的喜事,却让咱们家陷入了进退两难的境地。在那个物资匮乏的年代,如果把升学宴办大了,就要杀掉家里唯一还值点儿钱的猪,如果不办,乡亲们已经来了,不管顿饭吃,就显得太不近人情了。

最后,经过反复合计,你爷爷一咬牙:"宰了,明天请人把猪宰了,孩子的学费和化肥钱到时再说。"

谁知第二天一大早,还没等你的爷爷出门请人杀猪,乡亲们在村里德高望重的四爷的带领下,再次汇集在了咱家的小院里。他们手里全都拿着从自家菜地里摘来的各式各样的时令蔬菜。咱们家里人都愣住了,这是怎么回事?这时,四爷哈哈一笑,说:"孩子考上了学,这是天大的喜事,可你们家的情况我们都知道,那头猪不能杀。今天我们赶早到这里来,就是要自己动手,帮忙做菜,咱自己地里种的菜,吃着才香!"

那一天的升学宴办得很"另类",桌子上清一色的全是蔬菜,真真切切的是"素宴",但乡亲们吃得很开心,并没有丝毫的不快。

时光荏苒,一晃二十多年过去了,我毕业后扎根在山村,尽心地传道、授业、解惑,内心从不曾有过后悔,也从不曾有过动摇。因为,在我的灵魂深处,那场不一样的升学宴已在我的心里埋下了一颗感恩的种子,使我终生都感念人性的淳朴与善良。

孩子,人活着不仅仅是为自己活着这么简单,也不单单是为了享受,我们更应该去感恩，去创造。既然你选择了这条路，就要时刻怀着一份热爱，力争做到尽善尽美。像一朵花，尽情绽放，美丽芬芳；像一棵树，努力长高，绿盖成荫，这样，我们才能无愧于此生，这才是生命的意义之所在。

爸爸：侯兴锋

2020 年 10 月 5 日

亲爱的爸爸：

谢谢您的良苦用心，我一定会尽快除去负面情绪，好好努力。

其实，一直以来，您都是我的骄傲，您对待"俭与德"的态度，您为大山里孩子们的辛苦付出，我都看在眼里。

您是班主任，每天都要早早到校照看学生早读。秋冬季节，天亮得晚，上早自习的时候教室里的光线还很暗，需要开一会儿灯。同学们老是把所有的灯都开着，包括讲台上方的两盏。出于习惯，您到教室后，就把这两盏灯关掉，因为早读时用不着讲台上的灯光。日复一日，同学们终于不再开讲台上方的灯了。他们体会到了您的良苦用心，渐渐地，自己也养成了节约的习惯。

您自从毕业分配到家乡当教师，便二十几年如一日地努力着。繁星点点，当人们还在甜美的梦乡时，您已行走在去往学校的路上；严寒酷暑，当人们还在享受温暖和阴凉时，您已在教室里看学生早读了。在三尺讲台上，您挥洒着汗水，耕耘着沃野，播种着希望。面对着一双双求知的眼睛，您心里满溢着幸福，帮助学生实现梦想，就是您最大的愿望！虽然，您只是一个山村里的"教书匠"，但您却帮助家乡许许多多的孩子走出了山村，走向了外面的广阔世界。

您深深地知道，作为一名教师，终其一生，可能都是在为他人作嫁衣，谈不上"潇洒"，挨不上"露脸"，轮不上"牛气"。但是，我能够明白，伟大寓于平凡，苦寒孕育芬芳，在平凡的岗位上有您的追求，在平凡的岗位上有您的自豪。

在不远的将来，我也会追随您的脚步，成为一名老师。虽然一开始，我没有完全想好，但是请您放心，假以时日，我一定会成为一名优秀的人民教师。

这一代又一代的教师多么像接力比赛中的运动员，只不过，跑接力的运动员需要用体力和速度，而教师更需要用爱去感染人，用德行去熏陶人。一分耕耘，一分收获，因为记得春种夏耘、秋收冬藏的不容易，才会更懂得静以修身、俭以养德的意义。爱的传递，也是家风、德行和操守的传递，我很荣幸，未来也能成为传递俭与德、爱与感恩的使者。

您的女儿：侯雨葳

2020 年 10 月 5 日

大到国家，小到家庭，俭以养德的家风都极为重要，因为它不仅代表了一个家庭的文化和传统，更代表着一个民族的道德品质和精神追求。

“一粥一饭当思来之不易，半丝半缕恒念物力维艰。”今天，我们拥有的这份“家底”，是几代人筚路蓝缕、拼搏奋斗才攒下的，绝不能在挥霍浪费中白白断送。正如习近平总书记所指出的那样，“即使生活一天天好了，也没有任何权利浪费！”“不论我们国家发展到什么水平，不论人民生活改善到什么地步，艰苦奋斗、勤俭节约的思想永远不能丢。艰苦奋斗、勤俭节约，不仅是我们一路走来、发展壮大的重要保证，也是我们继往开来、再创辉煌的重要保证。”

学问勤中得，富裕俭中来。优良的家风是一笔无价的财富，影响着一代代人的选择。师者，传道授业解惑也。正是因为有侯雨葳、侯兴锋们的存在，俭以养德、善良感恩等美好的品质，才得以在三尺讲台一代一代地传承下去。

愿这温度、这正气，在你我手中、心中传递，生生不息。

文案：李慧慧、杨月、牟昊琨

中国青年报·中国青年网、中国青年作家报、浙江传媒学院新闻与传播学院联合出品

原载于：2020 年 10 月 5 日中国青年网

原标题：《中国人的故事｜榜样家书：俭与德，一顿饭一堂课》

青年说

家风正，人才正。这是中华民族的精神传承。所以对于孩子的培养，家长不能一直宠着，让孩子从小学会节约、学做善良的人特别重要。

网友@勇王直前

网友@May

很有道理！勤俭节约是我们家的家风。听家里人讲过去的故事，我才知道先辈生活的不易。如今在爷爷奶奶和父母身上，我也能发现他们吃苦耐劳、勤俭节约的品质。这些都激励着我努力学习，为更好的生活去奋斗，去拼搏。

网友@清风

比起金钱，其实陪伴更加重要，但藏在里面的更重要的是家风。有什么样的家风，就有什么样的孩子。良好的家风家教是孩子受益一生的最好财富。而且，父母是第一老师，严于律己，方得始终！

网友@燕子

万贯家财不及良好家风，家风不好，再好的教育都是徒劳。父母做好榜样，树立好的家风，让孩子在好的家庭滋养中茁壮成长。饭桌上，我们要时时告诉自己的孩子：不要浪费粮食。

坦赞铁路精神不息

2020 年 7 月 14 日，中国援建的坦赞铁路移交运营 44 周年。河流沼泽、深山峡谷……在非洲南部地区，纵横着这条 1800 千米的“友谊之路”。坦赞铁路是迄今中国最大的援外成套项目之一，从勘探到竣工整整花了 8 个年头。8 年间，坦赞铁路上洒满了中国援坦专家、技术人员、工人的心血和汗水。

如今，非洲首条全部采用中国标准、中国技术的铁路——阿卡铁路，东非第一条电气化铁路——亚吉铁路正式通车，尼日利亚铁路现代化项目也正在顺利推进。当过去与未来相遇，当新时代的铁路工程人“遇见”老一辈铁路工程人，跨越时空的青春回答掷地有声！

为修坦赞铁路，他们把“不可能”变成“可能”

20 世纪 60 年代，在非洲民族独立和解放运动风起云涌之时，应坦赞两国政府的要求，1967 年 9 月，中、坦、赞三国政府签署了由中国援助修建坦赞铁路的合作协议。“当时，毛主席、周总理特别嘱咐：坦赞铁路一定要修好。”1968 年，靳辉随同第一支 350 人的技术队伍远赴非洲，先后任坦赞铁路勘探队政委和坦赞铁路专家组副组长。作为工程首批赴非成员，他深感这是一项伟大的事业，只是他没想到，这一去就是 8 年！

18 岁参加革命，奋起抗日；19 岁入党，历经洗礼；经历了旧中国的积贫积弱，目睹了中华人民共和国的欣欣向荣，靳辉把责任和使命看得分外重。“8 年的准备是没有的，反正去了就知道是长时间的，派你什么时候去，你就什么时候去，叫你什么时候回，你就什么时候回，我们就是这么个思想基础。这也是纪律，特别是当负责人的，更得这样。”

坦赞铁路途经的非洲南部地区，布满河流与沼泽地，还要穿越深山峡谷。根据设计，全线共需架设桥梁 320 座，开凿隧道和明洞 26 个，工程十分艰巨。每逢雨季，暴雨倾泻，施工便道常常被冲毁。同时，他们还要频频面对各种干扰和破坏。靳辉曾回忆说:“在铁路线修建基本完成的时候,敌对方派来飞机进行空袭,炸了赞比亚的谦比西桥,把坦桑尼亚的一个桥也给炸掉了。我们运送工程技术人员和物资的远洋轮船经过南海的时候,经常遇到敌对方飞机在空中盘旋和低空飞行施加的威胁。”

即使在这样艰苦的环境下,靳辉和同事们修建坦赞铁路的决心也从未动摇过。前后加起来,靳辉在坦桑尼亚工作长达 11 年。逢山开路,遇水搭桥,靳辉和同事们把“不可能”变成了“可能”!

五年零八个月,“不可能建成的铁路”提前建成

在充满原始气息的非洲森林里,到处都是野兽和蚊虫,这里曾被人们称为“绿色沙漠”。靳辉曾回忆,当年他带着队伍在坦桑尼亚的荒原上勘测时,吃、住、喝水都是问题。“一出去,就要背上一周的干粮。每到一个地方,只能自己用泥巴和木棍盖简易房。”非洲荒原上,野生动物无处不在,危险也随时都有可能发生。有一次,勘测队遇到了野牛群,一名队员遭遇野牛袭击,所幸没有伤及生命。

修建姆马段的时候,艰辛更是难以想象:施工的地方多是沼泽,齐腰深的不是水,是不知道积了多少年的烂泥,机械开不进去,只能人站进去一点点把泥挖出来。靳辉说:“头上烈日晒,脚下石头烤,两脚烫得站不住了,我们就往靴子里灌凉水,脚被泡肿了,活儿还在坚持干。”

令人惊叹的是,在靳辉和同事们的积极努力下,施工团队创下了用一年时间完成修建 502 千米的纪录,修一段通一段,解决了运输这一最大的难题,为修建余下 1300 余千米创造了良好条件,节约了大量人力、物力。经过艰苦卓绝的努力,仅用了五年零八个月的时间,这条曾被西方舆论断言不可能建成的铁路,提前建成了。

“坦赞铁路精神”烛照时代

在达累斯萨拉姆西南 24 千米处,坐落着中国援坦专家公墓。在这座公墓内,安息着 69 位殉职的中国专家、技术人员和工人。其中,47 位是在修建坦赞铁路时牺牲的。完成坦赞铁路建设回国的靳辉,常常会思念这些长眠在非洲的战友。多年后,靳辉历任全国铁道团委书记,中国土木工程集团有限公司党委副书记、副总经理等职务,离休后,靳老曾任中国土木工程集团有限公司离休党支部书记。无论在哪个岗位,无论身居一线或退居二线,靳老始终以模范先锋标准要求自己,并言传身教,传承着坦赞铁路精神。

· 坦赞铁路项目组主要负责人靳辉（受访者　供图）

2013 年 3 月，习近平总书记首访非洲，在坦桑尼亚尼雷尔国际会议中心的演讲中，提出“真”“实”“亲”“诚”的对非合作理念。在访问期间，习近平总书记专程前往援坦中国专家公墓凭吊，并提出要弘扬坦赞铁路精神，与时俱进，继往开来，使中非友好合作取得更加丰硕的果实。2015 年 3 月，习近平同赞比亚总统伦古举行会谈时强调，中方愿同赞比亚、坦桑尼亚一道努力，把坦桑铁路建设成发展之路、繁荣之路。国务委员兼外交部部长王毅称赞坦赞铁路精神是一种相互尊重的平等精神，是一种顽强奋斗的拼搏精神，是一种无私奉献的国际主义精神。

“靳辉同志在坦桑尼亚工作长达 11 年之久，认真贯彻执行上级指示，以身作则，克服困难，带领队伍圆满完成了坦赞铁路的勘测设计、工程施工、技术合作三个阶段的工作，受到各方的好评，为中非友谊、为坦赞铁路做出了突出的贡献。”这是“首届中非友好贡献奖——感动非洲的 10 位中国人”评选组委会给予靳辉的颁奖词。

一代人有一代人的使命，一代人有一代人的担当。“坦赞铁路精神”数十年来正以各种形式发扬光大。如今，在非洲大陆西端的尼日利亚，非洲首条全部采用中国标准、中国技术的铁路——阿卡铁路正式通车。时光流转，不朽的是“坦赞铁路精神”！

【跨越时空的青春回答】

敬爱的靳老：

2020 年 7 月 14 日是坦赞铁路 44 岁的生日。44 年前，坦赞铁路全线交接，那一定是您人生的“高光时刻”吧。我想，无论何时何地，当列车的汽笛声在您耳畔响起的时候，您的思绪一定会一次次回到那炎热又不失热情、贫穷又充满活力的“希望的大陆”，回到那异国青山埋忠骨的光荣与梦想的时代。

志合者，不以山海为远。1968 年，作为坦赞铁路项目组的主要负责人，您带着毛主席、周总理的嘱托，远赴非洲，这一去就是 8 年。今时今日，回想我因阿卡铁路项目在尼日利亚工作的 4 年，虽居住于城市，仍不幸打了两次“摆子”，得了一次重度伤寒。可想而知，多年前，您和战友们是经历了何等严峻的考验。

我听说，你们在野外工作时，曾苦于寻找不到水，后来发现大象的足迹很深，里面存有积水，就取积水来解渴、做饭。我也听说，你们创下了用一年时间完成修建 502 千米铁路的纪录。面对千难万险，您总是说：“组织派我什么时候去，我就什么时候去，叫我什么时候回，我就什么时候回，这就是纪律。”

靳老，我迫不及待地想要告诉您，当坦赞铁路移交运营 40 多年后，在非洲大陆西端的尼日利亚，非洲首条全部采用中国标准、中国技术的铁路——阿卡铁路正式通车。那也是在 7 月，我有幸在现场见证历史，目睹沿线民众在列车驶过时发自内心地欢呼：“China！China！（中国！中国！）”孩子们兴奋地追逐着火车，正如儿时的我们第一次见到火车般激动，我想，这一场景，您再熟悉不过了。

您或许不知道，这条连接着尼日利亚政治中心阿布贾和北部重镇卡杜纳的铁路，是一条被寄予厚望的“发展之路”。此前连接两地的唯一通道——阿卡公路，是当地车祸发生率和死亡率最高的公路，沿线是绑架、犯罪猖獗的“罪恶地带”，民众苦之久矣。现在，无论小商小贩，抑或政要富商，乘坐安全舒适的列车与家人团聚，成了他们生活中的“小确幸”。

在这条铁路的背后，凝结着一大批中国建设者的心血，旱季，他们在“哈马丹”中逆风前行，雨季，他们在瓢泼大雨的间隙争分夺秒，在他们身体里流淌着“坦赞铁路精神”的绯红血液，身上烙印着“坦赞铁路精神”的印章，您就是这种精神最忠实的开拓者和践行者之一。

靳老，40 多年前，您和战友们苦干惊天动地事，甘做默默无闻人，树立起了中非关系不朽的丰碑——坦赞铁路。今天，当新冠肺炎疫情肆虐全球之时，在中国土木工程集团有限公司的一大批“80 后”“90 后”中，有的人放弃休假，提前返岗；有的人毅然逆行，将防疫物资送抵战“疫”一线；有的人争分夺秒，为当地抢建方舱医院。他们遇到泥潭一起跳，遭遇疾病一起扛，展示着这代人的使命和担当。我想，在不久的将来，在非洲大地，更多座中非关系的丰碑还将竖起。铸碑人换了一代又一代，但不变的仍是那不朽的“坦赞铁路精神”。

您的后辈：中国土木尼日利亚公司国内支持部尚冰清

2020 年 7 月 14 日

记者：李慧慧、杨月；通讯员：刘吉海；设计：曹若鸿（实习）、牟昊琨

中国青年报·中国青年网、中国青年作家报、中国社会科学院大学新闻传播学院建设性新闻工作坊联合出品

原载于：2020 年 7 月 15 日中国青年网

原标题：《中国人的故事 |“铸碑人”接力，坦赞铁路精神不息》

青年说

经济发展，道路先行。向老一代援外人致敬，向新一代青年问候，希望你们继续发扬老一代援外人精神，高举接力棒，继续前进。

网友@画中人

网友@铁树

棒棒的！谢谢你们的决心与奋斗，坦赞铁路精神不息，中非关系越来越好！我会把你们的故事讲给自己的孩子听。

作为一个非洲搞建设的中国人，感触良多，最大的感触是祖国越来越强大了，每一个中国人都有种发自内心的自豪感，为祖国点赞！

网友@故乡的风景

网友@奋进

天那么寒冷，他们仍坚守在岗位上。我们新一代青年人应当担负起自己的责任，学习他们艰苦奋斗的精神，学习他们无私奉献的精神。

为斩老点赞，为每一位援外工作者竖起大拇指！真的，不敢想象，如果没有你们的勇敢与付出，这条铁路不知道多久才能修成。因为有你们这么一群人的无私奉献，整个社会、国家才会取得如此大的繁荣发展！

网友@浪花

一句“苏队长动身吧”为何让铁娘子鼻酸

没有人生而英勇，只是选择了无所畏惧。

2020年进入梅雨期以来，安徽省合肥市巢湖流域水位多次突破历史极值。汛情就是命令，消防救援队伍、解放军、武警部队官兵等多支力量迅速奔赴抗洪抢险一线。合肥市蓝天救援队紧急集结300余名救援队员，迅速投入救援。作为全国不多的女救援队队长，“铁娘子”苏琴常说：“和平年代，你我皆可成为英雄。”

【榜样家书】

亲爱的老公：

何其幸运，今生能遇见你。感谢这么多年你一直默默支持着我，让我一点点实现了自己的英雄梦。

2004年，我和几个朋友一起徒步走在徽杭古道，遇到芜湖的一个团队在寻人，原来他们的一个队友在下山时走散了，天色渐晚，山上没有信号，他们失去了联系。于是，我和朋友加入寻人的队伍。幸运的是，当晚，走散的队员就找到了队伍，有惊无险，而那次的经历让我强烈感受到救援工作的重要性，“通过做公益来帮助他人”的理想，就是在那个时候悄悄萌芽。

2008年，汶川发生大地震。当在电视新闻上看到很多志愿者奋战在救援一线时，我特别感动，特别想参与进去，却苦于找不到方向，不知道该怎么加入。直到2012年的一天，偶然听朋友说到了蓝天救援队的一些事迹，我知道机会来了。我回到家立刻打开电脑搜索，了解到蓝天救援队是国内民间专业、独立的纯公益紧急救援机构，成立于2007年，在全国多地有救援分队。而合肥的蓝天救援队刚刚成立，正在招募队员。当时我有些犹豫，不知道自己能不能做好，我永远忘不了你对我说的话：“去做你想做的事情吧，你做事我很放心。”

穿上蓝色的队服，使命感油然而生，就这样，我成为合肥市蓝天救援队最早的一批队员。

还记得 2016 年 4 月 23 日晚，当时我正在和儿子聊天，突然接到一个老人走失的救援电话。窗外，豆大的雨点打到玻璃上“嗒嗒”作响，我的心也跟着揪了起来。你听到后，在一旁麻利地帮我收拾东西，郑重地递上包说：“苏队长，动身吧！”

你平日里都喊我“老婆”的，但就在那一刻，那一声轻松的“苏队长”，不仅让我的鼻子酸酸的，眼眶湿润了，更给了我无限的信任和鼓励，使我安心进入救援状态。

救援并不是靠着一腔热血就可以完成的，与一般公益组织不同，我们需要掌握很多救援技能，比如急救、声呐、潜水、破拆、开船、无线电知识……我们的每一个队友都必须掌握一门扎实的救援技能，要不然到了救援现场反而会添乱。

今年 7 月，暴雨袭击江淮大地，从新安江、长江到巢湖、淮河，湍急的洪水到处肆虐。我和其他 300 余名救援队员一起奔赴抗洪抢险一线，转移受困群众。

7 月 14 日，皖南一山区需要潜水员下水排查搜索，当天 18 时，我就带着合肥市蓝天救援队 10 人赶到了救援现场，到达现场已经是夜晚 23 点了，看了天气预报显示第二天大雨，我们担心洪水影响能见度，决定连夜下潜。现场都是挖土机隔开的河道，不仅坡陡而且石子很滑，再加上夜晚能见度低，搜潜难度系数很高，十分危险。我是队长，责无旁贷，我必须带头执行下潜任务。

第二天果然下起了暴雨，我们在暴雨中一直搜索，等到达成搜索目标、任务结束时，我整个人已经被冻得不行了。尽管如此，我心中只有完成任务的踏实感。

我们天天生活在城市里，感受不到洪水有多大，也不知道它带来的危险有多大。在灾区，洪水最深处已有 8 米高，二楼的东西都在房间里漂来漂去。往年我们也多次参与灾害救援，大家看过了太多人间悲剧，但身处现场那种视觉冲击，还是让我的心揪得厉害。

我记得在转移群众时，突然有一位口齿不清的老人冲了出来，因为家中的爱人全身瘫痪，所以他们没有及时转移。当时我们那艘救生艇里只有两位队员，我们的刘晓冬书记把老太太从楼上抱到船上后，整个人累得瘫在船上，一点劲儿都没有了。

老百姓看到我们时，那种眼神跟平时是不一样的。有人溺水了，可以去搜救；面对洪水，该怎么自救？在他们最无助、最迷茫的时候，看到救援队，他们就觉得自己没有被遗忘，自己获救了。

有一次紧急救援，当时的画面，真的就像电影里演得一样，我们到达现场的时候，发现房屋的墙面已经开始渗水，我们赶紧带人撤离，然后不到10分钟，房子就倒了。

还有一天晚上，我们转移最后一位群众的时候，浪很大，水时不时溅进船舱，船上的那个阿姨哭了，感动得说不出其他话，一直不停地说"谢谢"，就在那一瞬间，我觉得哪怕再辛苦，都值了！

好多人问我："你一个女人，冲锋在前不害怕吗？"

其实仔细想想，危险来临的时候，谁都会怕，大家都有爱人、有孩子、有父母，身上都承担着很多责任，但到了救援现场，根本就想不到那么多，只想着怎么把事情做好，如果真有危险，我是队长，我必须上。

"在各种危机面前竭尽所能地挽救生命"是蓝天救援队的宗旨。保家卫国的人民子弟兵可以是英雄，逆火前行的消防队员可以是英雄，为人民守护平安的警察可以是英雄，公益救援队的队员可以是英雄，我们每个人都可以是英雄！

8月19日下午，我在巢湖大堤罗家疃段见到了习近平总书记，他说："今天专程来看望大家，我要向全国奋战在抗洪抢险救灾一线的同志们，致以诚挚的问候！我们的广大干部群众、解放军、武警官兵，按照党和政府的要求，发扬不怕累苦、不怕疲劳、连续作战、不怕牺牲的英雄主义精神，充分体现了我们中华民族的众志成城，我们这个民族守望相助、洪水无情人有情的人间大爱。通过你们的斗争、奋斗、坚持、努力，我们在不断夺取抗灾、防洪、防汛的阶段性胜利。"

老公，你知道我听完习近平总书记的讲话，内心有多激动吗？我们民间组织的行动，他都看到了。我当时就在想，我要继续充电，通过不断学习，更好地带领团队发展，让我们的身影出现在更多的救援现场，帮助更多需要帮助的人。

老公，谢谢这么多年来你一如既往的支持，我也会用实际行动证明，你的支持没有错！

妻子：苏琴

"我志愿加入蓝天救援队，遵循人道、博爱、奉献的志愿服务精神，承认蓝天救援队章程、遵守蓝天救援队制度和纪律，勤奋、刻苦、努力训练，团结友爱，互助助人，在各种危机面前竭尽所能地挽救生命！"这是蓝天救援队的入队誓词。

在全国，有超过5万人穿起这蓝色的队服，为陌生人的生命安危奔波于最危险的灾害一线。他们中，有驴友，有企业老板，有医生，有无线电爱好者，有程序员……他们平时散落在城市的不同区域，过着平凡普通的生活，但当灾难来临时，他们快速集结，成为政府、百姓可信任的应急辅助力量，用双手和勇气为他人撑起一片蓝天！

潜行在每个人心中的英雄梦想，是平凡生活中最珍贵的东西。和平年代，你我皆可成为英雄！

策划：杨月；记者：张瑞玲、杨月；排版：陈孔鸿（实习）；设计：曹若鸿（实习）

中国青年报·中国青年网、中国青年作家报、浙江传媒学院新闻与传播学院联合出品

原载于：2020年8月24日中国青年网

原标题：《中国人的故事｜一句"苏队长动身吧"为何让铁娘子鼻酸》

青年说

凡人英雄也有凡人撑，互相支撑才是一种力量。苏琴的丈夫肯定也是一个非常优秀的人，一直支持着自己妻子的工作。两人互相支撑，互相支持，不仅家庭幸福，社会也幸福了！

网友@郝艺

网友@郭郭

在我们的身旁，英雄很多，但是女英雄相对来说比较少，为女英雄点赞，为苏琴点赞！好样的！希望你可以一直追求自己的梦想，过幸福、快乐、有意义的生活！

美貌与实力兼具，这才是偶像！我的梦想就是可以当一位女兵，练就坚强的意志，不怕危险，别人有困难的时候我可以挺身而出，通过自己的努力为社会多做贡献，苏琴是我学习的榜样。

网友@芒硝

网友@木白

每次在电视或手机上看到哪里发生了水灾都会很揪心，看着你们在寒冷的水里泡着，有时一泡就是好几个小时，遇到激流甚至都有可能被冲走，真的特别辛苦，也特别伟大！好人一生平安！

我的儿子去年也参加了救援活动，知道这个消息的时候，我心里特别担心。你们的每一次挺身而出，不知道挽救了多少个幸福的家庭，为你们点赞！

网友@寒冬

洪水中逆行的最美“火焰蓝”

在这个世界上，每天都有生命在消逝，用什么来证明，我们来过？

有人记得。

安徽省合肥市庐江县消防救援大队党委书记、政治教导员陈陆就是这样一个会被永远记得的人。

2020 年 7 月 18 日至 21 日，安徽省合肥市普降暴雨，庐江县遭受百年一遇的洪灾，多条河流水位超过历史峰值。陈陆带领大队消防指战员辗转 5 个乡镇，奋战 96 个小时，成功转移和救出群众 2665 人，自己却永远留在了抗洪一线。

7 月 26 日，共青团安徽省委、安徽省青联追授陈陆同志“安徽青年五四奖章”，7 月 27 日，陈陆同志被应急管理部评定为烈士、追记一等功，7 月 28 日，应急管理部消防救援局党委追授陈陆同志为“全国消防救援队伍优秀共产党员”。7 月 30 日，安徽省委追授陈陆同志“安徽省优秀共产党员”称号。7 月 30 日上午 9 时，在陈陆烈士遗体告别仪式上，亲友、战友、社会各界人士和群众近千人怀着沉重的心情，送别陈陆最后一程。悲痛难抑，唯愿书信能将那些眼泪无法表达的悲痛和思念，静默诉说……

【榜样家书】

亲爱的兄弟：

你我从此阴阳相隔两重天，若有愿，梦相托！家里的事，你别担心，我们兄弟必定记在心头！

听到你落水的噩耗，我连夜赶了过来，跟你的战友一起在水面上寻找你，多希望能在某一处的树岔上、电线杆旁或是洪水中的房顶上看到你冲我挥手。直到 24 日下午，我们终于找到你了，却不想，你已离我们而去。

那一刻，我呆住了。我不知该怎样面对你的离开，也不知该怎么跟你的至亲们开口。

当我再次走进你的办公室，里面空空荡荡的，桌上还有一堆治疗皮肤伤痛的药，你走得匆忙，还没来得及收拾，正如你的离开，也如此猝不及防。

从7月18日到22日，你在抗洪一线连续奋战了4天。水里有化肥、粪便、动物尸体等有害物，有严重腐蚀性，你一次次蹚着水，接送被困群众，结果自己的膝盖又红又肿，几乎不能正常弯曲和行走，连湿透的裤子都只能请队友帮忙脱下。当时，大家都不让你再出去了，可是当接到电话听说有人被困，你又咬着牙，冲了出去。

你说这片水域情况你熟悉，你的水性好，让别人去，你放心不下。是呀，你在市里拿过游泳比赛的名次，当时又刚往返一趟解救了几位被困村民，确实对路况熟悉，救援艇增加至5条，需要有人带头，所以当你提出要再去一趟时，大家虽然心疼你的身体，还是让你去了。

万万没想到，此去，竟是永别！

那天，你一如既往地自告奋勇带头开路，去时，堤坝溃口只有5米，但在返回途中，堤坝溃口迅速增至40多米，水位落差突然从40厘米猛涨到了3米多。水域救援中最不可预料、最难自救、最易发生险情的“滚水坝”出现了……

“掉头，快掉头！”船翻了！你所在的冲锋舟在急流的冲撞下发生剧烈抖动，船上的5个人都被吸进“滚水坝”中。

幸运的是，3位战友全部获救，而你和连河村党支部副书记王松却没有了踪影。你妈妈惊闻噩耗，喃喃地说：“还好他们没有事，不然该如何跟他们的父母交代。”听到这句话，我心里难受极了，但也隐约懂了你为什么一直坚守在基层，为什么一遇重大灾难时总是冲在最前面！

你的外公是抗美援朝的老兵，父亲是第一代安徽边防军人，你们是一个拥有红色基因的家庭。低调内敛、奉献牺牲，早已成为刻在你骨子里的东西。

2008年，合肥遭受50年一遇的特大雪灾，积雪厚达40厘米。为了保住合肥市民的“菜篮子”——合肥周谷堆蔬菜批发市场，不影响全市蔬菜供应，需要消防员到房顶上，用水枪往下冲积雪，减轻大棚负载。当时你不放心，非要自己上，从晚上8点一直干到次日早晨6点，紧接着又接到另一个厂房清理积雪的任务。就这样，工作两天两夜没怎么休息，你的双脚被雪水泡得失去知觉，只有家人知道，你左脚大脚趾差点被截肢，从此落下病根，一到雨天，就刺痛不已。

2008年，汶川地震，救援任务异常繁重，水土不服的你全身起了水泡，免疫系统紊乱，双腿被毒虫叮咬到流脓，你拖着伤腿，背着60余斤重的破拆设备，坚持在震区奋战了10天。

2011年2月20日，一辆抢道出租车不慎撞上火车头，五人被困，其中还有一名嗷嗷待哺的婴儿。2011年4月26日，瑶海机电大市场突发大火，你总是冲在救援第一线！

你把个人得失看得很淡很淡，把责任使命看得很重很重。那么多次立功获奖的机会，你都让给了别人。当了大队主官后，一遇到重大险情，我以为你会在坐镇指挥、相对安全的后方，没想到，你还是冲锋在一线，和队员们一起战斗！2016年庐江县抗洪，你因连续劳累昏倒，被紧急送往医院，抢救了2个小时才捡回了一条命，但是你却从未跟组织提要求，甚至提都没提过这件事。

你说："我在火场，在救援一线，每次亲手把被困者救出来，看到老百姓满意的笑容、听到感谢的话，心里就很温暖，很有成就感，感觉自己从事的是天底下最阳光的事业，这就是我的人生价值。"

你说："我喜欢在基层，喜欢带兵，组织把队伍交给我，是对我最大的信任，我要上对得起组织，下要对得起队员的父母，中间要对得起自己的良心。"

你说："威加于人，不如德服于人。有危险的时候，我站在最前面，大家跟我上，肯定就没问题。基层带兵，最重要就是责任心。"

"消防"就是一个明知山有虎、偏向虎山行的职业。每个出警的夜晚，你总要等到车辆归队、听见刹车的声音，才会把办公室里的灯熄灭。

队员们都说，每次看到深夜里那盏亮着的灯，就很有安全感。有你在，就算再累，大家都干劲儿十足。你手机里有一个凌晨2点的闹钟，因为你每天这个时间都会去看看队员们睡得怎么样。你没有一点领导架子，多年来，只要消防员的家属来了，你都坚持去接，走的时候都要亲自去送，你是队员们最亲的兄长、战友、老大哥。

你是工作中顶天立地的铁汉，也是全家的顶梁柱。在你桌上摆放着的消防车模型，是你准备送给孩子的礼物，却没来得及送出。你说过，明年还打算再要一个女儿，想要儿女双全。接到你在抗洪抢险、转移群众时牺牲的噩耗，你的全家笼罩在巨大的悲痛之中。

但你的家人还是写下了亲笔信：“当前，长江、淮河流域的防汛形势依然十分严峻。我们全家希望，消防救援队领导把主要精力放在当前防汛抗洪的大局上，不要为陈陆的后事牵扯太多的精力。”如此深明大义的家人，怎能不令人敬佩？

多么希望噩梦从来没有开始过，你依然是冲在最前面、冲向最危险地方的那个消防指挥员，也是那个唯一一条朋友圈是儿子出生照片的温柔父亲……

和平年代，需要英雄吗？

需要！英雄就是平时站在我们看不到的地方，但在危难时刻一定站在我们每个人身前的那个人！

兄弟，你就是我心中的英雄！愿来生还能跟你做兄弟！

兄弟：刘书虎

“卅六年热血人生，英魂不泯丹心映山河；十九载水火青春，为民赴难忠胆耀江淮。”这是一位战友为陈陆撰写的挽联，浓缩了他短暂而热血的一生。

消防救援是同老百姓贴得最近、联系得最紧密，同时也是和平时代最危险的工作。救民于水火、助民于危难，刀山敢上、火海敢闯，在血与火中经受考验，在人民危难时挺身而出，哪里有危难，哪里就有他们！

英雄已去，他用生命守护的这片土地和生活在这片土地上的人们，将永远把这份敬意留存在心底，并将人民至上、生命至上的精神永远传递下去。今天的安宁是英雄们精魂所凝、血魄所融；未来的安宁还要依靠英雄们守护和保障。铭记英雄、崇尚英雄、捍卫英雄、学习英雄、关爱英雄、礼赞英雄，让英雄永不独行。

记者：张瑞玲、杨月；排版：颜钰杰（实习）

中国青年报·中国青年网、中国青年作家报、中国社会科学院大学新闻传播学院建设性新闻工作坊、浙江传媒学院新闻与传播学院联合出品

原载于：2020 年 8 月 13 日中国青年网

原标题：《中国人的故事 | 致陈陆：你是洪水中逆行的最美“火焰蓝”》

青年说

青春也许短暂，却一样可以绚烂。谢谢你的挺身而出，向你致敬，我们会永远记得你，英雄陈陆！希望你在另一个世界安好。

网友@郝艺

网友@呆萌一个你

为我们的英雄点赞，希望平安多点，灾难少点，希望我们的“蓝朋友”每次都能够平安归来！

和平年代最可爱的人，您是父亲，也是儿子，是家庭的顶梁柱，是家人的希望。愿逝者安息。

网友@家有两宝

网友@lik

真正的守护者！哪里有危险，哪里就有他们的身影，他们用生命守卫着我们的安全，我们应该用自己的实际行动珍惜当下，做好本职工作。愿所有的“火焰蓝”都一生平安，幸福安康！

读榜样家书，致敬劳动者

又是一年五月一日，这个假期，也许你在陪家人聊天，也许你在和朋友出游，你可能没有留意身边那些坚守岗位的普通劳动者。

人生在勤，不索何获。来读一读这一封封劳动者的信，读一读他们的爱与坚守。

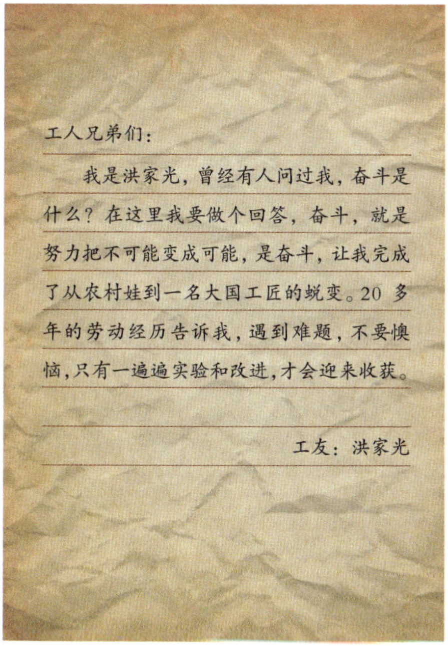

工人兄弟们：

我是洪家光，曾经有人问过我，奋斗是什么？在这里我要做个回答，奋斗，就是努力把不可能变成可能，是奋斗，让我完成了从农村娃到一名大国工匠的蜕变。20 多年的劳动经历告诉我，遇到难题，不要懊恼，只有一遍遍实验和改进，才会迎来收获。

工友：洪家光

· 石雪洁　制图

洪家光：“奋斗，就是努力把不可能变成可能”

洪家光是中国航发沈阳黎明航空发动机有限责任公司特级技能师、高级技师、高级工程师，同时，他也是 2017 年度国家科学技术进步奖二等奖获得者和全国五一劳动奖章、中国青年五四奖章的获得者。

从农村娃到大国工匠，洪家光的奋斗故事被很多工友津津乐道。入行后，洪家光发现一位老师傅的“切削内螺纹”每分钟达 1200 转，而他加工这个零件时却只敢开到 300 转，他虚心求教，拜师学艺，反复练习，终于掌握了这门技术的精髓。为了解决工作中车床加工导致的铁屑飞溅问题，洪家光茶不思、饭不想地琢磨技术难点，感动了老师傅，在老师傅的引领下，洪家光把加工工艺进行了改良。二十多年来，洪家光先后请教过十位师傅，各取所长，钻研精进，解决了工作中的各种加工技术问题，技术、技能突飞猛进。在实践中，洪家光还善于创新，他综合以往三种传统进刀方法，自创了全新的“左右阶梯进刀法”，减少了刀具的磨损，提升了产品质量和效率。

如今，洪家光一共完成了 200 多项技术革新，解决了 340 多个技术难题，成为国家级“洪家光技能大师工作室”、省级“洪家光劳模创新工作室”的带头人。

张薇：靠双手，让山区孩子们拥有更美好的童年

临近“五一”，中建装饰集团海外装饰云南昭通、鲁甸易地扶贫搬迁项目市政工程现场总指挥张薇每天都带队做检查，消毒、杀菌，片刻不敢松懈。

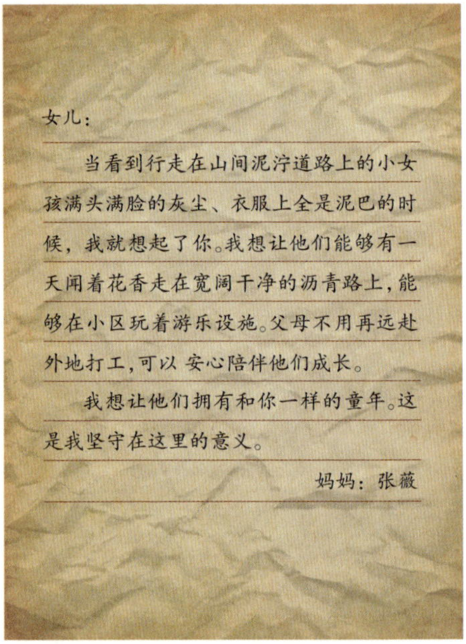
女儿：

当看到行走在山间泥泞道路上的小女孩满头满脸的灰尘、衣服上全是泥巴的时候，我就想起了你。我想让他们能够有一天闻着花香走在宽阔干净的沥青路上，能够在小区玩着游乐设施。父母不用再远赴外地打工，可以安心陪伴他们成长。

我想让他们拥有和你一样的童年。这是我坚守在这里的意义。

妈妈：张薇

· 石雪洁　制图

为紧盯施工进度，张薇每天都要沿着施工便道，在泥浆中深一脚、浅一脚地赶往工地现场巡检。“八千米的施工道路一天至少要走两趟。”地处乌蒙山腹地的云南省昭通市，贫困面积大，贫困程度深，是一个贫困大市。随着全国最大的跨县易地扶贫搬迁安置区的一座座新房封顶，项目进入市政道路工程施工的最后冲刺阶段。该安置点建成后将提供上万个物业、环卫等工作岗位，安置区内还配套建设了一座工业园，可提供大批就业岗位。

张薇说：“脱贫群众天天走的不仅是一条回家路，更是一条脱贫致富路。我特别期待，看到贫困乡镇的 1 万 7 千余户家庭、8 万余名群众踏上这条路。为了迎接他们，建设者们不舍昼夜地奋战在一线，工期进度、质量、安全，每一个环节，我们都不能有丝毫放松。

程小宪：“用我的双手，驱退病魔”

程小宪是中国电建水电十一局黄河三门峡医院呼吸与危重症医学科主任，2020 年初，程小宪担任医院援鄂医疗队队长，他的妻子李艳是肿瘤科医生，两个人都在疫情防控一线工作。如今已回到原工作岗位的他们，工作依旧繁忙，但是心里很充实。

“放心，这事我来帮你解决！”“你的化验单有一点点小问题，今天

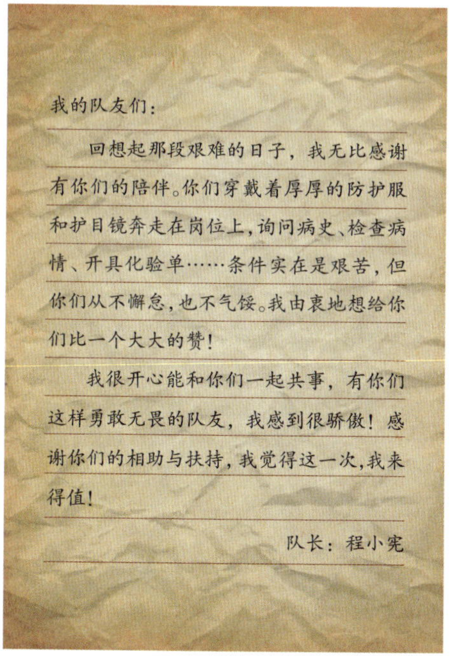
我的队友们：

回想起那段艰难的日子，我无比感谢有你们的陪伴。你们穿戴着厚厚的防护服和护目镜奔走在岗位上，询问病史、检查病情、开具化验单……条件实在是艰苦，但你们从不懈怠，也不气馁。我由衷地想给你们比一个大大的赞！

我很开心能和你们一起共事，有你们这样勇敢无畏的队友，我感到很骄傲！感谢你们的相助与扶持，我觉得这一次，我来得值！

队长：程小宪

· 石雪洁　制图

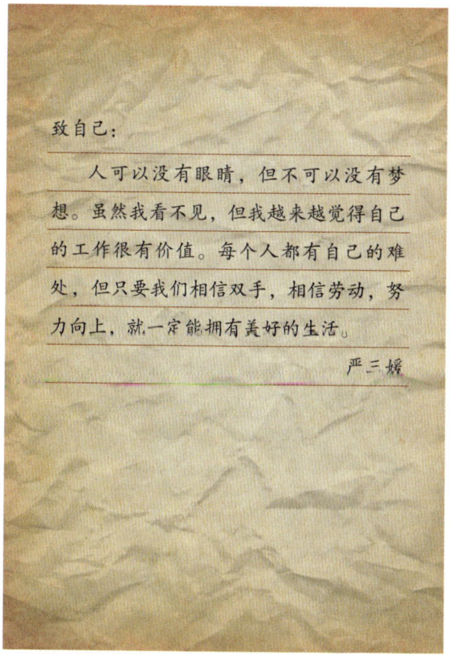
致自己：

人可以没有眼睛，但不可以没有梦想。虽然我看不见，但我越来越觉得自己的工作很有价值。每个人都有自己的难处，但只要我们相信双手，相信劳动，努力向上，就一定能拥有美好的生活。

严三媛

· 石雪洁　制图

我把药再调整一下，你会好起来的！”“得病了不可怕，现在治疗方法越来越多，只要放松心态、好好吃饭、加强锻炼、听医生的话，就一定会好起来的！”这是程小宪面对病人时说得最多的话。

最忙的时候，分不清白天还是夜晚。在方舱医院，“防护服厚，你先休息一会儿，我来。”他总是想尽办法照顾队友。下班回到驻地，程小宪还要组织队员学习陆续印发的各种诊疗方案、防护知识。“绝不能让一例重症患者因为我们而耽误治疗！我们要严把出院标准，办理出院要慎之又慎……”

程小宪说：“我是医护工作者，用我的双手，驱退病魔，这是我的本职工作。当医生的，每当看到患者痊愈出院，就觉得自己的努力是那么有意义！”

严三媛：“是劳动和奋斗，让我相信即使身处黑暗，也能追求光明”

1989 年，19 岁的严三媛患上继发性青光眼后双目失明，从此坠入黑暗世界。短暂消沉后，她走上学习中医推拿的道路，逐渐小有名气。为了帮助更多盲人融入社会，2000 年，严三媛创办江苏省无锡市第一家盲人推拿按摩院，七年后，又创办无锡好轻松盲人推拿按摩有限公司。多年来，公司累计安置千余名盲人就业，帮扶 50 多名盲人成功创业，向社会爱心捐款 60 余万元。2019 年 5 月 16

日，严三媛被授予“全国自强模范”称号，代表全国8600万残疾人在人民大会堂发言，讲述自己的奋斗故事。

“帮残疾人摆脱贫困，光靠捐钱解决不了根本问题，还是要靠劳动、教他们本领，这样他们才能在社会上立足。”严三媛说：“是劳动和奋斗，让我相信即使身处黑暗，也能追求光明。”

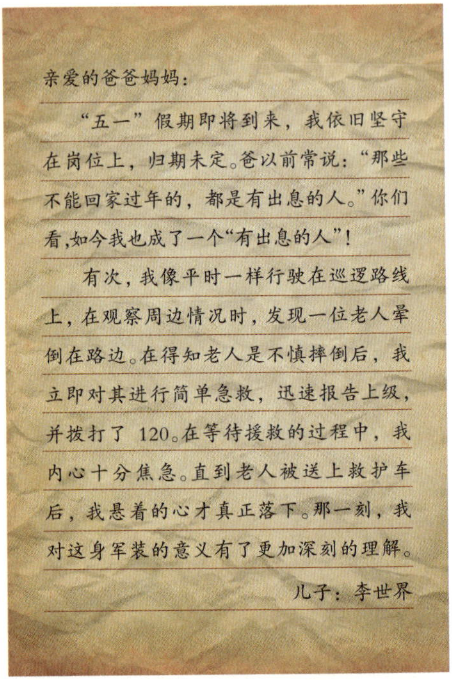

亲爱的爸爸妈妈：

“五一”假期即将到来，我依旧坚守在岗位上，归期未定。爸以前常说：“那些不能回家过年的，都是有出息的人。”你们看，如今我也成了一个“有出息的人”！

有次，我像平时一样行驶在巡逻路线上，在观察周边情况时，发现一位老人晕倒在路边。在得知老人是不慎摔倒后，我立即对其进行简单急救，迅速报告上级，并拨打了120。在等待援救的过程中，我内心十分焦急。直到老人被送上救护车后，我悬着的心才真正落下。那一刻，我对这身军装的意义有了更加深刻的理解。

儿子：李世界

· 石雪洁　制图

李世界：“劳动，让我成了一个‘有出息的人’！”

从2019年国庆开始，武警北京总队执勤第四支队四中队战士李世界始终坚守在巡逻车驾驶员岗位上。

新冠肺炎疫情就像一场没有硝烟的战争，李世界和战友们在做好防护工作的同时，在岗位上恪尽职守。巡逻工作单调、辛苦，但李世界总是乐呵呵的，在他看来，“劳动”和“奋斗”并不是宏大的概念，而是立足岗位，兢兢业业做好自己的本职工作，把“为人民服务”融入血液。李世界说：“身为军人，有三件事不能避：为民牺牲不能避，为国赴难不能避，临危受命不能避。”

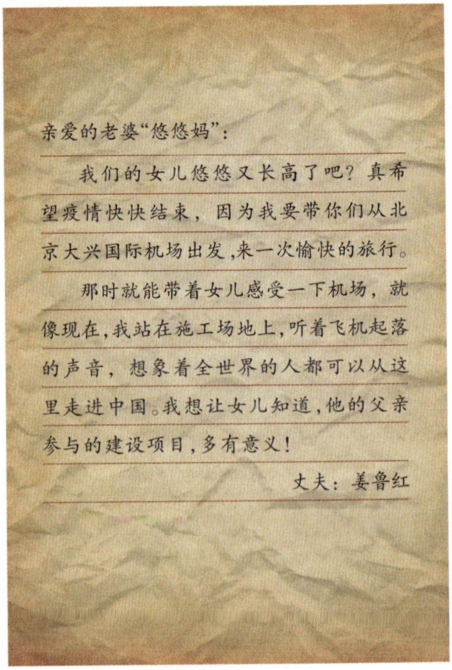

亲爱的老婆“悠悠妈”：

我们的女儿悠悠又长高了吧？真希望疫情快快结束，因为我要带你们从北京大兴国际机场出发，来一次愉快的旅行。

那时就能带着女儿感受一下机场，就像现在，我站在施工场地上，听着飞机起落的声音，想象着全世界的人都可以从这里走进中国。我想让女儿知道，他的父亲参与的建设项目，多有意义！

丈夫：姜鲁红

· 石雪洁　制图

姜鲁红：“用双手拓展幸福空间，就是我们建设者的使命”

姜鲁红是中建八局北京大兴国际机场非主基地航空公司生活服务设施工程项目的建设者，北京大兴国际机场已开始运营，而他和工友们仍奋战在为机场员工提供轮班宿舍、生活服务与职工食堂等生活保障场所的建设工作中。从停车楼、综合服务楼项目部，到非主基地项目，再到参与地下人防工程建设，2020 年是他参加北京大兴国际机场项目建设的第五个年头。姜鲁红说：“用双手拓展幸福空间，就是我们建设者的使命。”

今年“五一”假期，姜鲁红不准备回家，因为他负责的项目是机场为数不多的在建项目，最近在进行二次结构砌筑、外立面幕墙安装、机电安装、装饰装修等。受新冠肺炎疫情影响，工期延误，他们准备在小假期里赶回来。

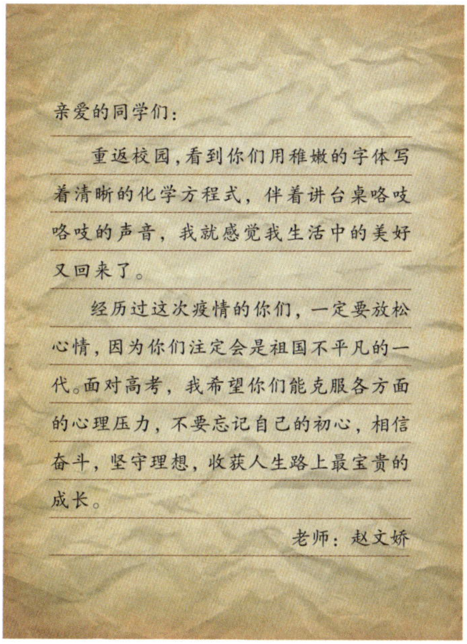
亲爱的同学们：

重返校园，看到你们用稚嫩的字体写着清晰的化学方程式，伴着讲台桌咯吱咯吱的声音，我就感觉我生活中的美好又回来了。

经历过这次疫情的你们，一定要放松心情，因为你们注定会是祖国不平凡的一代。面对高考，我希望你们能克服各方面的心理压力，不要忘记自己的初心，相信奋斗，坚守理想，收获人生路上最宝贵的成长。

老师：赵文娇

· 石雪洁　制图

赵文娇：“奋斗让我们改变命运”

河北省固安县第一中学化学教师赵文娇今年第一次带高三生，除去每周的测试外，一周有 18 节课。

对于她的学生而言，赵文娇是老师，更是朋友。同学们向她倾诉烦恼，她会热心地给孩子们建议。开学之后，为了学生的安全和教学工作的开展，赵文娇和同学们一起住进了宿舍。赵文娇每天在办公室备课、判卷、归纳重难点，到教室上课为学生答疑解惑，回宿舍继续备课到深夜。

翻开学生的错题本，她给学生的留言字迹娟秀：“梦想让我们与众不同，奋斗让我们改变命运。”

王曼格：“相扶相伴的美好，就藏在日复一日的并肩奋斗之中”

王曼格是三峡集团基地旅游公司人力资源部门员工，她的丈夫高明是武汉出入境边防检查站民警，在武汉天河机场驻守着国门，全力阻止境外疫情输入，执行防疫物资运输出入境保障任务，守卫祖国人民安全。夫妻二人在各自的岗位上坚守，在新冠肺炎疫情期间两个多月没有相见。

“向你汇报下我这边的情况，勤务防护全面，营区物资充足，执勤之外的时间，我会按时吃饭，每天锻炼。不用太担心我，一切都好。快要复工了，你要慢慢调整作息，保证元气满满地回到工作岗位……”疫情期间，王曼格用一封家书表达思念与鼓励，高明的回信让远在外地、对自己挂念不已的妻子感到安心。

互相支撑，彼此守望。如今王曼格已全身心投入到复工复产、提质增效的工作中来。他们的坚持，让人相信，相扶相伴的美好，就藏在日复一日的并肩奋斗之中。

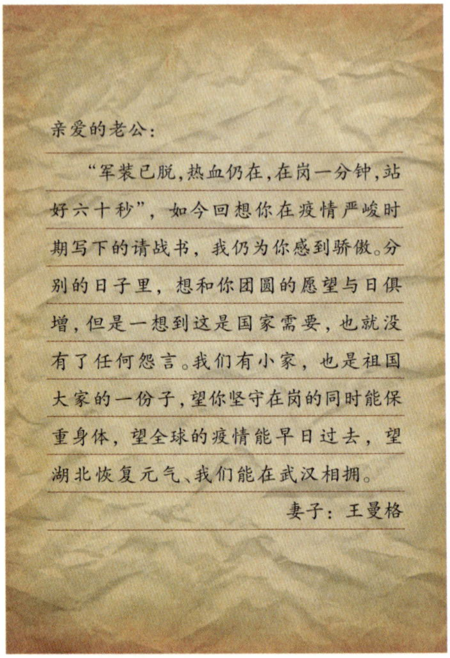

亲爱的老公：

“军装已脱，热血仍在，在岗一分钟，站好六十秒”，如今回想你在疫情严峻时期写下的请战书，我仍为你感到骄傲。分别的日子里，想和你团圆的愿望与日俱增，但是一想到这是国家需要，也就没有了任何怨言。我们有小家，也是祖国大家的一份子，望你坚守在岗的同时能保重身体，望全球的疫情能早日过去，望湖北恢复元气，我们能在武汉相拥。

妻子：王曼格

· 石雪洁　制图

洪家光、张薇、程小宪……他们的面孔也许不被人熟知，他们的付出也许鲜有人看见。然而，平凡岗位，不凡坚守，每一个劳动者都值得我们铭记。技术工人、教师、医护人员、边检民警、建设者……正是这些普普通通的劳动者日夜奔忙的守护，呕心沥血、兢兢业业的奉献，才使千家万户安享温暖、健康和幸福。

“伟大出自平凡，英雄来自人民。”“希望广大劳动群众坚定信心、保持干劲，弘扬劳动精神，克服艰难险阻，在平凡岗位上续写不平凡的故事，用自己的辛勤劳动为疫情防控和经济社会发展贡献更多力量。”2020 年 4 月 30 日，习近平总书记在给郑州圆方集团全体职工的回信中说。幸福都是奋斗出来的，奋斗本身就是一种幸福。朝气蓬勃的新时代正在我们面前展开，这伟大的时代属于每一位奋斗者，也不会辜负每一位奋斗者。

致敬，每一位辛勤奉献的劳动者！加油，每一位努力奔跑的奋斗者！

记者：张瑞玲、杨月；策划：周伟、王岑予、杨月；文案：杨月、张瑞玲、王成懋（实习）、陈璐（实习）；设计：石雪洁（实习）；通讯员：王秀芸、姜润邈、龚家卉、李智、曲雯倩、韩伶娟

中国青年报·中国青年网、中国青年作家报、中国社会科学院大学新闻传播学院建设性新闻工作坊、浙江传媒学院新闻与传播学院、广东财经大学人文与传播学院联合出品

原载于：2020 年 5 月 1 日中国青年网

原标题:《中国人的故事|读榜样家书,致敬劳动者》

青年说

书写青春篇章,吾辈当自强! @网友Biiiiii_Lucy

@网友夏日炎炎No.1 每一次坚守,每一个日夜,每一份信任,因为忠诚担当而不凡。致敬,劳动者!

劳动光荣、创造伟大! @网友东方若曦177